国家社科基金项目"当代中原作家群资料整理与研究"成果
河南省哲学社会科学基础研究重大项目"中原作家群资料库建设"成果
本成果出版得到淮河文明研究中心资助

中原作家群研究资料丛刊（第二辑）

吴圣刚　沈文慧　主编

QIAO DIANYUN YANJIU
乔典运研究

王海涛　编著

河南大学出版社
HENAN UNIVERSITY PRESS

·郑州·

图书在版编目(CIP)数据

乔典运研究 / 王海涛编著. — 郑州：河南大学出版社，2017.3
ISBN 978-7-5649-2777-6

Ⅰ. ①乔… Ⅱ. ①王… Ⅲ. ①乔典运(1930—1997)－文学研究 Ⅳ. ①I206.7

中国版本图书馆 CIP 数据核字(2017)第 068476 号

出 版 人	张云鹏
出版统筹	侯若愚
责任编辑	董庆超
责任校对	胡凤杰
封面设计	侯一言

出　　版	河南大学出版社
地　　址	郑州市郑东新区商务外环中华大厦 2401 室
电　　话	0371－60993151（人文社科出版分社） 0371－86059753
网　　址	www.hupress.com
印　　刷	河南瑞之光印刷股份有限公司
版　　次	2017 年 7 月第 1 版
印　　次	2017 年 7 月第 1 次印刷
开　　本	710mm×1000mm　1/16
印　　张	16.5
字　　数	305 千字
定　　价	58.00 元

本书如有印装质量问题，请与河南大学出版社营销部联系调换。

编选说明

"中原作家群研究资料丛刊"第二辑的编选是在第一辑的基础上进行的,其体例和编著方式也是相同的。第二辑的编著花费时间将近一年,编著者投入的精力也是较为可观的,因为丛书绝不仅仅是已有研究成果的简单整合。首先,编著者必须通读该作家的所有作品,包括文学作品、演讲报告、论文等,形成对作家作品的感性认识及理性判断,这是编著作家研究资料的基础和前提。其次是收集研究资料,编著者通过期刊、报纸、著作、网络、访谈作家本人及其亲友故交等各种途径获取材料,尽可能做到细针密缕的程度。最耗时、最费力的工作是资料的甄别、遴选和整理,它体现了编著者的眼光和学养,决定了研究资料的学术品质。典型性、历史性、多元性是编著者选文的基本原则,每册研究资料的编著都力求能够展现作家的全部创作活动状况,研究论文选辑则兼顾专家批评和新锐批评,呈现不同时期的文学生态和文化场域。总之,整个编著过程没有捷径可走,编著者花费的多是笨功夫、苦功夫。尽管如此,丛书中的疏漏之处也肯定不少,恳请专家学者不吝指正。

每册研究资料主要分为四个部分,即"自述·访谈·印象记""研究论文选辑""作品年表""研究资料索引"。"研究论文选辑"以时间为线索,以"问题"为中心,先总论、后分论,同一"问题"相对集中,体现逻辑性和层次感,并努力体现作家作品研究的历史进程。对入选的文章,为了出版上的便利,做统一技术处理,删减了摘要、关键词,注释一律改为脚注;出于保存历史氛围的考虑,编著整理中除对一些明显的文字和标点符号的疏误做订正外,其他方面包括注释的不完整、不规范,词语使用的不当等,一律保持原貌。"作品年表"部分按时间顺序排列整理收录,截止时间为2015年12月。作家的作品只列出作品的首发、首印时间,其再版、转载情况不再列入年表,海外翻译版本尽可能列入年表。期刊、著作均按年、月排序,报纸具体到日期。重要散文、发表的重要演讲等列入作品年表,但作家编辑的书目、研究资料等均不列入。"研究资料索引"包括单篇学术论文索引、学位论文索引、研究专著索引三部分,截止时间同样为 2015 年 12 月,均按刊发或出版的时间先后顺序编排。

  需要说明的是,由于各种原因,编委会没能与被选用论文的作者一一取得联系,丛书出版后,将赠送样书,以示歉意和谢意!且本丛书仅用于学术研究而非商业目的,想学界同人亦能理解支持,在此真诚致谢!如需稿费,请与编委会联系。

编委会
2017.3.31

总　序

程光炜　吴圣刚

　　新时期以来,中国当代文学呈现为多样、多态发展的趋势。在当代文学的版图中,"文学豫军"或"中原作家群"早已成为中国当代文学的重要现象和重要构成。之所以称之为"文学豫军"或"中原作家群",是因为它呈现出群体性,是一个集合的概念。但是,这绝不意味着这个群体中的个体是孱弱的,没有独立呈现的分量。相反,正是一个个有分量的个体组成了一个有广泛影响的作家群体:姚雪垠、魏巍、李准、叶楠、白桦、苏金伞、宗璞、张一弓、南丁、田中禾、张宇、郑彦英、李佩甫、二月河、周同宾、刘震云、阎连科、周大新、刘庆邦、李洱、柳建伟、孙方友、墨白、邵丽、乔叶、计文君等,每位作家都有不凡的创作业绩,每个人都有自己的独特之处,都是文学中的"这一个"。

　　地处中原的河南,在当代中国政治、经济版图上不是核心地带,但在历史、文化地理图上却是积淀深厚的重镇。这里也在接受全球化的荡涤,也在搭载现代化的快车,但这里与中国当下的经济前沿存在着距离,呈现着现代化的滞后性。因此,河南在时代的节奏中存在着"时间差"。这使得中州大地在现代化的浪潮中还氤氲着农业文明、历史文化的气息,也使得中原儿女在这种相对的"慢节奏"中对历史、现实和文化进行思考,精神和灵魂回归这片土地,并以中原文化的思维方式进行着多种表达。走进历史、走进中原文化是豫籍作家的共同选择。无论是身居河南的作家,还是移居他乡的作家,他们的灵魂仍然栖居在家乡故土,并用他们敏感的触角细腻地联系和感受着中原文化,中原文化是他们精神发生的原点,河南历史和家乡生活是他们创作的源泉。对于这些河南作家来说,似乎只有这片故土和其中的点点滴滴才能够激活创作的灵性。正如阎连科所说:"我家住在一个镇子上,那是一个很大的村庄。那个村庄是我写作取之不尽的生活源泉、情感源泉、想象的源泉。一句话,是我写作的一切的灵感之源。那个镇子奇妙无比,任何现实中的一件事情都可能是荒诞的、合理的。"正是在这种表达中,作家们完成了自己的一个个皇皇巨篇,成就了当代河南文学的气象大观。

　　"中原作家群"不仅是河南的文学现象,也是全国的文学现象;产生于中原大地的河南文学,早已超越了这一区域空间。姚雪垠、魏巍、李准的作品在中国当代文学史上占有重要分量,二月河的作品红遍全国,阎连科、李洱的作品传播域外,在九届茅盾文学奖四十余位获奖作家中,豫籍作家有八位,都说明豫籍作家的作品是全国性的,也具有世界性的分量。这足以构成河南自己的文学史。关于河南文学和"中原作家群"研究,近十年来,随着作家作品的动态性呈现,更多表现为个案化的文学研究,而当代河南文学的整体性、系统性研究则不够。这一方面与河南的经济实力及其对文化提升、带动能力的不足有关,另一方面也与学界、文学界对河南文学在当下中国文化地理学上的地位认识不足有关,特别是与本土学界的研究、推介的成绩有关。弥补这一不足,是一项浩繁的工作。但起步必须从基础开始。

　　资料整理无疑是学术研究中最基础性的工作。学术界目前关于河南作家的研究资料,主要是20世纪80年代出版的《李准研究资料》《姚雪垠研究资料》等有限的几种。相关研究主要体现在三个方面:一是关于"文学豫军""中原作家群"正当性和合理性的阐述,这方面的研究成果主要有孙荪的《文学豫军论》等,该文系统性地评述了"文学豫军"的由来、构成及文化特征;二是"中原作家群"形成的历史文化原因以及具体作家作品的研究。刘增杰主编的《精神中原》以论文集的形式综合了学界对于中原作家群整体把握和作家研究的成果;张鸿声主编的《河南文学史·当代卷》则是系统描述当代河南文学发展的第一部史著;梁鸿的《外省笔记:20世纪河南文学》以"外省"的视角考察河南文学,从文化的角度寻觅和审视河南文学;何弘的《超越还是重复——中原文学论稿》试图对"中原作家群"或中原文学做出一个整体性的描述。这些研究对于解说一种文学现象的发生、发展是必要的,但都是初步的,特别是对"中原作家群"形成的历史文化原因和整体性特征的研究,远未形成对"中原作家群"完整的、核心的解说,更没有评估、揭示出"中原作家群"的应有价值。因此,就需要有人真正深入下去,沉入到纷繁的资料中去,耐心、细密地梳理,把那些能够反映和体现作家创作实绩、作品价值和当代河南文学整体面貌的资料整理出来,形成完整、系统的当代河南文学的资料体系,为文学史的生成奠定坚实的基础。

　　信阳师范学院文学院的一些老师近年来致力于河南文学研究,逐渐形成了自己的方向和领域,引起了学界的关注。作为一所本土的有长期人文积淀的高校,研究河南文学、推动河南文学发展是应有的责任。2013年起,文学院整合文艺学、现当代文学和写作学等学科的十几位教授、博士组成研究团队,集中开展当代河南文学研究,并在此基础上,建立了"当代河南文学发展与中原文化建设"协同创新中心,把当代河南文学研究与中原文化建设纳入统一视野,研究的空间更加广阔。这个团队以博士为主,中青年结合,队伍整齐,潜力很大。他们首先从资料整理开始,扎扎实实开展研究工作。第一批选取"中原作家群"中影响最大、创作力仍然旺盛的十五位作家,经过近一年的努力,整理出《白桦研究》(陶广学讲师)、《张一弓研究》(吕东亮副教授)、《田中禾研究》(徐洪军讲师)、《张宇研究》(杨文臣讲师)、《李佩甫研究》(樊会芹讲师)、《二月河研究》(吴圣刚教授)、《刘震云研究》(禹权恒讲师)、《阎连科研究》(方志红副教授)、《周大新研究》(沈文慧教授)、《刘庆邦研究》(杜昆讲师)、《李洱研究》(王雨海教授)、《墨白研究》(杨文臣讲师)、《邵丽、乔叶、计文君研究》(李群副教授)十三卷,2015年5月,已由河南大学出版社出版。资料选编力求翔实、准确、有代表性,中国现代文学馆将其作为当代文学研究的重要著作,永久性收藏入馆。《人民日报》、《光明日报》、《中国青年报》、《中华读书报》、新华网、搜狐网、新浪网等国内主流媒体相继进行了介绍和报道,在文学界和学术界产生了广泛的影响。

第一辑告罄之后,团队立即启动第二辑的编著工作,又经过一年的努力,整理出了《姚雪垠研究》(禹权恒讲师)、《李准研究》(王雨海教授)、《魏巍研究》(刘家民博士)、《叶楠研究》(陶广学博士)、《苏金伞研究》(樊会芹讲师)、《宗璞研究》(徐洪军讲师)、《周同宾研究》(吕东亮副教授)、《柳建伟研究》(王丹副教授)、《孙方友研究》(杨文臣讲师)、《乔典运研究》(王海涛教授)十卷,目标是把"中原作家群"主要作家的资料完整、系统地拓展出来,真正为当代河南文学的深化研究做些基础性的工作。

由于编选者的眼界、学识、水平有限,疏漏、不足,甚至差错定然存在,敬请学界批评指正。

目 录

自述·访谈·印象记

3	乔典运	别了,昨天——关于《村魂》和《满票》
6	乔典运	走深入生活的路
11	乔典运	黑发白发
13	段荃法	文缘
15	乔典运	感觉不良
17	乔典运	我的小井
19	勾俊涛 张中坡	根植泥土——记作家乔典运
21	李雪峰	"洋鬼子"乔典运
25	陈 静	是读者,更是朋友——怀念作家乔典运
27	周 熠	乔典运:人贵真诚
29	周 熠	小记乔典运
31	王桂芳	我心中的乔典运
36	张 玲	别无选择多磨难 呕心沥血著佳作——记农民作家乔典运
40	周同宾	乔典运辞世五年祭
43	李雪峰	农民作家乔典运生命的最后时光
52	南 丁	回望乔典运

研究论文选辑

59	周鸿俊 赵怀让	为农村的战斗者高声喝彩——评乔典运同志的小说
65	孙传恒	一个偏执狂的眼力——谈《气球》中火眼左三的形象塑造
67	雷 达	对生活的独特发现——漫谈农民作家乔典运的创作
73	王愿坚	意念和意念的实现——读短篇小说《恩情》随记
76	杜 宇	农村新生活的真实写照——读《笑语满场》和《夏夜,在小河边》
81	阎 纲	笑比哭难受——读短篇小说《村魂》
83	黎 辉	乔典运新时期创作略论

89	孙 苏	论乔典运现象
98	王 冉	艰难的选择——关于《村魂》《满票》的一种主观阐释
106	识 多	一个令人深思的艺术形象——读短篇小说《冷惊》
109	曾 凡	"乔典运现象"
112	王鸿生	乔典运和他的文化寓言
122	黎 辉	乔典运新时期小说创作三题
129	周岩森	乔典运小说新作管窥三题
134	王志尧	本质不虚假 细节欠真实——评乔典运同志的新作《妈妈》兼及其它
140	雷 达	民主何以难坏了三爷——读乔典运的《问天》
143	刘思谦	乔典运:随时提醒自己不要忘记
154	张中坡	心灵的透视 人性的呼唤——乔典运小说集《问天》的文化意蕴
156	摩 罗	乔典运:忏悔的另一重含义——读乔典运的未完成遗作《命运》
158	布 柯	乔典运现象一测
162	李毓梅 蒋 晔	乔典运问天
170	宋云奇	禅释乔典运
182	刘宏志	"小井"中的洞天——试论乔典运小说中的国民性批判主题
188	牛青坡 张健莹	乔典运的顿悟
191	王振羽	乔典运和《金斗纪事》
194	王志尧	嘈嘈切切错杂弹——乔典运先生《问天》的成就与局限性
204	王文参	论乔典运小说的儒家文化精神
209	解德枫	乔典运的"天鹅绝唱"
214	夏冠洲	伏牛山魂的逼真写照——评乔典运小说集《问天》
224	李丹梦	社会主义文学"劳模"——乔典运论

作品年表

237　乔典运作品年表

研究资料索引

245　乔典运研究资料索引

249　后记

自述 · 访谈 · 印象记

《〈钻塔在你们身后升起〉序》,散文,1988年"七一"前作。
《地球的红飘带》,人民文学出版社,1988年。

1989

《今日北大荒》,散文,发表于《求是》,1989年第1期。
《我的回答》,文论,发表于《文艺理论与批评》,1989年第2期。
《祝〈地球的红飘带·连环画〉问世》,散文,发表于《光明日报》,1989年1月15日。
《知识胜于生命》,散文,收入《这才是青春花开处·石油战线巡礼》,石油工业出版社,1991年。
《她有一颗热诚的心呵爱美的眼睛》,散文,发表于《郑州日报》,1989年6月23日。
《致西安丁玲学术讨论会的信》,散文,收入《这才是青春开花处·风雨谈文录》,石油工业出版社,1991年。
《杜鹃》,诗歌,收入《红叶集·花鸟篇》,东北大学出版社,1993年。
《病树》,诗歌,后发表于《诗刊》,1991年第6期。
《太行山的儿子》,散文,发表于《光明日报》,1989年10月15日。
《丁玲笑了》,诗歌,发表于《光明日报》,1989年11月19日。
《游张家界》,诗歌,发表于《光明日报》,1989年12月24日。

1990

《写在汨罗江畔》,诗歌,发表于《中流》,1990年第1期。
《游岳阳诗二首》,诗歌,发表于《光明日报》,1990年1月18日。
《红杜鹃》,散文,发表于《人民日报》,1990年2月27日。
《大家都来高举火炬》,散文,发表于《光明日报》,1990年2月9日。
《新年,致中华姐妹》,散文,发表于《妇女生活》,1990年第1期。
《和青年朋友谈读书》,散文,1990年2月7日—8日作。
《他们到底害了什么病》,杂文,发表于《人民日报》,1990年2月19日。
《这条线划得好》,杂文,发表于《光明日报》,1990年2月25日。
《大老爷与小学生》,杂文,发表于《中流》,1990年第3期。
《到底怎么"比"?》杂文,发表于《光明日报》,1990年3月1日。
《到底由谁来领导》,杂文发表于《中流》,1990年第4期。
《祭在纽约被杀同胞》,散文,发表于《光明日报》,1990年3月27日。
《这个口号丢不得》,杂文,发表于《中流》,1990年第5期。
《文艺工作者需要"认母"》,杂文,发表于《中流》,1990年第5期。

别了,昨天
——关于《村魂》和《满票》

乔典运

人家都在写迎接新生活的欢乐,而我却在写告别旧生活的痛苦,这合时宜吗?我有点担心。再一想,我并不是在写什么小说,我没有那个巧手,我只是记录了我熟悉的生活、我熟悉的人,也有我自己。这些东西加工不大,也登不上文学创作这个宝座。我这样安慰自己,原谅自己。

我的家在豫西伏牛山里,千百年的穷,让人民失去了学文化的权利,没有知识的人是可悲的,人们变得思想简单、性格憨厚。这竟是不少人所歌颂的美德。我写的人物,多是我的同代人,我们从牙牙学语到满头白发都生活在这贫困落后的村子里,从没有离开过。几十年的共同生活,几十年的风风雨雨,在我们之间培养了友爱和互助,也在我们之间制造了误解和仇恨。爱也罢,恨也罢,我们终究有过共同的童年,两小无猜的纯真友情长存在心中,我怎能不爱他们?甚至当回忆往事时,对他们的缺点和失误也有点偏爱,也要赞美几句。我了解他们,比对我自身还要了解。他们的缺点和失误绝不是天生的,不是他们内心滋生的,而是历史造就的,是历史把他们扭曲了,责备他们是不公道的,于心也不忍。

我在《村魂》和《满票》中究竟写了些什么?好像写了许多,又好像什么也没写。我只是写了自己的感情,写了自己的眼泪,写了自己的欢欣,也写了自己的忏悔。想起过去的是是非非是痛苦的,可是入了心的事不想又忍不住。我写了出来,只是为了吐出那些憋破肚子的心病,更是为了忘却。

对《村魂》和《满票》中的人物,虽然我熟悉透了,但熟悉不等于认识了。认识人是困难的,连几十年朝夕相处的朋友也很难认识,因为不断变化着的生活在不断地改变着人的思想,使你捉摸不定。我不会忘记,那颠倒的岁月如何颠倒了人的关系。我有个朋友,在村里是个积极分子,人正直得有口皆碑。我曾经满腔热情地讴歌过他,整了他的材料,他当上了模范,进了北京,和毛主席在一块喝过酒。他对我也是友好的,在我贫困的时候曾一次又一次地帮助过我。我把他看作至交,视如兄弟。可是,有一次大队头头读了一条"毛主席语录":"多打一个反革命,就是对毛主席多献一份忠心。"对这明显的伪造,他竟信以为真。接着,头头又引我小说中的一句话"两个人吵得天昏地暗",并加以分析:"天是共产党的天,地是社会主义的地,天昏地暗是恶毒攻击党攻击社会主义,是标准的反革命分子!"全场没有一个人发言,我的这位朋友竟挺身而出,满怀仇恨地说:"都怕得罪人,我不怕!他这个反革命分子我给他划定了,定死了,错了我负责!"当我听到这句话时先是一愣,继而恨得入心,恨他为了立功就翻脸不认人。正当我的怒火在心中燃烧时,又听说他当众揭发了自己的儿媳妇。他的儿媳妇平日对他百般孝顺,操持着一家人的家务,只因为在家里说了一句对"文化大革命"不恭的话,他就大义灭亲,坚决要求把她划成反革命分子。这消息像一盆冷水,顿时浇灭了我的一腔怒火。我本来恨得入心,这事不知为什么却完全原谅了他,大概是被他的公心软化了吧。是的,我了解他,他不是那种自私的人,更不是卖友求荣的人。可是,他到底是为了什么,我不得其解。连我为什么要原谅他,我也弄不明白。不仅仅是他,我自己也有过类似的英雄行为。在那饥饿的年代里,有一次我在外面吃饱了招待饭回到家里,见我老婆在偷吃一根玉米秆,我脑子一热就打了她,她连哭一声都没有就晕倒了。人们背地里骂我是饱汉子不知饿汉子饥。事情过去了多少年,心里总是窝着一块病,是什么力量驱使我那样野蛮,那样不知怜惜人?生活使我陷入了沉思。经过了多少年的思考,直到今天我才终于明白了。愚昧者的真诚是可怕的,比见风使舵的人更可怕。因为他们没有私心杂念,一旦被一种错误的思想所支配,就会为这种错误勇敢献身,不惜牺牲别人,也不惜牺牲自己,什么不通情理的事都干得出来,而且危害更大,因为这种疯狂的行为被抹上了大公无私的色彩,更容易迷惑人,会被人们视为崇高,会被人们歌颂。一旦历史证明他错了,他也会博得人们的同情,更会得到人们的轻易谅解:"他没知识不懂得什么,人还是好的,他也是出于公心嘛!"连错误也会被看成优点。他没有错,那么是谁错了呢?是谁演出了一出出悲剧?可怜的人!

于是,我发现了何老十!

至于《村魂》中的张老七,生活中更不乏其人。他们信奉诚实这个美德,虽然一次又一次受骗上当,却从来不改初衷,每一次都以真诚对待虚假。我被他们的真诚所感动,我为他们的被玩弄而气愤。我早就想写写他们,一直找不到得以寄托的情节。是生活帮了我的大忙。一个偶然的机会,领队传来了一个老汉砸石子的不幸遭遇,许多朋友的影子马上在我心里活了起来,最后形成了一个瘸腿老汉——张老七。这个冤魂从我面前步履艰难地走了过去,我好像看见了他那满怀胜利喜悦的面容,我还像听见了他歌唱胜利的小曲,冤而不知冤,还有谁比他更可悲!

张老七和何老十的悲剧谁应该负责?全怪历史老人吗?这也不公平。因为他们是志愿要做这种可敬可爱可笑可悲的人！信条一旦被他们所接受,他们就至死不渝地信仰,哪怕这种信条是错误的,哪怕这种信条已失去了存在的环境,就是碰得头破血流,他们也不愿灵活一下,以不变应万变。他们不仅自己志愿做这样的人,还用自己的榜样力量、用自我牺牲的行动来感动和感化大家,希望大家学他们的模式,做他们那样的人。就道德而言,他们的个人品质似乎无可指责,甚至是高尚的、圣洁的。张老七为大家瘸了腿,饿着自己的肚子却把仅有的一点粮食送去填饱别人的肚子,为砸石子震得双手鲜血模糊,还有对人们的宽厚原谅,还有把诚实看得比生命还重要,这一切难道不值得人们尊敬吗？何老十舍命救人,穿了一生的烂袄子,为了使大家不受冻而自己冻得发抖,把自己抓到的好房好牛让给了别人,这一切不值得人们信赖吗？可是,这种高尚的道德给自己带来了什么？给人民带来了什么？是幸福,还是痛苦？是促进生活前进,还是把生活拉向倒退？他们从来没有想过,似乎想一想都是大逆不道的。对他们该怎么办？是跟着他们,还是背离他们？当人民有权选择的时候,终于做出了自己的选择。虽然这种选择是痛苦的,甚至是"背良心"的,可是,这是一种伟大的"背良心",不得不背。

　　历史是有情的,它在不断造就自己需要的人；历史也是绝情的,它也在不断淘汰自己不需要的人。张老七在虚假的胜利中欢欢乐乐地永远走了,何老十在一片同情声中满怀悲痛地下台了。他们都被历史宠幸过,曾几何时又都被历史抛弃了。当我写到历史对他们的决定时,我的心酸了,眼湿了,因为他们是我的同代人,是我的朋友,我们曾经有过相同的经历,有过相同的感情。当然,我也松了口气,他们作为农民的领头羊,终于走完了自己的路,人民不再被他们领到那寸草不生的秃岗上了。这总是值得庆幸的大好事。

　　迎接新生活是欢乐的,告别旧生活也是欢乐的。

　　别了,昨天！别了,我的可怜的朋友,让我们永远不要再见！

原载《小说选刊》1985年第7期

走深入生活的路

乔典运

今天我向大家汇报深入生活的问题，主要讲两点：一是做文要尊重生活，二是做人也要尊重生活。

我想倒过来讲，先谈谈做人要尊重生活。

我们这个社会正处在伟大的变革时期，生活像万花筒，复杂得叫人眼花缭乱，美好的、丑恶的、改革的、保守的、为公的、为私的、振奋的、沦落的，形形色色，无奇不有。如何看待这个无所不包的社会？仁者见仁，智者见智。生活中常有这种现象：三五人私下坐在一起，谈起当前弊端，你一件我一宗，滔滔不绝，骂爹骂娘，怒形于色，觉得这个社会似乎一团漆黑，一无是处，让人感到绝望，无可奈何了，只好全盘西化了，除此之外再也没有办法救中国。如果换一个场合，三五人坐在会议桌上，说起巨大成绩，你一条我一款，津津乐道，眉飞色舞，喜形于色，把这个社会说得尽善尽美，一无错处，使人感到可以尽情乐观了，可以满足了，再也不需要改进了、前进了。公说公有理，婆说婆有理，而且都信誓旦旦说自己讲的是真事、是实话，使你不得不信，使你不得不气，使你不得不喜，结果使你无所适从。不是好绝了，就是坏透了，不是光明得没有一片阴影，就是黑暗得看不见一线光明。面对这种是是非非何去何从？几十年的风风雨雨告诉我，对社会的看法不仅关系着国家人民的命运，也关系着自己的命运，是万万不可糊弄的。面对这种大是大非之争，决不能被人愚弄、任人摆布，不可轻信张三的，也不轻信李四的，更不能相信自己的，因为人总是有偏见的。实践证明，相信自己常常会毁了自己。我只相信生活、尊重生活，生活是实实在在的，好的就是好的，坏的就是坏的，一切言论和看法都无法扭曲或掩盖生活的真实面貌，一切言论在生活面前都会出现真假，生活本身会判断出谁是谁非，这种判断是驳不倒的，是终审。

为了端正自己的思想认识，为了做一个不太糊涂的人，也为了创作，我经常到乡下去向生活求教。

近几年，除了一个乡没有去，我走遍了全县。我发现百分之七八十的农民吃上了白馍。我问了不少人家："常吃吗？"对方多卖弄地说："还能是光过年吃？!"得意之情溢于言表。这在城里人不足为奇，我这一个小说里写过一个细节:一个乡下姑娘去城里走舅家,舅问她现在生活怎么样,她洋洋得意地说:"现在可美吧,天天吃白馍,可美极了!"她的两个老表听了笑得喷了一桌子饭,嘲笑她道:"吃个白馍就算美极了!啥年代了,吃个白馍就算美极了!哈哈哈……"这个姑娘脸红了,哭了。白馍是什么?小麦面蒸的罢了,有啥稀罕。我心里的白馍可不是这么简单。一九七六年,也就是"莺歌燕舞"的年代,我从广州回到家里,第二天我带着儿子进城,他是十岁吧。路上,我说:"娃子,今天爹口袋里有钱,你想要啥买啥,你只管说吧!"我说了就有点后悔,口气太粗了,他要说出我买不起或舍不得买的东西多难为人。他想了半天,攒足了劲说:"我啥都不想要,就想买个虚腾腾的白馍吃吃!"没想到他会说出这个,说出这个我一辈子也不会忘记的要求。我们村是西峡县的乌克兰,也就是县里的粮仓,一个生在粮仓里的孩子,一个说起来也算个作家的孩子,最大的要求、最大的欲望,竟然是一个白馍!听了他的要求,我的心一阵刺痛,差点哭了。可是,十年后的今天,(十年算个什么,在历史的长河中只是眨眨眼的工夫),农民的孩子向往的再也不是白馍了。别误会,我说这些并不是为了回忆对比,仅仅回忆对比没有什么意思。我只想说一点,应当从白馍中思考一些远远超过白馍的东西。还是这片土地,还是党的领导,为什么小麦面粉多了!这不仅仅是政策好了,更重要的是这种好政策的来源,这种来源的惨痛代价,这种来源的动机,这种来源的巨大勇气,这种来源冒着的巨大的风险,它要改变多少观念,它要克服多大阻力!这个源头就是为了人民。从这里,我看到了党心向民、民心向党。一个社会,特别像中国这样的大国,自古以来就为吃饭发愁,早先的历代帝王大叫民以食为天,解放后又以粮为纲,谁也叫人民吃不饱。如今绝大多数人丰衣足食,从而使我树立了一个大的信念:在党的领导下,沿着社会主义的道路走,我们国家的日子会一天比一天好。

当然,生活中也不全是喜剧,也有悲剧。我在深山区寨根乡和陈阳乡访问中,看到少数人的生活还非常贫穷,一天两顿糊涂饭、山菜煮玉米糁,饭黑得像臭青泥,看了叫人恶心。这里山高天寒地少,造成了长期贫困。贫穷还不可怕,只要想摆脱贫穷,经过努力可以逐步富裕起来。可怕的是一些人没有追求,没有欲望。我问了几个人,我说:"日子可真苦啊!"他们竟然大眼瞪小眼地说:"就这怪美,可比以前强多了!"在穷惯了的思想支配下,冬天靠房檐晒暖,夏天在林荫里乘凉,没办法,也不愿想办法、找门路增加收入,改善自己的处境。当我听到他们说"就这怪美"时,心情很沉重。过着这种生活还心安理得,还感激不尽,还自得其乐,这说明了什么?能说明他们是吃苦而不叫苦的好百姓吗?能责怪他们愚昧落后吗?事情恐怕不是这样简单。不过,我也想到自己的责任。如果做思想文化工作的跟不上,不能帮他们排除甘于认穷的思想,不能激发他们内心的进取力,不能改变他们的精神状态,单单靠外力来扶贫是很难奏效的,难以让他们很快富起来。

农村也有骂娘的,说明骂娘的特权不是城里人的专利。我前几天下乡就碰到一位。这是一个模范,在方圆附近很有名气。他说了现在社会的许许多多坏话,说得很气愤、很真切、很具体,举了一些做人的例子,说如今他一个模范却受到了冷落,却穷困得活不下去了,没人理他了。我听了他的遭遇,后来深入了解了一下,才知道了真相。他说的只是他这一部分的真,没有说出另一部分的真。他们住在山上。当年邻近他们的山下有个村子,很穷,人们凭两只手已经不中了,养活不住婆娘娃子了,就又多长出了一只手,经常来他们山上偷树偷柴。村里急了,就选派他来护林。他生性有点那个,有点愣,有点横,啥也不会干,就会"觉悟",村里斗人数他能撕开脸皮,出手也狠得很。他干了这个差事,也确实负责,逮住了偷树贼一点也不客气,不管你是天王老子地王爷,绳子、斧头、扁担没收了还不算,还把贼五花大绑游山示众,大家都叫他镇山虎。附近的人谁不去砍把柴割点草,大家都怕他,没少拍他的马屁,想方设法给他一点小恩小惠。他的的确确立了功,保住了一片青山,当上了模范,奖状没少捞,逢年过节还给他特殊一下,送点肉呀菜呀,还有救济粮救济衣也优先给他,还时常上广播,喇叭里没少吹他。他政治上光荣,物质上较别人富裕。他过得精精神神,颇有点高人一等的优越感,是个得意人物,得意得在家里也不可一世了,回到家里往床上一躺,耷拉着腿,叫老婆给洗脚,稍不如意往死处打。可是,如今山林承包了,更可喜的是山下那个村子富了,再也没人半夜三更上山来偷树了,还有的人成了文明户,上了广播。那个节目本来是他哦,现在被别人占了,这个别人还是他整治过的人。因为没有了偷树的贼,他也跟着没有了施展威力的机会,政治上不再光荣了,经济上没有实惠了。他又啥也不会,日子一下子跌了下去,人上人突然变成了人下人,连老婆也跑得没影了。他成天串门子混饭吃,大家不但不怕他、不敬他了,还讨厌他,背地里叫他混山鼠。他认为他的沦落都怪山下人不当贼了,有几个被他整治过的贼如今成了人物,见了他还嘲笑他几句。他受不了这个打击,自然产生了怨恨。他希望什么?最好山下那个村子让一把大火烧了,烧穷了,再来偷他们。这可能吗?能使他满意吗?这能怪谁?只能怪历史了。历史是有情的,它不断造就自己需要的人;历史也是无情的,它不断抛弃自己不需要的人。这个人的不满,只好叫他不满了。如果被他的不满所打动,也跟着不满,自己就要被人民不满的。

还想再说一件事,也是一个模范的故事,也是我最近下乡听到的。一个姑娘参加修一座小水库,修水库当然要宣传发动,说修好了将来如何如何美,美极了。她读过几天书,她相信了,还想着自己将来如何如何美,夜里有电灯可以看书了,还有水浇地,还能养鱼,可以吃大米干饭烧鱼汤了,闲了还能和爱人去水库上驾小船乐一番。希望使她产生了力量,她干得很出色,献出了青春,做出了成绩,还评上了模范。水库修好了,也真发了电,也真浇了地,也真养了鱼,好日子也真来了。可是,家里把她给弟弟换了个亲,她的丈夫比她大十几岁,还是个秃子,还是个文盲,还有点二百五。母命难违,姊弟之情难却,她抵挡不住种种压力只好去了。她要没有过美好的希望,没一点新思想,认了命,逆来顺受地和男人过了也就罢了。可是,她有过美好的希望,也有点新思想,又不多,她一见这男人就厌恶,不愿和男人同房。男人就说:"我妹子都给你兄弟睡了,你不给我睡!"男人强占了她,她就去投了水库,投在她亲手修的水库里,投在她希望给她带来幸福的水库里。水库本应当给她带来美好的生活,没想到会结束她的生命。这是一个悲剧。我听了这个故事心灵受到震撼,常常不能平静。修水库没错,是好事,大好事。可是,仅仅建设物质文明是不够的,不提高人们的思想素质,不加强精神文明的建设,不清楚封建的和资本主义的形形色色腐朽思想,物质文明和精神文明不能平衡,人同样得不到真正的幸福。这就要靠我们思想文化工作者的努力了。

生活出活的思想,活的思想不断教育着我,使自己对社会有一个比较公正比较全面的看法。要看到我们社会的光明面,改革前进是我们生活的主调,想问题、说话、写文章都应当尊重这个主调,要牢牢把握住这个大的背景。看不见人民的欢乐的生活,无视社会的进步,无视广大人民生活的不断改善,必然会否定党的领导,背离四项基本原则,使自己失去信心,失去正确的方向,变成迷途的羔羊,说出错误的话,写出错误的文章,做出错误的事。同样,也应当看到生活中的消极现象,意识到自己的责任,同不良现象作斗争,清除前进路上的垃圾,为精神文明贡献自己的微力。

现在再回头谈谈第一点,做文要尊重生活。党一再提倡和号召作家要深入生活,我是坚决拥护的。本来我可以挪挪窝,到地区或者省作协去,但我不愿离开生活。人民是生活的主人,是生活的创造者。作家不深入生活,就不能了解人民,文艺还怎么为人民服务?不写人民关心的事,不写人民的欢乐和苦恼,尽写些与人民无关痛痒的事,就会远离人民。作家冷淡了人民,人民也会冷淡作家。不仅仅如此,作家离开生活,凭主观瞎想必然会编造出歪曲生活的作品,就会毒害读者心灵,造成思想混乱,有害于社会主义建设。我一直告诫自己并和县文联各协会的同志们共勉:不赶时髦,不去迎合潮流,尊重生活,老老实实地反映生活、表现生活。既不虚假地美化生活,更不恶意地丑化生活,把活生生的生活奉献给读者,让生活本身去说话,让读者自己去思考。这就是我创作的信条。

学问家不一定是作家,但作家一定得是学问家。我没学问,不具备一个作家的素质。我能写点东西,都是沾了生活的光,是生活帮了我的大忙。如果没有对社会的了解,我肯定连一篇作品也写不出来。前面说,我不愿离开生活,就是因为这个。这几年各级领导和文艺界朋友对我的一些作品给予了关注和肯定,我知道这是为了鼓励我继续走深入生活的路,并不是我的作品真好,这些作品不论从思想性和艺术性来看,都远远没表现出我们沸腾的生活。今后我还要走深入生活的路,永远尊重生活,写生活,包括前边讲的几件小事,都要写出来,来报答大家的期望和鼓励。

(此文系作者在地区宣传工作会议上的发言,略有删节。)

原载《南阳日报》1987 年 4 月 16 日

黑发白发

乔典运

人们说起自己的处女作时都多少有点得意,我却脸红。那稿子一点也不像"作",要再冠以"处女"二字,于心不安,那会玷污处女的神圣和纯洁,因为处女二字太美好了。

大概是一九五四年,也可能是一九五五年,我在《河南文艺》上第一次把自己写的字变成了铅字,只有四句二十八个字,现在记起的只有两句十四个字——"高高山上一棵槐,姐妹两个采花来",后两句再也想不起来了。

就是这二十八个字,救了一条命,也引诱我付出了一生的代价,走上了充满艰辛、充满风险的创作之路,苦苦地挣扎了几十年,直到今天还在苦苦地挣扎着,天天都想再往前走一步,可惜底气不足,想走又走不动,只好拼上命往前爬着走了。当初,我之所以写稿是因为别无选择,所有的人生之路都堵死了,只剩下这一条路,不由我不走,只好自不量力地走下去了。当时,我患肺结核,这种病比今天的癌症还可怕,人们都远远躲开我,好像和我面对面说上一句半句话,我就会把死亡带给他,就会拉上他一同奔赴鬼门关。我想教学,领导劝我:你怎么能产生这种想法,这不是害下一代吗?我想种地又常常咳血,要不是怕死气都懒得出一口,哪有力气种田?能干点什么?只能干一样事,每天躺在田埂上晒太阳,美其名曰"日光浴"。天天在等死又不死还不想死,等得着急就读书。也没有什么书,只有从部队带回来的两本书,一本是《钢铁是怎样炼成的》,一本是《普通一兵》。我读,我抄,把振奋人心的段落和句子抄了厚厚一本。我被书中的人物感动了,激动了,不仅添了活下去的欲望,也萌动了也写点什么的念头。当时,没有想过当什么作家,因为连作家这两个字也不知道,只是想着不白活一场,不被人们看不起就心满意足了。一句话,想活个人样。

可是,当想活个人样时却没了活个人样的条件了。写东西得有笔有墨水有纸,我什么也没有。从部队带回一点复员费和医疗费早花光了,早成了一无所有的无产阶级了。于是,用鸡蛋去换个蘸水笔尖,绑个扫帚棍算有了笔,又买了二分钱一包的墨水粉,又从邻居家学生娃们那里找来了用过的练习簿,翻个身用背面没写过的纸,就这样开始了所谓的创作。好在我这个人还多少有点自知之明,自知才疏学浅,一开始没敢洋洋洒洒写什么可称为作品的作品,只写民歌和寓言。再加当时的社会刚刚从旧社会脱胎出来，文化不普及，写稿的人不多，我的"高高山上一棵槐"才有幸变成了铅字。这四句民歌的发表救了两条命。一是我的女儿，当时我已穷得不能再穷了，女儿降生时没油点灯是照着麻秆亮落地的。可能是受我的肺结核的影响，落地五天就得了惊风，也就是肺炎。没钱治就请跑江湖的郎中扎旱针，可怜她挨了一针又一针仍不见效，眼看小生命就要一命归天了，忽然寄来了三元钱稿费才有了治病的钱。附带说一句，原来我并不知道写稿还给钱。当时，一角钱能买十二个鸡蛋，没想到四句民歌都能换三百六十个鸡蛋，这对我不能不算个大数目。我喜出望外，把女儿抱到街上打了一支盘尼西林针，也就是如今的青霉素，她才死而复生。另一条命是我自己的命，原先每天总想着自己是个得了绝症的人，活着难，活着也没益，不如早死安生。自从这四句民歌发了，便有了一点不知天高地厚的感觉，想着能发四句说不定就能发八句，便有了一点野心，就一心扑到学习上，把肺结核慢慢淡忘了。大概是有了奔头，生命的欲火旺了，烧干了肺结核的空洞，病也就渐渐地轻了好了，一直活到今天也没死，还想活下去，因为今天比当初好到天上了。

　　从四句民歌到今天已经几十年了，本来应当有很大的前进，可惜只有脸红，写得还很浅薄，和人相比，不过是八十年代的"高高山上一棵槐"罢了。究其原因，除了客观原因外，主要是少了功底。学问家不一定是作家，作家得一定是学问家。自己先天不足，只读过简师，相当于初中，没有厚实的基础，底子薄。许多好的生活素材，想写往往不知如何写，得心而不应手，只好空叹息，总觉得对不起丰富多彩的生活。回顾走过的路，一点也不后悔，别的路虽然比这条路好走，走着也美，可是自己不能走，也走不了，没那个本事，也没那个条件，只好在这条路上走到底。现在唯一的心病也是最大的心病，就是不能开始是"高高山上一棵槐"，走到底还是"高高山上一棵槐"，要能写点比"高高山上一棵槐"好点的作品就无憾了。凭才力凭精力，这希望都有点自不量力，不过，还是那句话，挣扎吧。

原载《新闻爱好者》1990 年第 4 期

文缘

段荃法

前些日子整理旧照片,忽然发现30年前我和乔典运的一张合影照。我们身挨身,坐在一条凳子上。典运光头,穿一件长长的棉布衣;我戴一顶单帽,穿了件又窄又短的中山装。我们像干部,也像农民。孩子们都挤过来看,他们想不到他们熟知的乔伯伯和他们的爸爸,30年前就是这副模样,他们觉得真有趣,笑起来。

那时候,典运在西峡县农村,已经发表了颇有影响的小说《送地》;我在许昌地委工作,常驻农村,刚学写作,发表了小说习作《新任务到来的时候》、《配种站的老头》等。1956年冬,省文联召开首届青年创作会议,我和典运都去参加,认识了。此后来省城开会,典运赴郑州,必经许昌,就在我处住一晚,第二天同乘火车到郑州,会散了,又一同返家,典运又在许昌住一晚,第二天再乘汽车回西峡。有次送典运到汽车站去,经过照相馆,就留下了这张小照。

认识典运之前,先读他的小说,佩服之余,就产生一种神秘感,老是想,他的脑袋是怎么长的,小说写得这么有意思?见了他,不觉就有些拘束,不敢多言语,只是不住地听他说,不住地瞅他的大脑袋,想偷一点儿写小说的秘诀。处久了,成了朋友,成了兄弟,就随便了,知他种地在行,就喊他"乔老汉",见他长我几岁,就喊他"乔大哥",看了电影《乔老爷上轿》,就喊他"乔老爷",无论怎么喊,他都答应,他都高兴。去年典运来郑州参加会议,我开玩笑说,我不怕穷了,发现一张旧照片,有你的尊容,手头紧了,我就拍卖,兴许能换几碗羊肉汤喝。典运也开玩笑说,当文物卖,得等百年以后,那时我们都成地下的一抔黄土,羊肉汤再好也喝不成了。

典运后来当了县文联主席,当了县人大副主任,一直未离开西峡县。他本来是有许多机会进大城市的,但他不愿离开生养他的土地,在那块土地上,他投入的很多很多,有血泪,有情感,那块土地也给了他很多很多。他说,他要在那里打一口"我的小井",真的,他手握钢钎,年年打,月月打,天天打。我曾到他的家乡去过,坐在他的小院子里,喝着乔大嫂温的米酒,听着乔大嫂养的鸡叫,听着乔大哥讲村里的故事。他的"小井"打得深,泉水涌动不息,翻着浪花,滚动着乔大哥的文思。他也并不死守在"小井"的井口,满足于一井之见。他到北京鲁迅文学院去学习，博读广采，在艺术的大海里游泳；他到全省、全国各地参观学习，在生活的大海里浸泡。他的"小井"是通着大海的。怪不得他能写出《满票》、《无字碑》、《冷惊》等那么精彩的小说，怪不得他的小说能以小见大，怪不得他能造成一种令文坛瞩目的"乔典运现象"。

我和典运分处两地，见了面就畅谈，离开了就通信，相互勉励，扎扎实实地生活，认认真真地写作。我虽是地区机关干部，但有幸常下农村工作，在长葛县的大李庄住过一年，到许昌县的尚集住过一年，还回老家舞阳县莲花池村几次，后来干脆写申请到基层落户，去鲁山县马楼住在劳模苏殿选家里。使我感受最深的是到郾城县小商桥。正是大饥荒年代，我们一行6人去小商桥搞生产救灾，分住几个自然村，白天工作，夜里开会，每天喝红薯面稀饭，饿得抬不动脚手。一个干部到大坡打大雁，没打住大雁，却打了一只老鸹，我们也是饿急了，竟煮吃了。后来光景好转，工作组撤了，我要求留下住在沟张村做生产救灾的巩固工作。我的房东是张大娘，她孤身一人，极善良，爱热闹，每天晚上都有许多人去喷闲话，打打闹闹。她灌的蜂蜜、攒的鸡蛋专放在显眼处。在喷闲话喷得热闹时，就有人趁张大娘不注意，溜进厨屋，不一会，竟变戏法儿似地端来一锅蜜茶打荷包蛋，你争我抢地吃喝起来。张大娘假装生气地骂："一个个张嘴伸舌的，多像一群狗！"于是"狗"们就"汪汪"地叫着围过去，用头拱她的腰。她受不了，笑着跑到院子里。小土屋里的感受，曾使我写出过不少作品，直到现在还在拨动着我的创作欲望。

大李庄、尚集、马楼、小商桥、莲花池以及我生活过的所有村子，都给我厚爱，像典运在他的家乡一样，我在这里也播种了血泪和情感，收获的是丰富的创作积累和灵感，使我在此后的年月里，酝酿写出了一系列反映农村生活的小说，出版了《乡亲》、《活宝》、《天棚趣话录》等小说集。

后来我调来省城工作，典运常来省城开会，我们见了面，总是有说不完的话，从最初见面起一直说到现在，我们说家庭，说孩子，说在农村生活的新感受，说小说创作，兴致浓处，也逼他唱几句"一更里，那秀才"之类的民间小调。他声调并不佳，却唱得有滋有味，引人身临其境。

作家总是写他了解最透、感受最深的东西。典运这辈子身心不离农村，所写的也自然不离农村。也有读者写信问我，进城市多年了，怎么不见写城市？我回信说，我试过，写不好，还是写农村顺劲、顺手，写得痛快。

1993年3月8日

原载《新闻爱好者》1993年第5期

感觉不良

乔典运

写了一辈子东西,说大话算是作品,说实话仅算作文。几十几的人了,又靠卖文为生,老说自己写的东西是小学生的作文,自己脸红不说,别人还会说是虚伪。为了给自己抹粉,也为了让别人说声真诚,就硬着脖子承认作家了、作品了。

我这人土里生土里长,没上过几年学,也没读过几本书,更没研究过土夫子和洋夫子,不敢冒充秀才。要说创作经验,一点也没有。经验是什么?是把成绩和成就总结起来,供别人学习,供自己陶醉的东西。这东西是个好玩意儿,越总结成就越大,越总结缺点越少。我不会总结,也没这个宝贵习惯,便找不出自己的伟大自己的辉煌,便总是没有信心,越写越发现自己不中。这不是虚心,我也是个人,也很想自我骄傲骄傲自我陶醉陶醉,可惜没那个本钱。我写稿写得很难,常常为了写一句话而找不到合适的词,写了撕、撕了写,有时候能写十几遍还词不达意,可见我笨得够水平了,可见我肚里空空了。好不容易写出来了,发了,有人说不错了。我听见了马上就会想到宾馆饭店里的酒席,人们吃多了山珍海味,吃腻了,火腿烧鸡端上来,人们不动筷了,忽然上了一盘烤红薯,便见筷子乱伸,便都说这才是好东西,吃得很香。我想,我的作品就是那盘红薯,我便自我安慰自我得意,红薯走运了总比背运的大肉好,总算人们爱吃。连这样的良好感觉也只能维持三五分钟,就又想我真是块好吃的红薯?我写了一辈子,又是在大山里苦熬,是不是人们出于怜悯才叫了声好,或是见我写得可怜,像穷人端出的酸菜面条,出于礼貌再不好吃也得说句好吃好吃?我就是这样不断地怀疑自己,没有点滴自信,写起东西便不由地一字一句想来想去,像做字一样,写得很累很苦。

这样说了,很有点犯嫌疑,好像在故作虚心。当然,我也多少有点小聪明,这个小聪明,就是逃避。有逃避灾难的,有逃避自由的,有逃避爱情的,我是逃避自己文化的不足。什么派、什么流、什么主义,让人眼花缭乱,好不好?好!虽说有些我也读不懂,可我也不想落伍,也想学,不能走在潮头,走到潮尾巴上也算潮过。我学了二年,底子太差,贵贱学不会,就泄气不学了,就又走老路。我想,都去潮了,我在潮外头,物以稀为贵,说不定还是个稀罕物哩。这也算是投机取巧吧,我投了取了,这也是无奈,并不是不想往高枝上站。有一段时间,表现自我很时髦,我也很想自我一下,却不知道自我在何处,人活在世上,天大的本事一个人也活不成,自我只能存在于千万个自我之中,才能活成,才能成个社会。这样说,很可怜,连表现自我是什么都不懂,还妄谈自我,叫人笑掉大牙。笑吧,活个人不能白活,能出个洋相让人笑笑也算一大贡献。

在文学这个汪洋大海中,东西南北的潮来潮去、潮涨潮落,我入不了潮,潮也不要我。想来想去还是走自己的路,还是老老实实写生活。不是说文艺要为人民服务吗?生活是人民创造的,是人民交织成的,写生活就是写人民。生活是一本很厚很厚的书,这本书要啥有啥,酸甜苦辣,喜怒哀乐,无所不包,无奇不有,有情节,也有细节。都说天下文章一大抄,就是指的抄生活这本厚书。抄什么,怎么抄,就看会抄不会抄了,会抄的抄出个佳作,不会抄的抄个平庸之作。生活对任何人都是公平的,都是一样的多情,不会因为你的地位高低就眉高眼低。我没慧眼,读生活这本书常常读不懂,难分好坏,往往把好的漏了把不怎么好的抄上了,结果常常平庸,心里老感觉对不起生活。

原载《新闻爱好者》1993 年第 12 期

我的小井

乔典运

俗话说："一方水土养一方人。"我信这话。

作为一个作家,我是不够格的。我的文化素质低得可怜,且又家居深山,常年多见树木少见人。交通不便,信息不灵,没有同行之间的交流和探讨,使我成了一只井底蛤蟆。这些,对于搞创作都是不利的因素。为了有利于创作,最好的办法是改变这种状况,不过,这无异是一种幻想。我不能使时光倒流,从头学起;也无力易地而居,住到文学空气活跃的地方。既无法改变处境,又要搞文学创作,只好在不利的环境中求发展,避开自己的所短,利用自己的所长,为自己的创作找出一条出路。找来找去,没有别的路可选择,只有走深入生活这条路,写我们这个地方与众不同的生活。

三十多年来,我一直在一个小村子里生活,与群众同欢乐共患难。多数时间里,我处于生活的最底层,比当时的"四类分子"的处境还要差得多。因为,他们是死老虎,打不打他们无关紧要,我却是一只半死不活、时死时活的"老虎",理所当然我成为打的重点。我常说,全大队的"四类分子"应该感谢我,因为我承包了全大队的一切打击,才使他们得以幸免。这种生活对我来说,除了痛苦的一面,也有幸运的一方面,这就是赐给我一个真正深入生活的良好机会。当人们全不把我当成一个人时,当人们认为我不能对他们有丝毫的不利影响时,他们竟然当着我的面商量如何盗窃集体,商量如何整治某个人,甚至当着我的面研究如何往死处整我。当然,还有更多的好人,他们也常常当着我的面商量如何玩弄上级,对付错误的命令和瞎指挥,商量如何破坏一场斗争会。好人和坏人都不背我,把我当成了没有知觉的一块石头或一棵小草。野蛮和善良、愚昧和聪明、愤怒和欢乐、失望和希望,这一切都赤裸裸地展示在我面前。不幸的遭遇给了我幸,这幸就是使我有机会认识了活生生的社会,认识了活生生的人。虽然,有很多年我被剥夺了一切权力,没有读过一本纸印的书,但却天天在读无字的书。当然,我认识到的只是一个小小的山村,比起轰轰烈烈的大社会是微不足道的,但这对我的创作来说,却是一口汲之不完的小井。

每当我拿起书读时,看到别的作家写的宏伟的场面、叱咤风云的人物,我就像看到了汪洋大海中远航的巨轮,在顶风破浪前进。我羡慕佩服之余,便自叹不如,不由为自己的无才无知感到深深悲哀,真想搁笔不写了。可是,欲罢不忍,再想想也终于为自己找到了一点点安慰之词。我的面前没有汪洋大海,自己也没有驾驶巨轮的能力,我只能身在高山上的小井里,但从这小井里也能看到日月星辰,井里也有春夏间丛林绿染的倒影,也有秋冬的一片两片落叶,使我也能感受到四季更替,感受到冷暖的变化。自己没条件跳出这口小井,如果再看不起这口小井,再恨这口局限了自己视野的小井,便不屑于写这口小井,那才是自己真正的悲哀了。何况,地球是由各种地形组成的,如果全是汪洋大海就不成为地球了。井水虽小,又没有狂风巨浪,但终归也是水,同样能反映出世间冷暖,井水的时深时浅时清时浊也能反映出晴旱雨涝。文学创作需要汪洋大海,但都要写汪洋大海和远航的巨轮,也未免太单调了。天不转路转,常看汪洋大海的人,偶尔来到一口小井旁,说不定会感到这也是世间一景,也会不由自主地捧起井水喝上几口。一想到这些,我就爱我的小井,并决心努力写好我的小井,不再为身在小井中而感到悲哀了。

这就是一个井底蛤蟆想说的话,如果说这是重复阿Q的语言,那么,我想,多少有点儿阿Q劲头也没多大坏处。

选自乔典运《问天》,中原农民出版社,1994年

根植泥土——记作家乔典运

勾俊涛　张中坡

1994年5月,著名作家林斤澜到鲁迅文学院,看望参加"94北京文学笔会"的作家们,当聊到南阳和西峡时他说:"西峡是个神秘的地方。人杰地灵,有恐龙蛋,又有老乔(乔典运)……"这个老乔就是被文坛称为"宛军"的南阳作家群的主帅乔典运。从本世纪50年代起,在文学的阡陌上,他执着地跋涉了40多个春秋,走出了阴霾,步入了文学和人生的辉煌。现在,他拥有中国作家协会会员、河南省作家协会副主席、国家一级作家、西峡县文联主席等诸多头衔,创作成果丰硕。他的短篇小说《满票》,荣获1985—1986年全国优秀短篇小说奖,《村魂》、《冷惊》等作品连续三年被选入人民文学出版社出版的全国年度优秀作品选。他的第一部长篇小说《女人和网》一问世便捧走《新生界》1994年度优秀作品奖。小说集《美人泪》被评为1949—1989年河南省政府首届优秀艺术成果奖。新近出版的作品精选集《问天》,被认为是河南省最有分量的文学选集。《满票》等十余篇作品被翻译成英文、法文和阿拉伯文等文字出版。

老乔60多年前出生在豫西南的南阳盆地的边缘、八百里伏牛山的脚下——西峡县,清澈的灌河水冲积出肥沃的五里桥小平原,峭立的寺山似乎还回响着元好问在半山亭抚须拈茎把酒诵诗的长吟……但老乔的轻叩文学之门,却是因为别无选择。1953年,他从部队带病回到农村,成了一介草民。地主的出身和肺结核病,使他的教师梦成了美丽的泡影。面对贫穷和疾病的困扰,没上过几年学的他,无奈中选择了文学。于是青灯黄卷,学着写点东西,他的处女作是1954年在《河南文艺》上发表的一首民歌,总共四句二十八个字,那家杂志社给他寄去了三块钱稿酬,那时一角钱买十二个鸡蛋。他的女儿患了肺炎,就是那三块钱救了女儿的命。之后他又开始写几百字的寓言,1955年开始写小说。1956年发表在《长江文艺》上的小说《送地》,引起文坛瞩目,全国好几十家报刊相继选载。不久,他加入了武汉作家协会。自此,从生活出发,带着对文学的悟性而闯入文学殿堂的老乔,一发而不可收,用心灵之笔饱蘸灌河的明澈、寺山的灵秀,创作出了一篇篇脍炙人口的作品。

几十年蜗居深山小县,使他对西峡这方土地有着深深的情感。前几年省里来调他几次,他都舍不得离开。那里是他的生命之根,也是他的文学之根。生活在底层民众之中,对农民的深切关注和了悟,使他不断反映着他们生活的甜美和不幸,表现着农村人民的灵魂深处。著名评论家刘思谦说,他看似写农民,实际上已超越了农民,写的是中国人——刻画了中国人的灵魂。他笔下的人物充满着"含泪的笑"的味道,如《村魂》中的张老七、《香与香》中的五老爷、《问天》中的三爷等等。老乔在作品中对人物对象进行多侧面的投射和塑造,他的人物不是脸谱化的好与坏,而是具有复杂的典型性格。老乔最基本的创作方法是现实主义,他坚信现实主义具有强盛不败的生命力。他的语言非常独特老到,通俗中见新奇,平淡中见真意,内涵丰富深刻,又富于幽默意味和哲学思考。如《问天》中,在一位农民因为选举村长不会想、不会行使民主权利的一段独白里,老乔这样写道:"三爷的头娇生惯养年代久了,就不会想了,一想就痛……怪不得干部们吃香的喝辣的,看起来可得吃可得喝,他们又不是挖山抡镢头,他们得天天想事,要不把头保养个好好的,一想头就痛还咋工作哩?三爷想想过去对村干部们吃吃喝喝不满意,就觉得对不起他们,就有点无地自容。"还有人称老乔的这种语言为"啰唆美"。

尽管取得了这么大的成就,但老乔还是那个样,质朴、善良。当他写的自传体小说《别无选择》在《南阳晚报》上连载时,有几家大报愿出高价把稿子要过去,他都没答应。他也很谦虚,在南阳作家群的一次座谈会上,有人把对南阳作家及其作品有独到研究的青年文学评论家张书恒介绍给他时,他连声说:"请张老师多指教!"他还老说自己还不是一个作家。他就这样时时提醒自己,不断更新意识,创作势头如日中天,最近几年连续发表许多有较大影响的中短篇小说。他不仅写小说,也写寓言、写散文、写电影剧本。他的散文也是大手笔,其中《妈妈》、《想》等被近百家刊物选载。他的散文朴素中又满蕴哲理,耐人品味。

1995年初,他因患喉疾去郑州治疗,从医院回到南阳,稍作停留,他就匆匆赶回了西峡——他的生命和文学的沃土,继续耕耘。

而今,面对市场经济的冲击,面对骚动,南阳作家群仍对文学一片痴迷,不为外物所动,最根本的一点应该是有老乔这棵大树岿然不动。

60多岁的老乔,赤心不改,根植乡间的泥土,笔耕不辍,在创作着作品的同时,也创造着作家魅人的人品。

原载《新闻爱好者》1995年第5期

"洋鬼子"乔典运

李雪峰

我和乔典运在河南省西峡县文联这个小锅里搅稀稠,转眼就是近十个年头了。不断有朋友到我这里来,都无一例外地问:"哪个人是乔典运?"我说就是我隔壁那个老头呀。朋友们都很怀疑,说:"他怎么能是乔典运?"

的确,乔典运太不像乔典运了。

乔典运是不该穿被臭汗浸煮得枯黄、胸前背后密布大洞小窟窿的破背心的;乔典运是不该趿一双鞋底都快磨透的劣质拖鞋的;乔典运是不该戴一顶破草帽的;乔典运是不该骑一辆除了铃不响其余各部件都响的"老爷"式自行车的;乔典运不该是那么谦和的;乔典运说话绝不该结结巴巴的……

许多人都诧异:乔典运怎么比他的作品还土得掉渣?大作家怎么比老百姓还老百姓?甚至有朋友说:"如果在大街上遇见这个乔老爷,咱一准把他看成了一个卖柴的乡下老头了。"但长了一副卖柴相的人,却偏偏卖起了高雅的文章来。

而且,还是一个"大卖家"。不仅在50年代卖,90年代还在卖。买乔典运文章的,都是些公认识货的主儿,如《小说月报》、《新华文摘》、《读者》、《北京文学》、《山西文学》、《莽原》、《散文(海外版)》,而且这些识货的主儿买老乔的文章,无一不是不惜掏大价钱的,连中国作协都用1986—1987全国优秀小说作品奖买乔典运的《满票》,人民文学出版社连续三年买乔典运《村魂》、《冷惊》、《满票》的账,乔典运的这壶酒钱,谁不认?但这么一个大卖家,没在北京练过摊儿,没在郑州摆过谱,他的货摊,竟然几十年都摆在西峡小县这个深巷陋舍里。这么一个大卖家,居然是个不知大学府门朝哪向儿开,连高中的门槛都没踏过的初中毕业生。他的学历表格里,顶多填个"陕县简师",但职称表格里,却是唬人一跳的"文学创作一级",简直是天壤之别,令人不得不对他刮目相看,不得不咋舌称奇了。

我和乔典运虽然相识很晚,但道听途说他的轶闻却很早了。他是个没落地主,他想实实在在脱胎换骨做个革命人,就把脑袋掖在裤腰上入了伍,原想到朝鲜战场上淋淋漓漓表现表现的,但杜鲁门偏偏不给他表现的机会,他刚刚雄赳赳气昂昂跨到鸭绿江边上,朝鲜战争就结束了。乔典运垂头丧气折回了济南军区,还没有来得及思考如何在革命队伍里向革命靠拢,无情的肺结核就开除了他的军籍。他回到了老家伏牛山区,因为被肺结核折腾得手无缚鸡之力,又凭了肚子里多少有点墨水,就要求教学。但县里文教委的负责人说他居心不良,想把自己的肺结核传染给革命接班人,企图破坏革命。没有办法,乔典运只好窝在农村老家了。

乔典运别无选择,很荒唐地写起稿子来。虽说写稿让他吃尽了批批斗斗的苦头,受尽了触目惊心的灾难,但苦尽甘来,写稿使他终于从一个草民百姓,成了一个吃皇粮的国家干部。

我是1986年认识乔典运的。那时我还是一个高中学生,而他已经是刚刚成立的西峡县文联的主席了。他坐在主席台上,我坐在台下的县文艺代表人群里。那次会议上,他没讲几句话。直到晚饭时,他一一向代表们敬酒,我们才说了几句话,他说话有些口吃,直使我怀疑:这么一个拙口笨舌的人,他的笔能流利得起来吗?

高中毕业后我回了老家务农,几乎把乔典运给忘了。但他却奇迹般地记着我。他在县城给我找了个单位做临时工。接到他信的那天,我感激得眼泪都快掉下来了。不为他给我找了份工作,只为这么一个大作家,这么多年了,竟能惦记起我这么一个只发过几首小诗的农村小作者。

1989年春天,老乔又把我抽调到文联边读书边做些提茶倒水的工作。我和他成为伙计了,慢慢地成了忘年交。

老乔是个棋迷,每日里读读报纸写写稿,就身心投入地泡在棋盘上。文联办公室只有几个破破烂烂的老式沙发和一个圆桌,圆桌上画了棋盘。县城里的一帮棋客们,不论是干部,还是溜街的闲汉,一拨拨地往文联涌。来了,老乔就把笔一甩,"噼噼啪啪"响亮地在棋盘上拼杀。赢了,老乔满脸的得意;输了,老乔又笑呵呵地飞快摆好了棋子再杀。有时在家里,没有了弈客,老乔就招呼一声他的儿子,父子俩光着脚丫板子,坐在床上你来我往地将军,闹腾得一屋子"将军"的喧嚣。

老乔的朋友很多,也很杂,三教九流的都有,有穿得挺阔的领导干部,也有衣衫褴褛的乡下农民;有年过古稀的耄耋老翁,也有一脸孩童稚气的少年作者。老乔从来不厚此薄彼,对谁都是笑脸相迎笑脸相送。但来往频繁的,还是编辑和作家,省内省外的都来,约稿的,闲聊的,都来找老乔。大概是老乔这人还原原本本保持着乡下人那种质朴憨厚的本色吧,对谁都真诚,跟谁都贴心,能向上帮着推一把就推一把,折腾得朋友满天下,铁哥们儿遍地都是。

老乔是个把"义"字看得尤其重的人。湖北的一个青年编辑,刚到编辑部,拉不来名家的稿子,四处碰壁,走投无路了,慕老乔的"义"名,风尘仆仆赶到西峡找到了老乔。老乔正忙着赶辽宁一位编辑的约稿,但听了这个青年编辑的苦衷,二话不说,通宵达旦地跳格子,焦头烂额地写了近一个月,给了这个编辑一部中篇力作。那位编辑说,自己初做编辑,人微言轻,稿费给不高,老乔一笑说:"不给稿费都行,只要能解解你的燃眉!"稿子发了,《中篇小说选刊》选了。《北京文学》的编辑给老乔写了几封约稿信,老乔说:"《北京文学》那帮人马够哥们儿,别说写了约稿信,就是没向我约稿,咱也得给人家写篇好稿!"老乔写了撕,撕了写,折折腾腾开了几十个的头,终于写好了《问天》。刚刚刊罢,叫好声就起来了,《人民日报》作了评论,《小说月报》、《文学世界》、《新华文摘》等几十家报刊纷纷选载,上海文艺出版社的《92年度全国优秀小说作品选》、农村读物出版社的《中国九十年代优秀乡土小说作品选》等纷纷收编。

大家都说老乔应该是京都里的货色,省里几次想把他调到省城去,但老乔贵贱不去,推诿说自己是小麻雀骨头的命,享不起当省城人的洪福,是乡下的狗肉,上不得省城的桌宴。他很犟,脾性又很倔,认准了一个理儿,谁再抬举也不识了。前些年,有好心的朋友劝他变变文风,随随潮流,写点流行的东西,也好让稿费的门路宽一些,但老乔不变初衷,抱着琵琶弹老弦,在老弦里边创新音,谁知居然也成了气候。评论家说他有鲁迅的辛辣文风,熔辛辣和诙谐于一炉,融憨厚与精明于一体,是独辟蹊径,自成一家,是种极难得的中国式黑色幽默,是一种自成一格的中国式乡土寓言。

老乔是个被文德陶冶得太有德性的老头儿。他写自传体连载小说《别无选择》,在《南阳晚报》这家小报上连载,很为这家晚报拉了不少的订户。湖北的《武汉晚报》等十余家报纸,根据读者的要求,恳切向老乔致函,请求也连载这部作品。老乔说:"一个闺女怎么能找两家婆家呢?"拒绝了。晚报的同志说,只要能为老乔多得几文稿酬,谁愿转载就让人家转载吧,我们《南阳晚报》绝对肚里不闹意见。老乔说,你们没有意见,可我有意见,咱怎么能不讲文德呢?为人一世,总不能老往钱眼里跳!瞧这老头子,迂得让人同情又令人肃然起敬。去年,卢氏县的一位农村作者,在给湖北的《芳草》和北京的《北京文学》投稿的同时,又李鬼充李逵地盗用老乔的大名,分别给两家编辑部寄了两封荐稿信。老乔接到查询信后,立刻回信替这位素不相识的业余作者求情说,农村作者写个稿不容易,只要稿子写得够档,万万别因为荐稿信是假冒伪劣的,就不用人家的稿子。信寄走后还不放心,又颠儿颠儿地忙着给两家编辑打电话再三求情,惹得一帮朋友都摇头苦笑说:"这乔老爷,是慈善得没治了。"

别看老乔是个国家一级作家,就想他是一杆神笔了。其实很不然,老乔整日在字里爬进爬出,可硬是写不好字。老乔书法的功夫,充其量只是个小学二年级水平,但和小学生略有差别的是,老乔比小学生们做作业的字迹要工整些。

老乔写起小说来,下笔洋洋万言妙语连珠,但让老乔写工作总结,老乔就立即傻眼了,憋了半天也憋不出几句上纲上线的大话儿,写出个一二三就更不行了。让老乔到主席台上讲话,就更是为难他,比让老乔上刀山下火海还难受,口吃得半天说不出一句囫囵话儿。看来老乔不是个能坐住轿的人,北京邓友梅、山西韩石山等叫老乔"乔老爷"是确实称呼错了,老乔这把式哪能是坐轿的乔老爷,顶多是个不太够格的抬轿的。

别以为老乔这副憨相就认为老乔就是个老实人,老乔其实是个精明人。张宇说:"乔老爷是大智若愚。"如果老乔真是个不开窍的老头子,老乔能捏面人样折腾出一帮令人又想哭又想笑的张老七何老五王老十吗?老乔《满票》能捧走全国小说奖,创作出力透纸背的《遗风》、《香与香》、《多了一笑》,能闹腾出令文坛注目的《冷惊》、《村魂》、《问天》吗?

老乔这人不是个崇洋媚外的人。他念的是自己的经,打的是自己的农民式小九九。老乔说,大家都一个腔调地模仿西方作品,那西方欧美作家又去模仿谁?模仿者永远都只能是个小学生,模仿得再惟妙惟肖也不能成为大家。老乔奉"只有民族的,才是世界的"为圣言,所以老乔向来不眼热洋道法,他只在中国农民的性格里,用中国人传统的掘法打自己的深井。

酒好不怕巷子深。尽管老乔这老头一辈子都蜗居在河南的深山小县,距离外国远了,不和洋人们相来往,但洋人们却不为此就忽略了老乔。相反,洋人像发现了一件最优秀的文物一样盯住了这个中国老大爷。美国、英国、法国、日本,以及一些阿拉伯国家,争相翻译了老乔的《满票》、《冷惊》、《无字碑》、《村魂》等作品,他们比中国人还买老乔这些弥漫着中国泥土馨香的作品的账。他们研究老乔,研究这些地地道道的中国乡土作家的作品,他们从乔老爷的作品里,吮吸出了一种正宗的中国文学作品的"洋"味道。我们觉得洋人的作品特洋,洋人看乔老爷的作品特"洋"。在我们眼里,老乔是个土得不能再土的中国人,而在洋人眼里,正因为老乔的这种盖帽的土,老乔才是个十足的"洋人"了。

美国的一家文学期刊说老乔:"地地道道的一个洋鬼子!"

乔典运,一个外国人眼中的"洋鬼子"!

原载《东方艺术》1997年第1期

是读者,更是朋友——怀念作家乔典运

陈 静

四年前一个春天的黄昏,在西峡,我第一次见到老乔——乔典运。老乔一身布衣,脚上一双布鞋,笑眯眯的,笑深了就不见了眼睛。那时作家"下海"正时髦,文人正为"钱"困惑,他和张宇一见面,话题就忍不住地往这上面跑。你一句,我一句,说兴奋了,老乔再也坐不住,举着烟头在屋里来回转圈,话一急就有点磕巴,但这丝毫不影响他的妙语连珠,听起来倒是别有趣味。两个人连自嘲带调侃,最后落得一个别无选择,还是老老实实,各回各的家各写各的东西去吧。

正是收获樱桃的时节。在从西峡回来的路上,我像一个孩子似的,把这一辈子该吃的樱桃给吃完了。

那是一次除了欢乐,剩下的还是欢乐的见面,因为老乔这个人,因为那一串串鲜美无比的樱桃。

远嫁河南的这年秋天,我在《公安月刊》找到一份编辑工作,主持一个文学色彩稍浓的新栏目。我第一个想起老乔,便写信向他约稿,诱惑说这个栏目优待作家,稿费一定比想象的丰厚。

老乔很快回信,大意是说自己笨,写东西慢,让我别慌,一定写,并感谢我给他一个挣钱的机会,还说朋友照顾的这个钱不拿就是不识抬举。

不久,我意外地收到另一位南阳作家的赐稿。他自称是受了老乔的动员,并也幽默地说是冲着高稿费来的。看到"老乔"这两个字,我心头一热。老乔竟这么细心,他知道这时的我最需要什么了。

老乔很少出西峡。虽为河南省作家协会副主席,却是虚的,徒有名声。偶尔上一趟郑州也是来去匆匆。他曾把西峡出产的最优良的猕猴桃让张宇捎回家,我舍不得吃,在冰箱里存放了好久。

我每月按时给他寄着《公安月刊》。

听说老乔写着一部长篇,身体不错。

一晃就是两年。

再见面却是在医院。老乔做了喉癌手术。一切发生得让人猝不及防。老乔见了我,还是笑眯眯的,我却永远听不到他那一口平易的南阳腔了,只能用心捕捉那发自气管的模糊不清的声息。

后来,因为一个又一个被发现的癌,老乔接着做了第二次、第三次手术。张宇不断地带回老乔时好时坏的消息,我们一家人为他高兴,更多的时候为他担忧。

1995年秋天,老乔住进我家附近的肿瘤医院。张宇和我得以经常去看他。老乔少有的平静,偶尔大笑,笑没了眼睛,却是无声的。记得那天晚饭后,我们又去看他,带了一本新出的《公安月刊》。老乔接过去,好久没说话。忽然开口说:"谢谢你,小陈。我……看了多年的《公安月刊》,是你们的忠实……读者。我是只吃饭,不干活。有机会吧,我一定给你写一篇……还债。"我点点头又连连摇头。我生怕我的心意被误解了,我不是来约稿的,只是希望他一个人的时候,心烦了,心焦了,随便翻翻这本杂志,从这扇社会的窗口透透气。如果说感谢,我早就该谢谢他了。

老乔给了这本薄薄的杂志一个希望,我想,其实更是给了自己一份信心。

不久,老乔执意要回西峡。他日夜想念着西峡的山水。临走前,我们去和他告别。大家一时无语,面对明天竟有一种人生苦短的无奈。张宇打破沉默,笑说"留得青山在,不怕没柴烧"。老乔接着说,小车不倒只管推。老乔又笑没了眼睛。

不想这一别竟是与老乔的永诀。1997年的初春乍暖还寒,一个普通的早晨,老乔走了,还是走了!只有66岁。给热爱他的朋友们留下了永久的哀伤和温暖的回忆,给热爱他的读者留下了《满票》、《村魂》、《问天》等等被誉为"中国农民之魂"的作品。

老乔走得匆匆。我们曾在信中约好,春天来了,我们和两岁的女儿一起去西峡看他。老乔走得匆匆。他对《公安月刊》还有一个未了的心愿……

作为《公安月刊》的一名编辑,我永远地失去了老乔的赐稿,留下无法弥补的遗憾。唯一欣慰的是,老乔生前是我们的读者,更是朋友,《公安月刊》得到过他的关心和帮助。记下这段文字和心情,是对这位优秀作家的最好的怀念与纪念。

原载《公安月刊》1997年第8期

乔典运:人贵真诚

周 熠

杏花春雨润如酥的一个早上,我匆匆赶到南阳宾馆,叩开了著名作家、南阳作协主席乔典运的寓门。他自故乡西峡来,要赴省会出席省人大会议,趁此之机,我拜访了他。

老乔大病新愈给人的印象却是:健康,慈和。膘水好多了,脸上的肉闪着瓷实的红光。手术后尚有些许后遗症:嗓音低哑,做耳语式发音。饮食以吃稀饭为主,喝水有点呛。问他还有何禁戒,他笑笑轻声说:"人家霸王是别虞姬,我是别烟酒了,相比之下痛苦还小些。"

还是老乔味儿:幽默,练达。

那年夏天,老乔陪作家南丁和张宇去黄石庵消夏,后来在一篇文章中感叹道:"我这一辈子啥都不缺,就缺三样:升官、发财、桃花运。"读者看了哈哈一笑,文友们却品出,老乔的幽默蕴含着苦涩而特定的历史内涵。

青年时的乔典运,本可以在解放军中建功立业弄个军官干干的,但一场严重的肺结核使他复员回到山乡老家。而他的一首"高高山上一棵槐"的民歌的偶然发表,又诱导他步入文字生涯。继他的小说在《长江文艺》、《奔流》上连续刊出后,他成了名噪山野的青年农民作家。这一桂冠又导致他成为十年浩劫中的受难者。无数的批斗之后,又限制他的生存:夜间不准他点灯(看书写字),灶房不准他生火,他和家人有时只好像原始人一样啃吃生红薯、生萝卜。工分本来不值钱,可他去同五类分子一起干的义务工,连工分也不记……

然而,老乔说,他的不幸,也正是他的大幸。文学新时期以来,老乔如鱼得水,如沐春风。不少五六十年代的工农作家渐成强弩之末,而他独步幽境,小说越做越老成、越"哲学",不断被国内刊物选载,有的篇什还被译介国外。他的《满票》在全国第八届短篇小说评奖中以"满票"列入十八篇获奖作品的榜首。他的小说《村魂》、《问天》更因入木三分地刻画了在"左"倾观念的挤压下国民灵魂的扭曲而享誉文坛。评论家阎纲称之为"乔典运现象";刘思谦称他的小说"有一种很现代的理性之光";王鸿生在《上海文学》发表评论(此论获上海文学奖),提出了"乔典运的小说寓言"的命题,认为老乔"制造了当代短篇小说的高峰"。

当中原文坛掀起一股"乔典运现象"热,众多的报刊电台记者采访老乔,探寻他创作的天分和奥秘时,老乔却表现得出奇的冷静和真诚。他说:"我是全沾了生活的光。""这生活对我来说除了痛苦的一面,也有幸运的一面。"这种生活"对于我的创作来说,却是一口汲之不完的小井"。这些年来,他以观察社会人生的独特视角与感触,将生活的小井愈淘愈深,愈深愈清,使这生活之水井反映世态冷暖,折射人间悲欢,凸显众生灵魂!

1994年,是老乔的收获之秋,也是多事之秋,这一年他的长篇小说《小写的人》在北京《新生界》刊发后,漓江、峨眉等数家出版社和刊物约他写长篇、中篇,几家报纸要连载他的自传体纪实文学。正当他签约运作之时,先是心脏欠适,继之又咽喉疼痛,终于闹到中途辍笔去郑州开刀。所幸,今年春节过来,他健康起来了,可以上郑州参加省人大会了。我知道漓江出版社近日还在电报催稿,故打听他的打算。老乔告诉我:"三月份动笔写吧。"其实,这之前,他已动笔了,为两家晚报的连载,他每周给人家写上一两千字的短篇。

"南阳作家群"研讨会前不久在郑州召开,作为省作协副主席和南阳作协主席的老乔,因临时感冒发烧,没有成行,大家都很遗憾。因为他对"南阳作家群"这一个文学现象,肯定有他的高论的。这次见面,时间不多,又怕影响他休息,我只请他简要说几句最想要说的感想。因发音不便,他欣然笔答曰:"南阳作家最可贵的就是继承和发扬民族文化,既吸收了外来文化,又自如地将其融化在民族文化之中。一句话,中国味儿。多年来,文学试验了一个遍,最后又回归到现实主义中来。南阳作家始终坚持着现实主义。"

本来是在深山老野修炼十分用功的老乔,在经历了近期这场与病魔的决斗之后,对人生、对文学,一定有新的透悟。我想听听他这方面的哲思。果然,老乔稍加思索,便在纸上一挥而就:"走出死亡最大的体验是,文学吧,人生吧,都贵真诚。真诚能产生友情、爱和力量。真正的文学产生于真诚。作家写到一定程度,就不只是技巧了,是人格、文格的较量与呈现。"

选自周熠《周熠散文自选集》,河南文艺出版社,1998年

小记乔典运

周 熠

一个阳光静暖的上午,我走过一片叶浅花深的桃林,登上半山岗,肃立在一座普通的坟前。这里安眠着乔公典运——他在此歇下三个多年头了。

今春雨疏草发迟。清明刚至,那坟草尚不覆黄土,坟沿的一溜兰草也还瘦寂。这种清癯土黄的情调,如睹老乔生前一贯慈和、质朴和睿智的脸。仿佛他就坐于这坟前的山地上,笑迎我这不速之客,勾起我对他一往情深的回忆。

和老乔算得是忘年交。二十年前我学写小说时,对乔典运已是"久仰"了。而与他交往日多则是我在南阳日报弄"白河"副刊之后。一次,我请他到家小聚,他欣然登门。乔公貌不惊人,长方脸,两颗门牙黄且大,说话还有点结巴。深灰的褂子敞开着,随便扣着的白布对襟衬衫汗渍斑驳,大裤裆的黑裤子皱皱巴巴,圆口布鞋上灰土半染。他走后,妻子说:

"这就是那个乔典运呀?"我笑了:"就是。"

这就是乔典运。80年代中期至90年代前期,是他中短篇小说创作的顶峰期。乔典运以契诃夫的笔调、欧·亨利的风格,在《村魂》《满票》《冷惊》《问天》等小说中,对中国国民灵魂的拷问与哲思,具有经典性的审美价值和认识价值。因此,他的小说每一发表,全国有影响的几家文学选刊,如《小说选刊》《小说月报》《中篇小说选刊》和《新华文摘》等,都竞相转载,在中原乃至全国文坛引起轰动,被资深的评论家们誉之为"乔典运现象"。可当大家都这么称赞他时,他总是露出浅黄的门牙一笑说:"不值一提,咱是瞎猫碰上个死老鼠。"京华、沪上、南方沿海等地请他去讲学,他都婉拒了,他的口头语是:"咱是个草木之人"、"山野之人","肚里没啥墨水,有啥讲的"。

老乔是真诚的、清醒的。他对南阳文坛十分关心和厚爱,堪为南阳作家群的"领头羊"和哥们儿。据我所知,全国的文学活动他可以不去,而我们南阳的文学活动,包括南阳日报的笔会,他是每邀必赏光的。历届笔会,因为有了老乔的小说旗帜迎风飘扬,自然是文学歌声多么嘹亮。所以,南阳有个作家群以及南阳作家群有今天,公正地说,因素有多种,而乔公"功莫大焉"。

曾经沧海难为水。诚如老乔在《命运》中所述,他是半生坎坷蹭蹬,饱尝人间五味,因此,他对社会和人生有着高人一等的憬悟。现在社会上不公多,人们牢骚多,怨气大。可跟他在一起,便能洗却不少俗念与烦恼。他曾不止一次正话反说地幽默道:"咱这一生,啥都不缺,就缺三样:升官、发财、桃花运。所以,想腐败也腐败不成。这三样东西好是好,就是弄不好折人寿。没有反倒一身轻,到头来赤条条不还是一首《好汉歌》嘛。"在西峡老界岭的文学笔会上,一个中午野餐后在河谷林荫下小憩,老乔悠然地吸着烟,仰脸指着对面山坡和山顶说:"你们看,这山路、河边的树,再看那山顶上的树,谁高?"大家七嘴八舌地答着,老乔却深沉地说:"你看那山顶的树,因为是长在高处,看着比别的树高,其实它自己并不高……"大自然里有哲学。老乔后来还把它写成文章发表。80年代老乔的作品喷薄而出时,组织上和朋友们都真诚希望他离开小山城西峡,到南阳市或省会郑州定居,但他拒绝了。他把创作和生活基地看得头等重要。一次闲聊中我也劝他动动,一是你吃了一辈子苦,现在也需要到城市风光风光;二是也需要开阔视野,审视新的生活。老乔却说:

"老弟呀,我也想啦,享受啥穷尽,生不带来,死不带去。生活是啊,多得很,到处都是,可要写作,非真正熟悉深入不可。生活,不在多,而在深,就像打井,越深,越清,越旺,春夏秋冬大世界,啥都有啦,还不够我写?"

海德格尔说:"死亡,是人生的最后一种挑战。"老乔以他的憬悟一次又一次战胜死亡,并且超越死亡。朋友们都叹惜乔典运走得过早了。是的,正值他驾轻就熟地致力于自传体长篇小说《命运》(又名《别无选择》)的写作时,残酷地患上了喉癌。病床上,与文友交谈中,大家对他总避着死亡,他却很坦然地反复表示,生是偶然,死是必然。天命难违,早走早安。他曾两次眼睛有些湿润地用笔对我表达道:"人间最可珍贵的是真诚与爱。""感谢朋友们的爱。"

原载《人民日报》2000 年 6 月 3 日

我心中的乔典运

王桂芳

乔典运是叫响中国文坛的作家,1929年1月20日出生于西峡县五里桥乡北堂村,卒于1997年2月14日。生前系中国作家协会会员、中国当代文学研究会会员、国家一级作家,曾被授予"国家有突出贡献专家"、"河南省优秀作家"称号,享受国务院特殊津贴。曾任河南省作家协会副主席、南阳市文联副主席、南阳市作家协会主席、西峡县人大常委会副主任等职。

乔典运于1955年开始文学创作,发表过近300万字作品,是写农村农民的高手。40余年的创作生涯中,他的很多作品如《满票》、《冷惊》等在国家级刊物上发表并获奖,《你不能这样》等八篇作品被改编为电视剧在中央电视台播放,《村魂》等八篇作品还被译成英、法、德、阿拉伯文。《人民日报》、《红旗》、《文艺报》、《小说评论》、《上海文学》、《北京文学》、《河南日报》等报刊多次发表文章予以高度评价,称乔典运"深居山区,披阅人世,艰难困苦,笔耕不停",是"半个农民哲学家和半个农民心理学家",具有"剔幽发微的敏悟力和壶里藏乾坤的艺术包容力",用"寓洋于土的表现形式,释放出奇异的艺术能量",是"继鲁迅先生之后对国民精神劣根性进行最有力鞭笞的作家之一",称其创作为不断"井喷",被文艺界誉为"乔典运现象"。

我虽和乔典运同乡,却和他相识很晚。记得1987年开春,我第一次到新单位列席人大常委会,刚走进人大院内,见一位50多岁的人,脸色红润,身着对襟便衣布扣棉袄,脚蹬布底旧棉靴,很像一个田间劳作的农夫,目不斜视朝二楼会议室走去。他推开门见没人,又折回走廊喃喃自语:"我又张老七了。"我一时没弄明白他说的张老七是谁,直到桑主任和他握手扯他衣角说"乔主任也该换换包装了",我才意识到他便是文坛上大名鼎鼎的乔典运,张老七便是《村魂》中的主人公——一个老实愚忠的共产党员。

他虽是人大副主任,却不驻会,不参与人大的日常工作。我在人大工作,和乔典运这个身兼省、市、县三级人大代表有着密切联系,隔三岔五总有些文件、简报、公告、报刊给他送,久之,仰慕他的谈吐才气,我成了他家的常客。每次谈读书、谈写作、谈交友、谈人生,他都有入木三分的见解,我俩渐渐成了忘年交。尤其是1992年后,一场婚变使我这个恪守妇道的传统女子徘徊在生死线上。

他生怕我发生意外,偕夫人天天往我家跑,不厌其烦地听我哭诉,视我哀伤为己哀伤,还用道理和身边典型教育我走出情感误区。我却一直陷在痛苦中,不能自拔。他看劝不醒就板起面孔批评说:"瞎可惜你还当过镇长,啥年代了,骨子里还那么古板封建,为一个忘恩负义的人寻死觅活,值吗?你还年轻,生活的路还很长,与其钻进痛苦里,不如读点书学着写点东西,提高提高做人的品位!"

1993年,我的处女作《转圆这三角》写好后,他为了帮我扩大视野,寻找可以发表的刊物,冒着酷暑带我到桐柏县参加南阳市文联主办的文学笔会,从而结识了南阳作家群的一帮朋友。从那时起包括他病重期间,他始终不忘鼓励督促我写作,每次见我,第一句话必是写什么了或读什么书了。偶尔一回说打扑克,他便说没意思,浪费时间。我这人很自卑,总认为自己不是写东西的材料,尤其是写不顺当时,笔一甩不干了,能有好长时间不摸笔。他知道后敲打我不争气,还说:"你能写,你语言不错,关键是你不认识自己,这个病是大病,不改,这辈子别想有出息!"连乔夫人都说:"桂芳,你不好好写可真对不起你乔叔,他劝自己的儿女都没下恁大功夫。"

他生前不仅自己勤奋笔耕,还腾出一部分精力关注南阳作家群的成长,使这支队伍壮大到三百多人。《人民日报》、《光明日报》、《中国青年报》等曾在显著位置传递过这一信息——"文学风流属南阳"。他在其中付出多少心血!细细思来很多人受他影响栽培,尤其对有培养前途的文学青年,他超越自己的职权范围和能力,帮他们晋职称,解决干部指标、非农业户口,争取住房。马剑华刚从部队复员回乡,是个农民,乔典运看其能写把他弄到身边打小工。小工工资低,也没有计划粮,他嘱咐身边的其他干部不要当马剑华的面领工资粮票,免得马看着心里不美。在他的奔走呼吁下,西峡的马剑华、乔明柱、李峰等人均转为干部,解决了非农业户口,安排了适当的工作,使他们有更多的时间和精力从事文学创作。即使身患癌症后,他仍忍受着极大病痛为李天岑的《月牙弯弯》、刘黎丽的《女人总是吃亏》、岳建国的《青春密码》作序。

最让我敬佩的是他的大度能容。他的《满票》获得中国优秀短篇小说奖后,他由一个农民代言人嬗变为一个农民哲学家,世所瞩目的"乔典运现象"由此形成。可有人贬驳说《满票》就那个球样,我看不到一半就看不下去了,一看就知道是没有知识的人写的。我曾为此话不忿,他听了哈哈一笑,说:"这算个啥,说明此君水平比我高,说不定他将来还会是个托尔斯泰什么的,青出于蓝胜于蓝,我巴不得他成大器。"还说:"读文章就像吃豆腐,有人闻见臭豆腐恶心,有人说豆腐越臭越香。各人有各人的口味,能说谁对谁错?何况咱一个小小人物写的平平常常的作品,人人都有选择想看不想看的权力。"文友们到一起,既交流创作体会,也指责少数妄自尊大的人。他劝文友顾大局讲团结勤奋写作少论是非,背地里都没少警告我,说:"老百姓都知道驴大马大值钱,人'大'(指傲)了不值钱,你可小心点,将来写成了也别翘尾巴说大话,说大话只会犯众恶,啥益?!"

乔典运把代表看得很神圣,时刻不忘为农民说话。1991年冬天,县人大常委会组织代表视察《森林法》执行情况,他也参加了,群众反映供给农民的种子不对路,使山区大面积小麦冻死。回来后他要求把种子问题作为议案,让主管部门好好查查原因,好给农民有个交代。主管部门查了,向人大常委会报告时,把责任推得一干二净,说农民胡球说,怪农民不会种,种得太浅,麦苗才冻死。他不怕得罪官,当场拍案而起,质问道:"农民祖祖辈辈种庄稼,猛一下不会种,即使不会种,要你们技术部门干啥?为啥不交代让老百姓种深点?埋怨老百姓胡球说,这态度本来就不对,就该批评!"一席话使会场鸦雀无声,主管部门的领导连忙作检讨。

1993年,省人代会前,县人大常委会组织视察,他带队,我作为服务人员随行,车离村还有一里多,他不坐了,要大家下来走,说:"咱们到老百姓中了解民情,坐个车像官老爷,人家有话会给咱们说?"走着进村,不少人端着碗靠墙吃饭,其中一人认识他,站起来说:"你不是乔典运作家吗?"他笑笑说:"我和你一样是平头百姓。我们想了解农民负担情况。"一经明说,饭场里热闹了,这个一言那个一语,说不完的实情,搞得我记录不及。老百姓说了一大堆负担重的话,临走时还围着他说:"我们是看你面子才说哩!要是那些坐呗呗夯(方言,指小轿车)的人来,我们还不说哩!"

1995年春,南阳市开人代会,他抱病到会,在审议各项报告时发了言,希望人们从酒桌上、牌桌上走出来,多看点书,学点知识,多为老百姓办点实事,才不枉吃皇粮拿俸禄。他的发言《南阳日报》很快报道了,一时间成了人们议论的热门话题。

他一辈子过得很清苦,除了爱吸烟,没有别的嗜好。早年困苦时,只能抽最低档的旱烟,文友们去了才能奢侈一回,拿几个鸡蛋换一盒纸烟共享。上郑州坐公共汽车,一颠簸一整天,沿途连顿饭都不舍得吃,饿很了买个烧饼充饥。后来光景变了,可他艰苦朴素的习惯仍不变,有朋友送他条好烟,他舍不得吸,拿商店换成"白河桥",为的是多吸几天。他常常玩笑说自己一辈子啥都有,就是没官没钱没走桃花运。没官,是他不想做官,80年代,省、地区要调他,他不去。我说别人想上上不去,你为啥叫上不上?他说官场像赌场,会赌,牌不好也会赢;不会赌,牌好也会输,咱没那个本事。没钱,凭他的名气,上哪个公司挂个顾问招牌,或替哪个老板吹吹捧捧,当个"食客文人",定能收投桃报李之功效。曾有大老板想借他大名以十万字的传记许三万稿酬为己作传,他拒绝了。仿佛他的名字与金钱沾边,就有失文人的清高、学问的纯洁。西峡有个李成林,从外地来的小木匠,和他同院居住,一次见面随便问,可发财吧?李说,发个啥财,一帮人跟咱干,咱发人家不发,心里也下不去。所以发了都多拿点,不发都少拿点,大家平等,心里都美算了。他听后认为这人心好,成了朋友。后来李的生意做大了,资金用量大,贷不来款。乔典运听说后,通过南阳的朋友,给李弄来15万元财政贴息款。李感激得很,拿3000元酬谢,他不要,硬说这是打他脸。李看不行,把3000元捐给了南阳作家协会,让作家出书用。没走桃花运是他不走。有时候一起闲扯,他也说某某城市有女郎花枝招展,缠着要他赴宴约他跳舞,他不去,说女郎要是已婚的,让人家男人知道了吃醋生气,咱心里安生?要是未婚的,让咱个山老冤坏人家名声,坑人家一辈子,咱坏起那个良心?他始终坚守着"富贵不能淫,贫贱不能移,威武不能屈"的精神文化高地,寻求一种卓然独立于市场、世俗之外的操守和自尊。

1994年他得了咽喉癌,1995年又得肺癌,1996年转移到淋巴,做了四次手术,长年往返郑州—南阳—西峡,除报销部分外,自己花了不少钱。领导们走马灯似地看他,问他有啥困难,他不说也不让儿子说。孙耀志、李新学、张定山三个国有企业老板多次对他说:"我们知道县财政日子紧、手续严,有的条子好报,有的不好报,凡不好报的给我们,我们报!西峡就你一个名人,叫你为钱伤神,像话!"老板们越慷慨,他越不说。他说,人家对咱越好,咱越不好意思,沾人家多了,咱不成了球瘪!在郑州手术后放疗,他怕多花钱,线一拆就出院。不住宾馆、招待所,却租住民房,跑多远路去排队放疗。放疗的人多,能排老长的队。医务人员仰慕他,老想为他提供方便,他却不沾这个光,即使他不去排,也要让夫人一大早替排。

四次手术削刮,疼痛之极时他浑身颤抖,牙能咬得"咯咯"响,也不想痛快地哼几声惊动别人。不少癌症患者得到治愈,但谈癌色变的还大有人在,他不怕。一次去开拔尖人才会,他进门先开玩笑:"我现在不拔尖了,是个废人,一年得一个癌,可够两癌了!"还常说:"无非是个死字,阳寿到了,不得癌也会死;阳寿不到,得了癌也不会死,不是怕不怕的事。"家里的人为他的病提心吊胆,免不了埋怨老天不公,癌症也不分分害,偏偏叫他一个人受苦。他批评说:"你们这态度不对,为啥说分分害,就不能说都不害,让天下人都太平。"

癌症向他袭来时,他15万字的自传体小说《命运》(《南阳晚报》连载时叫《别无选择》)才写3万多字,在严酷的现实面前,他一边同疾病抗争,一边以惊人的毅力赶写《命运》,把自己的命运和国家、时代的命运巧妙联系在一起,使不少人看了潸然泪下。《太阳光下的阴影》对平常人、不平常的人,有时正常、有时畸形的人,不加粉饰进行了褒扬和鞭笞,从而展示了真假善恶美丑,是一幅真实的社会风景图。可惜只写一半,病魔便夺去了他的生命。

这委实太残酷了。当各种条件和征候证明,他本可以创造出属于他本人的更加辉煌的文学新时期的时候,命运之神何以要停止他的生命呢?唯一能够抚慰广大读者哀思的是他的著作——他用文学语言构筑起了一座座灵魂大厦。虽然他的生命语言停止了,可他的艺术语言永远是鲜活的、智慧的,他的名字和他的著作将一起永垂青史。

选自陈虎山、陈广民《南阳文史资料(第三辑)》,中国文史出版社,2000年

别无选择多磨难　呕心沥血著佳作
——记农民作家乔典运

张　玲

"山不在高,有仙则名。水不在深,有龙则灵。"偏居伏牛山腹地的西陕县,因为出了位农民作家乔典运,而声名远播。乔典运一生扎根于西峡山乡,笔耕不辍,以其多篇脍炙人口的佳作而流芳后世,被誉为"南阳作家群中的一面旗帜"。他生前系国家一级作家、中国作家协会会员、中国当代文学研究会会员,曾被授予"国家有突出贡献专家"、"河南省优秀专家",享受国务院特殊津贴,曾任河南省作家协会副主席,南阳市文联副主席,南阳市作家协会主席,西峡县人大常委会副主任,西峡县文联主席,西陕县一至十届人大代表,河南省五至八届人大代表,全国三、四、五次作代会代表,全国四次文代会代表,他为西峡也为南阳赢得了荣誉和骄傲。

乔典运,1929年2月出生于河南省西陕县五里桥乡北堂村。1947年10月毕业于陕县师范。1949年7月参加中国人民解放军,在部队任文化教员,1953年10月因患病从部队复员回乡务农,开始尝试写作。然而,在那个温饱都难以解决的年代里,练习写作,谈何容易。"没纸没笔没墨水,找邻居家学生娃的旧练习簿翻个身当稿纸,一个鸡蛋换个蘸笔尖外加一包颜料粉。"然而就是在这样令人无法想象的环境中,1955年,他在《河南文艺》上发表了自己的第一篇文章——一首四句民歌。这使乔典运欣喜若狂,自己的心血毕竟没有白费。从此,他看到了希望,坚定了要在文学之路上走下去的决心和信心。他拼命读,拼命写。半夜里想起一句话,就爬起来记到本上。只几个字,划不着穿衣服,夏天还好,冬天冻得浑身打战,他冷得情愿。辛勤的劳动,换来了丰硕的成果。他写的曲艺《香烟记》荣获1956年河南曲艺一等奖。同年3月,在《长江文艺》上发表小说《送地》,引起社会关注,被吸收为中国作家协会武汉分会会员。10月,他光荣地出席了河南省第一届青年创作积极分子大会。1958年,河南人民出版社又出版了他的第一部小说集《磨盘山》。据统计,1959年至"文革"前,他在全国报刊上共发表诗歌、散文、小说100多篇。河南人民出版社还先后为其出版了《西峡游记》、《霞光万道》、《贫民代表》三本散文、小说专辑。因写作成绩非凡,1958年组织上调他到西峡报社工作,成了一个吃商品粮的国家干部。从此,他更加勤奋地写作,以此来回报养育他的人民。

然而,正当他踌躇满志、在文学的海洋里大展风采时,一场史无前例的"文化大革命"爆发了。乔典运这个出身不好且擅长咬文嚼字、抨击时弊的青年作家被打为黑帮分子、牛鬼蛇神,列为重点批斗对象。村里每一次开会前,都要先把他当成活靶子拉到台上斗争一番。在那荒唐的年代,参加批斗大会,接受大家的揭发批判成了他的家常便饭。有一场批斗会下来,他身上被打得七处流血。与此同时,家被抄得片纸不留,妻子儿女受到株连,亲朋好友不敢接近他,连生火做饭的权利也被剥夺了,没有人敢卖给他家火柴,更不敢借火给他家,以致寒冬腊月天,一家人硬是吃了半个月的生红薯。

"严酷的环境,摧残人,也教育人,能使人精神堕落,也能使人思想升华。"十年的"文化大革命",使乔典运受尽折磨和凌辱,这使他被迫辍笔十年之久,同时也使他更加深入地了解了社会,了解了农村,了解了农民,获得了今后创作的素材。党的十一届三中全会以后,乔典运恢复了工作,被调到县文化馆任创作员。1985年,任县文联主席。同年1月,光荣加入中国共产党。这一时期党的正确路线、方针、政策,解放了人们长期被禁锢的思想,也激发了乔典运的创作灵感。他面对现实,关注人生,以其深邃的艺术思维和手法,挖掘农民灵魂深处的情感,并用艺术感染力教育农民摆脱狭隘、保守和愚昧的小农意识。他所写的《活鬼的故事》、《父子情》、《气球》、《驴的悲剧》等作品,塑造了一批栩栩如生的文学典型形象,引起了读者的好评。

1980年,乔典运到中国文学讲习所进修后,开始走出"文革"的阴影,"由一个农民代言人、反思者,变成一个农民哲学家"。从此,他不断调整自己的生活观念和文学观念,其创作不断出现"井喷",作品深得文坛和读者好评,被文艺界誉为"乔典运现象"。他先后在全国多家报刊上发表中短篇小说、散文200余篇,300多万字。其中不乏极具影响力的作品,其短篇小说《村魂》、《满票》、《冷惊》、《乡醉》、《问天》等发表后,先后被我国文学界颇具影响力的《小说选刊》、《小说月刊》、《新华文摘》等多家报刊选载,连续四年(1985—1988年)被选入人民文学出版社选编的《全国优秀短篇小说集》;《黑洞》、《你不能这样》、《香与香》、《多了一笑》、《小城今天有话说》等五部中篇小说先后被《中篇小说选刊》选载;《村魂》、《你不能这样》等八篇作品被译成英、法、德、阿拉伯文,并改编成电视剧在中央电视台播放;《女人和网》、《笑语满场》中短篇小说获省级及其以上奖励16次;《满票》获"1985—1986年全国优秀短篇小说奖"、"河南省首届文学艺术优秀成果奖"。1984年以后,他先后出版了《小院恩仇》、《美人泪》、《问天》、《金斗纪事》、《乔典运小说自选集》等五部中、短篇小说集,其中短篇小说集《美人泪》获"1949—1989年河南省人民政府优秀图书奖",《问天》获"1994—1995

年南阳市'五个一工程'优秀图书奖"。《人民日报》、《红旗》、《瞭望》、《文艺报》、《小说评论》、《上海文学》、《北京文学》、《奔流》、《河南日报》等报刊多次发表文章予以高度评价。中央电视台、中央人民广播电台等数十家报刊、电台、电视台都对他作了专题报道。中国作家协会书记处书记邓友梅和文艺界著名人士阎纲、蓝瓴、张一弓等人都曾对他作出高度评价。乔典运以其对中国现代农村社会中各色各样人物的熟悉和了解,成为中国当代知名的反映农村、农民的作家。

1994年,正当乔典运应广西漓江出版社之约,撰写长篇小说《金斗纪事》时,万恶的病魔悄悄地降临到他身上,且喉、淋巴、肺等器官上一个个令人谈之色变的癌症接踵而至。他不得不在生命的最后几年中,连续不断地手术、放疗、化疗、再手术、再放疗。他忍受着常人难以想象的病痛的折磨,仍坚持在病榻上撰写完12万字的《金斗纪事》。在病中,还用超人的毅力撰写了反映自己一生坎坷经历的15万字自传体小说《别无选择》及一些富含哲学、美学、社会学、伦理学,属于生命体验、人生感悟的散文。生病期间,他创作的作品《问天》获《小说月报》第六届百花奖",他也被选为作家代表,出席全国第四次作家代表大会。他的自传体小说《别无选择》发表后,引起社会强烈反响。

乔典运在几十年的创作生涯中,态度严谨,文德高尚,一丝不苟。他在写每一篇小说之前,都要经过深思熟虑,有的小说甚至经过三五年的思索。在写作中更是精益求精,每篇小说都要开十个二十个头。有的小说已经写成大半或已经写成,若感觉不满,就撕掉重写。他的短篇小说《村魂》已经寄走月余,编辑部也来信说已排好待发,但他好像忽然来了灵感,发现了不满意的地方,立即回电叫撤了寄回。改了又改才又寄出。他在病中为《南阳晚报》赶专栏稿件《别无选择》时,多次和爱人一起去查资料,找当事人回忆,力求作品真实无误,没有丝毫的粉饰和歪曲。有人劝他说:"看你病成这样,还那么认真,你写出后又没人考证,何必呢?何况晚报只是一个小报。"他听后严肃地说:"大报小报都是报,都是给读者看的,写得不好不真实,对不起读者,对不起报社,这背良心的事咱不干。"几十年来,他就是这样在认真履行一个作家的神圣职责。

乔典运不仅自己创作上频创佳绩,而且还善于提携文学新人,团结南阳作家,为南阳作家群的成长、崛起作出了突出贡献。每次文学活动,他是每邀必到,且都根据自己几十年的创作经验与体会,传经布道。对于求教于他的作者,无论年轻的、年老的,他都是不厌其烦地现身说法,指点迷津。经乔典运帮助成长起来的文学后起之秀很多。南阳有个作家群,以及南阳作家群有今天,可以说与乔典运的贡献是分不开的。

乔典运作为中国现代文学史上一位著名农民作家,不仅创作上精品迭出、硕果累累,他的人品道德也犹如其文章,有口皆碑。他一生淡泊名利,在接受各地记者采访和别人给予他高度评价时,他总是说:"我是草木之人,知道自己能吃几碗饭,人家都是高抬咱,千万别拿个棒槌当针使,叫别人笑话。"他曾三次谢绝上调做官的机会,扎根山乡,勤奋创作。他不为利益所动,多次放弃数万元一篇赞文的巨额诱惑。他严于律己,宽以待人,关心别人比关心自己还重。他一生生活简朴,对子女要求严格,始终保持一个共产党员的高尚品质和优良作风。他平易近人,为人坦诚,重情崇义,处事宽容大度。他一生都始终不渝地追求做人的本真、为文的本真、艺术的本真,这也许就是乔典运德高望重、"人与文俱达老境"的真正原因吧。

1997年2月14日,乔典运不幸逝世。西峡县委、县政府为他举行了隆重的追悼大会,省、市、县约200余名领导、作家和他生前的亲朋好友专程赶来为他送行,中国作家协会等十几个单位和上百名生前文学好友发来唁电、敬献花圈,以此表达对乔典运的沉痛哀悼和无限怀念之情。

乔典运虽然去了,但他的精神和他的文章却永留人间。

选自中共南阳市委党史研究室《为党旗增辉的人》,
中央文献出版社,2001年

乔典运辞世五年祭

周同宾

　　流光容易把人抛。倏忽间,老乔墓畔的山草已五度枯荣。朋友们没有忘记他,关注南阳作家群的过去与现在的研究者没有忘记他,虽然,自《命运》(即《别无选择》)和《金斗纪事》出版后,他再无遗作问世。血泪之书《命运》只是半部残稿,和《石头记》一样并非全璧。长篇小说《金斗纪事》原本要写三十万字,病痛中只以十万字仓促杀青,故事情节来不及充分展开。老乔身后,留下一串沉重的省略号。他无奈,读者也无奈。

　　两年前,老乔的弟子王桂芳女士,为写乔典运传记,曾找我收集材料。谈了半晌,忆起一些逸闻趣事,却都没有分量。或许因为我和传主太熟,距离近反倒看不清;或许我对他并不了解,我见到的只是浮出水面的冰山一角。传记不只是写经历,更要写心史。写他曲折坎坷的经历,不算太难;写他丰富复杂的内心世界,殊非易事。我说,要写好老乔的传记,必先要揣摩透老乔的心。要摸清他的心路历程,必须下功夫,而这,却又是最为重要的。乔典运的传记,应是一部当代中国人特别是知识分子的心灵史。

　　记得是"文革"末梢,一个阴冷的午后,在南阳一家寒碜的旅馆,我第一次见乔典运。据说,他要去广州修改电影文学剧本。那时,触及灵魂也触及皮肉的批斗已告一段落,他又以作家的角色出现在社会舞台上。我看他,剃光头,戴旧帽,穿对襟布扣儿棉袄,大裆棉裤,脚下是乡下婆娘做的千层底灯芯绒布鞋,纯然一副农民的模样,连笑也和乡巴佬一样质朴。只是那双机灵的眼睛放射的颇有穿透力的光,为一般村夫所无。嗣后不多久,历史翻开新的一页。老乔一路好运,迅速大红大紫,人在西峡小城,影响波及全国(似乎好景只有十几年,接下来又运交华盖,被病欺负了)。但我看,他仍然是农民,有文化有思想的农民,终其一生没有改变自己,他的勤勉执着,他的智慧和心计,都来自农民。他的哲学是农民的哲学,他的幽默和风趣也是地道的土特产。农民用温厚和残酷造就生活中的他,他用笑噱和眼泪造就作品里的农民。写农民也是写他自己,同时也是写包括我们在内的中国人。他师法鲁迅,一直揭示剖析灵魂中的痼疾、陈陈相因的劣根性。正如我们每个人心里都有一个阿Q,我们也都曾经是甚至到现在仍然是张老七、何老十和三爷。老乔的小说远没有过时,因为造就他的小说的社会生活还在继续。

在众人面前,他常显出谦卑,甚至常常自轻自贱,自称草木之人、山野小民。其实,他骨子里十分自尊自信,甚或自负;自我贬损,只是乡下人的狡黠。敢于自嘲的人往往是强者。他知道自己的价值,知道自己在文坛的位置。他需要尊重和崇敬,理所当然地常常得到尊重和崇敬。也有例外,比如,他最后官居"副处",那是虚衔,他却当真了,想不到在某次某事中有人竟无视那个"副处",他便不平,就一再述说当时的尴尬、事后的慷慨。他好似不知道,在某些人眼里,作家简直算鸟,唯权力才受尊崇。他去外地,南阳是中转站,也曾多次到南阳开会、住院。一住下,他的客房或病房便高朋满座。他像一块吸铁石,把弄文学的都吸引进去了。我发现,他总是谈话的中心。多数时候,大家说他,褒扬他,吹捧他,揶揄他,嘲弄他,他都笑笑地接受,时不时地再作践一下自己。反正,无论何地,只要乔典运在场,乔典运就是恒久不变的主题。端的是什么原因形成了这种局面?怕是不只缘于他的文学成就大。我想,正如张老七是张家村的村魂一样,或许,老乔也是这伙人的什么魂。

文章写到这里,忽然想起前些天,准备搬家,整理旧物,不期发现了老乔一篇遗稿。那是在1992年岁暮,我供职的单位要办一个内部文学刊物。为增加可读性,开设了作家答问专栏,我拟出十个问题,让老乔回答。不久,他就寄来了答问的稿子。刊物终于流产,文稿幸留箧中,忙翻开,再捧读,恍惚中似又看见一脸微笑的他。我的问题和他的答案如下:

1. 您正在写什么作品,读什么书?

正在写一个长点的中篇,内容是什么,写出来才说得清。随便读,见什么读什么。

2. 您有什么业余爱好?

爱下棋,棋很臭。

3. 您最喜欢的一句格言是什么?

喜欢的格言有很多,喜欢了,就忘了。我喜欢人讲良心,却常常白喜欢。

4. 能否用几句话概括一下您的创作经验?

生活是创作的妈,对妈要孝顺,不要美化,不要丑化。

5. "文学与人生"是一个大问题,您能否用几句话谈谈?

人生即文学,有的写在纸上,有的写在心上,仅此不同而已。

6. 业余作者觉得作品难写,发表很难,对此,您有什么看法?

发觉难写的就快成功了;发表难,干什么要干好都难,天下没有容易的事。

7. 您最高兴的一件事是什么?最遗憾的一件事是什么?

最高兴的事是想和别人好,最遗憾的是别人不和自己好。

8. 您是否准备下海,搞点文学以外的事情?

想下海,想发财,就是难,发财也不是易事,只好文在心中了。

9. 您的身体状况如何?心境如何?

不死不活的身体,不死不活的心境。

10. 对业余作者和文学爱好者您还有哪些话说?

追求本身就是幸福,至少可以长点知识。多读,多看,多想,多写,只要勤耕,就有收获。

这就是乔典运,参透了人生也参透了文学的乔典运。话虽简约,却具个性,仿佛一个阅尽人间春色尝够苦辣酸甜的老农,在向后辈讲述做人难,种庄稼也难,直白如话,要言不烦,字里行间蕴含着历史凝固成的经验。

2002年岁初于南阳豆斋
选自周同宾《豆的系念》,河南文艺出版社,2004年

农民作家乔典运生命的最后时光

李雪峰

我和乔典运相识,是二十年前的事情了。那时,我还是个正读职业高中的学生,而乔典运已是名噪文坛的乡土小说作家和刚刚成立的河南省西峡县文联主席了。

高中毕业后,我回到距县城一百余里的深山老家务农,灰头灰脸地做了一年多农活。老乔借了辆面包车找到我家里,让我带上锅碗瓢勺跟他到县城去,说:"娃子,我见过你写的文章,别丢笔,能成气候,窝在农村里,就完蛋啦。"老乔安排我在县文联,边打杂边读书写稿,每月从办公经费里给我开50元的生活补助。我那时还没结婚,50元钱刚好够我的日常生活。就这样,我成了乔典运的学徒和同事。又过了一年多,老乔突然给我带回来一张表说:"听说有聘任干部这档子事儿,我去人劳局给你要了张表,填好送人劳局去,地区批下来,你就是文联里的正式干部了。"表填好交上去,老乔借去郑州开会的机会,找了一趟地区劳动人事局的领导,回来后笑呵呵地说:"转干那事儿,市里这几天就给你办。"果然没几天,批文就下来了。从此,我和老乔就真正成了文联这个清水衙门里的同事,在县文联这个只有四个人的小单位里一个锅里搅起了稀粥。

老乔是个乐天派,整天笑眯眯的,他常跟朋友说:"俺这人福不大,命大,解放初当兵,患上个肺结核,复员了,那时肺结核是死症,谁得上了,就等于被判死刑了,俺得上了,没辙,就回家等死,谁知却不治而愈,成了奇迹。60年代又得上了肝硬化,广州中山医院的医生诊断我最多只能活几个月,但又不治而愈了。十年'文革',多少人被批死了斗死了,咱挨的批斗比别人多几倍,可咱硬是一咬牙就挺过来了。"老乔开玩笑说:"咱是从生死场上蹚过来的人,已经百毒不侵了,就是以后得了癌症,我也不怕,说不定还能再创回奇迹,又一次不治而愈呢!"

玩笑不幸被言中。

1994年仲夏,天刚刚有些热起来,我和老乔隔壁办公,没事儿就端着茶缸子,和老乔坐在走廊上聊天。老乔不停地喝茶,说他嗓子有些干涩,有时还有轻微的疼痛。我们几个同事说:"可能是内火大,去医院看看,弄几服清凉解火药败败。"老乔说没事,多喝点茶就行了。过了几天,老乔的嗓子更疼了,光喝茶看来不行,于是就去医院买了几盒西瓜霜含片,不时地吃几片。但半个月过去,疼痛不但没消失,反而有了灼痛感。到县人民医院去看医生,几个医生都是熟人,他们给老乔看看,然后几个人到另一间诊室里低声商量了半天,出来跟老乔说:"你是大作家,咱这医院设备、技术都不行,俺们也不敢轻易在你这太岁头上动土。这样吧,俺们跟市医院联系一下,你最好到市医院去看看。"

从县医院回来,老乔不高兴地说,不就是个嗓子疼吗,还要让我去市医院,真是有些小题大做,这几个医生胆子比老鼠还小。我们劝他说:"去市医院就去市医院吧,你也别怪那些医生,谁让你还是县人大副主任呢,也是个挂胡子的县里领导,医生们哪能不谨慎呢?"

老乔笑笑说:"倒真给俺看成了个杨延景啦!"

去市里医院看了六七天,市医院初步诊断是喉癌,但不敢确定,于是市医院到省城郑州请来了专家,专家诊断后,确诊是喉癌,于是劝老乔在市医院住了下来。老乔住院后,我到市医院去看他,他不知内情,还跟我开玩笑说:"不就是个嗓子疼吗?还兴师动众的,弄得跟我快要不行了一样。"我宽慰他说:"市医院条件好,把你的嗓子好好治一治,再参加人大会,你发言提案就不用要麦克风了。"

从住院部出来,一直在病房陪护老乔的乔婶把我送到医院门口,禁不住吧嗒吧嗒掉眼泪说:"医生和专家都诊断是喉癌。"是喉癌?我愣了。

回到西峡,熟悉老乔的人都来向我打听老乔的病情。老乔平时人厚道,人缘好,三教九流的都有他的朋友。在单位上班时,常常有人来找他聊天、下棋。来找他的人,有干部、有工人,还有乡下来城里的农民。加上老乔当时还挂了个县人大的副主任,心直口快,别人不敢说的话他敢说,别人不敢捅的事儿他敢捅,每次去人大参加会议回来,我们都笑他说:"又去放炮啦。"因此,县里有觉得委屈、冤枉的人,都来找老乔,向他诉委屈、说冤情。老乔呢,听了别人的委屈和冤枉就坐不住,就去县委、去政府,奔波着带别人申冤叫屈。老乔就是在和这些人的交往中了解农村、了解农民的,老乔的一篇篇小说的素材也都是从这些人闲聊中过滤下来的。

知道老乔患了喉癌,县里的朋友心情都十分沉重,纷纷商议看怎么办。县里的领导知道后,马上开会研究拍板说:"治!该去郑州去郑州,用上北京去北京,药费县里拿,用多少拿多少!"

患病初,老乔正在给《南阳晚报》创作他的自传体连载小说《别无选择》。刚刚创办的《南阳晚报》因为有了老乔的《别无选择》而顿时显得非常珍贵,每天报纸刚出来,人们就涌到书报摊上买晚报,争睹老乔的《别无选择》。在南阳住院,老乔还一直坐卧不宁,一直想看小说连载的事情,让人捎信回来,让我把家里他刚刚写好的十几篇整理好及时给《南阳晚报》邮去。

老乔貌似慈厚，其实是个精明人，家里人和我们虽然都把他患癌的确诊结果瞒着他，但还是被他很快看出了破绽。8月末，我第二次到南阳人民医院看他，我们俩在医院里的背阴小道上散步。老乔说："雪峰，你给我透个底儿，说说我得的到底是啥病？"我佯装轻松宽慰他说："小病，主要是太累，医院的医生们想强制你在医院里歇一段儿。"老乔笑了说："你们不告诉我我也知道，不就是个癌症吗？"老乔又笑笑说："我这个草木之人，是个大病专业户，啥大病我没得过？就是没得过癌症，这下子好了，有了这个癌，就续补了我个人病史的又一大空白了。"看着老乔毫不在乎的样子，背转过身去我的眼就湿了。

第一次手术是在11月初做的，地点在郑州河南医大一附院。做手术前，我捎信要到郑州去陪护他，老乔托人捎信回来说，单位人手少，家里又这么多人在医院陪护，加上省作协的张宇、李佩甫等朋友常常三五成群去看他，不要我和单位的其他人再去了。手术结果如何，他会及时请人转告我们的，让我们不要为他太操心。11月3日下午，郑州挂回电话说，老乔的手术上午已经做了，手术很成功，让我们不必担心。我把这消息转告给老乔的朋友们，大家都长长松了一口气，说："老乔这老头儿又闯过了一劫啊！"

从郑州康复回到西峡，老乔又埋头进入到了他的文学创作中。我们劝他休养一段时间，老乔说，《别无选择》中断了这么长一段时间，读者早就等急了，看看报社转来的那一大摞一大摞读者来信，再不写咱咋对得起那些读者？一个搞文学的人，读者就是衣食父母，就是爹，就是妈，得罪谁都行，但就是不能得罪读者。老乔抱病又写了二十几篇，很快在读者群中又引起了热烈反响，《郑州晚报》、《河南日报·农村版》也顺应各地读者的要求，纷纷连载老乔的《别无选择》。

转眼过了一年，1995年8月，病愈后的老乔准备在边写《别无选择》、边开始给漓江出版社创作长篇小说时，病魔又一次袭击了他。这次他患的是肺癌，9月13日，到郑州河南医大二附院肺部专科做了手术。手术后，省文联和省作协的王钢、王秀芳、何南丁、李佩甫等隔三岔五常到医院去看他。我们挂电话问手术做得怎么样，老乔让人捎信回来说："《别无选择》没写完，长篇小说刚写了一点点，事儿还没干完，苦还没受尽，还没取到真经，阎王爷是不收我的。"一副惯有的乐观和诙谐。

手术后，老乔在郑州化疗了四个月，12月底返程回西峡，南阳作家群的一帮人在南阳兴高采烈地迎接他，像迎接一位凯旋的英雄。说实在的，为南阳作家群，老乔没有少出力，许多人都是老乔的徒弟，创作有问题找老乔，工作生活遇到困难找老乔，老乔是有求必应。他有时千方百计托人找领导，有时自己硬着头皮去找领导，几十年来，为南阳的一帮作家解决了不少实实在在的难题，解了不少的围，所以从文学成就和为人处世上，南阳作家群都把老乔视作旗帜，视作领头羊。

老乔回到西峡。风闻他归来，西峡的朋友都涌上门来看他。老乔笑着说："都来看我这专业户啦，人家养羊能成养羊专业户，养兔子能成养兔专业户，没想到我竟成了癌症专业户。"癌症没把老乔击垮，老乔还保持着他惯有的诙谐和幽默。

二次手术后，老乔家里人和朋友们都为老乔倒抽了几口冷气，劝老乔说："别再摸笔了，好好养一养身体，命比啥都重要！"但老乔笑笑，待身体稍有好转，就又拿笔写起了他的《别无选择》。人们都惊叹说："老乔成了铁人啦！"

人说事不过三，乔典运也说："我已经打败两次癌症了，肯定又逃过这一劫了，我又要创造一次奇迹了。"这次病愈，在养病的这段日子里，老乔精神很好，往往上午在县医院挂完吊针，下午就回到家里写稿子。有业余作者带了稿子来，老乔还是戴上老花镜，一字一句地给人看稿子，评点稿子。有位陕西的作者慕老乔之名，带了厚厚几沓子手写稿子，乘车百余公里找到西峡文联，说要让老乔帮他看稿子。我看他的稿子，错字连篇，东一句西一句的，简直没办法看，又想老乔刚动了手术，元气还没恢复，真让他见了老乔，不知要给老乔徒添多大的麻烦，于是就自作主张替老乔挡驾说："乔老师生病在郑州住院，你回吧，不要打扰他了！"隔了两天，我到医院去探望老乔，轻描淡写地把这事说给了老乔。正在输液的老乔一听就生气了，责怪我说："人家大老远坐车赶来，你咋这么就把人家打发走了？业余作者写个稿不容易，人家来找咱，就是看得起咱，咋能日哄（方言，忽悠之意）人家呢？"和老乔一个单位共事近十年，我知道老乔对业余作者的器重。曾经有一个邻市的农村作者，写了一篇小说投寄到《北京文学》去，随稿附了一封推荐信，推荐信标明是乔典运写的。但《北京文学》的编辑们是乔典运的老朋友了，老乔的几篇有分量的作品都是先后在《北京文学》发的，老乔把北京的《北京文学》、郑州的《奔流》等几家编辑部视作自己的"娘家"，而《北京文学》、《奔流》的编辑同人们对老乔也很熟悉。所以，《北京文学》的编辑们一眼就看出推荐信不是老乔的字迹，就把这封推荐信转寄给老乔了。接信后，几位朋友都替老乔生这位邻市业余作者的气。但老乔没有，他坐下来给那位业余作者写了一封信，邀请那位作者再创作了稿子可以到西峡来找他看一看、商榷商榷，如果写得可以，他乐意帮助推荐稿子。

养病这段时间，老乔精神出奇地好，他还写了一首诗拿给我看说："我弄了一首诗，你是写诗高手，你帮我看看达到达不到发表的水平。"

我想，看来老乔真是创造了奇迹，又一次击败了癌症。但仅仅过了几个月，1996年4月初，老乔觉得自己脖子上有点痛，到省肿瘤医院一检查，医生说淋巴上有肿瘤，怀疑是淋巴癌，医院动员他住下来做手术。但老乔却悄悄离开医院，偷偷返回了西峡。回来后，老乔叹息说："事不过三啊，前两次癌症没把我撂倒，这次咱怕不行了。"我们劝老乔说，别怕，前两次你都笑着挺过来了，社会上都把你看作战胜癌症的楷模了，有患者得了癌，家人朋友就会劝患者说，没事的，看看人家乔典运那老头，得了两个癌都给治好了，咱还怕啥？你老乔这么举手向癌症投降，不仅坏了你的英名，还打击了多少癌症患者的自信心啊！

老乔苦笑笑说："这次怕不行了，我得趁这点时间把《别无选择》写完，长篇小说看来是个终生遗憾了。"老乔不顾别人劝说，白天到医院输液，夜里坐到书房里写稿，五天写了十几篇，一天将近三千字。

家人和朋友都劝他马上去郑州做第三次手术，我劝他说："做过了两次手术，你香也烧了，头也磕了，这第三次手术不过是最后一哆嗦，难道因为这一哆嗦，前两次受的那些苦、遭的那些罪都前功尽弃了？"

在大家的劝说下，乔典运迫不得已只好又去了郑州。4月27日，乔典运又上了手术台。这次手术做了近四个钟头，淋巴瘤切除后，因为切及声带，老乔说话已基本发不出音了，只能用微弱的气音简单地说话。老乔知道，各地的朋友对于自己这次的手术都十分牵肠挂肚，苏醒过来后，他就吩咐自己身边的家人立刻给省市和县里的朋友们打电话写信，说自己又死里逃生了一回，又被活着抬下了手术台，请朋友们放心，不要为他费心费神。这次手术后，老乔不仅不能说话了，而且也不能进食了，吃饭、喝水全靠从脖颈上插的插管打流食。由于化疗，老乔的状况十分令人揪心，呕吐、咳嗽，整夜地辗转失眠，饱受疾病的残酷煎熬。虽然十分痛苦，但老乔还是惊人地再次咬牙挺了过来，三个多月后，老乔的身体有了明显的好转。家人和朋友都想，经过这三次手术生与死的洗礼，说话已完全失音的老乔一定不会再摸笔写稿了。但老乔却一待略微好转，就又拿起他拿了一辈子的钢笔，咬着牙继续写他的《别无选择》。那天中午我到老乔家去看他，老乔示意我坐下，然后从床里边递出一张纸来，这是他给一家杂志写的《名家人生十问》：

问：你成功的经验和秘诀是什么？
答：贫病交困逼出来的。
问：你喜欢读什么书？
答：读生活这本书。
问：你最大的嗜好是什么？
答：吸烟，没有了去街上捡烟头儿。
问：你最大的烦恼是什么？
答：没本事，不如别人。

问:你是怎样看待金钱和名利的?

答:金钱诚可贵,名利价更高,若为人格故,两者皆可抛。

问:你是如何处理周围人际关系的?

答:人敬我一尺,我敬人一丈。

问:你向往什么样的生活?

答:不冷不饿不受歧视。

问:你喜欢和什么样的异性相处?

答:不故作高贵的女人。

问:你最喜欢的座右铭是什么?

答:世上从来没有救世主。

问:请你给想出名的人说句什么话。

答:全靠自己救自己。

看完后,老乔示意问我写得如何?我笑着说写得很好,但又批评他不该不顾自己的身体。老乔淡然一笑,用纸写了几个字给我看,纸上写着:"我没多长时间了,写一点就多一点。"

1996年冬天,老乔的身体每况愈下,进入腊月后,连续几天不能进食,只能靠着胃管打流食,时有时无的高烧使他一直处在有时昏迷有时清醒的状态。清醒时,老乔就想念起他天南海北的文朋旧友们,有时自己瞅着没有来得及写完的《别无选择》涕泪横流。他思念着朋友们,朋友们也在思念他,河北的作家贾大山、山西的作家纬石山,郑州的张宇、李佩甫、何南丁、王秀芳,北京的周大新,南阳的二月河,不时写信,给老乔的家人挂电话,询问老乔的病情。郑州的剧作家杨兰春,这位因创作过著名戏剧剧本《朝阳沟》而名噪大江南北的老乔的挚友,给老乔寄来了一封别具匠心的信:

喂,乔典运长途!

喂,你是王桂芳同志吗?我是杨兰春哪!

请转告乔典运:

他!他、他、他……

(唱豫剧慢二八板)

乔典运乔典运胆量不小,

你变得不知地厚天高。

西峡的自然景何等之好,

在全国也恐怕难选难挑。

既如此满足不了你需要,

竟敢去天堂门外逛一遭。

你将亲朋厚友吓一跳，
全家人更为你火燎心焦！
我看你的信又气又恼，
恨不得见了你棒打棍敲。
我闻之一时神魂颠倒，
天堂门有什么可逛可瞧？
你欠的农民文债有多少，
交不清还不完难把你饶。
中央决心改变贫困面貌，
难道你不参加半路跳槽？
莫非你临阵逃脱改行换调？
乔典运可不是软蛋脓包。
你的威名天地神鬼知道，
天堂爷不开门怕咱老乔。
乔典运骨头硬何人不晓．
癌症碰乔典运算根球毛。
乔典运并非是泥捏纸造，
他生就长成了硬汉一条。
九七年你一定吉星高照，
从此癌魔见你东躲西逃。
县委县政府对你百般照料，
多少文友为您鼓劲撑腰。
以后再不准你胡逛瞎跑，
唯一任务坚韧积极治疗。
再敢胡跑就给戴上脚镣，
全家人和桂芳把他看牢。
老朋友老交情不必客套，
再想去天堂门咱彻底断交！
祝福你步步踏入阳光道，
望来年严冬尽雪化冰消！

短暂苏醒过来的老乔捧着杨兰春的信忍不住老泪涌眶，在三次和病魔的交手中能一次次死里逃生，全国各地的文朋旧友曾给了自己多少友情的力量啊！

腊月二十八，山城西峡已是一派忙忙碌碌准备过大年的气象了，我准备回百余里外的深山老家过春节。临动身的上午，我到县医院去看望老乔，老乔刚刚从昏迷中苏醒过来,微微睁开他那略略有些红肿的眼睛,声音又沙哑又微弱地问我:"黄金祥咋样了?我能战胜黄金祥吗?"

黄金祥的年龄比老乔稍长几岁,从县文化馆退休,50年代,老乔和黄金祥在文化局是同事。老黄是和老乔一同患上癌症的,几年来,老黄这个又干又瘦的老头儿同老乔一样,在病榻上同可恶的病魔你死我活地抗争着。我伏下身安慰老乔说:"老黄昨天半夜病情恶化送进医院了,你肯定能战胜他!"

老乔嘴角露出了一丝难得的淡淡笑意。

我劝老乔安心养病,对老乔说:"乔老师,过罢春节我就回来看你!"老乔微微颔首。我以为,像老乔这样一次次都能化险为夷的坚强老人,再咬牙坚持几个月甚至一年可能是没问题的,但殊不知这竟是最后一面,是我和恩师的诀别。

1997年正月初八早上,我搭车赶回县城上班,匆匆安顿完毕,刚坐下想喝口茶,县委的一辆小车就开到了单位门口。司机看见我喊:"快去县医院,老乔突发心脏病,不行了。"我顿时愣了,其时,我刚刚得到消息,黄金祥老头儿已于昨天夜晚12时不幸去世了。

我匆忙赶到老乔家,老乔已经从县医院放回到他的家中,望着一脸安详的老乔的遗体,我的眼泪忍不住流了出来,我在心里默默告诉老乔:你战胜了黄金祥这个老同事了,他比你早去世了八个钟头,但八个钟头,你却比老黄迟走了一天啊。乔公,写了一辈子辛辣幽默小说作品的你,这是不是你最后的一次生命诙谐呢?

噩耗传出后,全国各地的文朋笔友纷纷前来或来电致唁。河南省文联的挽联上写道:

大拙大巧挥写尖刻《满票》倾城文坛自此开生面

大雅大俗风趣天成《乡醉》醒世世人从今失典型

南阳市作协在挽联上哀悼:

文坛众口说满票

朋辈同声呼村魂

老乔生前好友、著名作家二月河的挽联是:

醉三杯无奈酒斯哲骑箕化去青云岗峦托松柏

燃一瓣寂寞香此君著作犹在风流暮道扶草树

著名作家张宇挽悼:

《问天》《冷惊》《美人泪》

《村魂》《满票》《无字碑》

中国作家协会副主席张锲,国家新闻出版局局长于友先,河南省委常委宣传部长林炎志、副部长葛纪谦,省新闻出版局局长刘海程,河南省文联原主席、著名作家于黑丁、何南丁、丁发杰等以及西峡县委、县政府及社会各界千余人纷纷向乔典运敬献了花圈、挽联。

农历正月十一，西峡县委、县政府和社会各界为乔典运举行了隆重的追悼会。按照西峡市民和从四乡八邻纷纷赶来的农民的恳求，乔典运的灵柩缓缓驶过县城最繁华的白羽大街。为乔公送行时，整个西峡县城万人空巷，千余工人、农民自发跟着灵车为乔公送行。乔公的棺椁里，放着他的几本作品选集和他用了十几年的一支老钢笔。

乔公，回到了他老家庄后的山岗上。

斯人已去，浩气长存，乔公，您一生为之代言的乡村农民忘不了您，您的文朋旧友们忘不了您，您的数千万读者忘不了您……

原载《北京文学》2005年第6期

回望乔典运

南 丁

乔典运的文学生涯开始于五十年代中期。

读过简易师范学校的年轻复员军人,从战场上回到生养他的那片土地,又从那片土地出发,试探着以四句新民歌擂响文学之门。那文学之门竟为他打开了。这使他深为感动,就继续在这条路上前行:新民歌,寓言,生活故事,然后是短篇小说、中篇小说和长篇小说。在开头的岁月里,路走得好像还顺利。

一九五七年,乔典运应约到《奔流》编辑部写稿,与他一起在《奔流》编辑部写稿的有与他同一个地区的农民作者李文元。李文元比乔典运出道要早,那时已小有名气。典运对文元有着钦羡之情。有着这样好的同在一室写作的机遇,他必定是要借此潜心向李文元学一点东西的。

乔典运从李文元那里学到了东西。

李文元写的小说,《奔流》编辑部颇为欣赏,当即以重头稿推出。一九五七年那场政治风暴来得迅猛,李文元的这篇小说即以"揭露阴暗歪曲社会主义的现实生活"等罪名被判为毒草。作者李文元当然遭受到厄运。典运暗自庆幸自己的小说与文元的迥然不同。典运从文元那里懂得了写作不但可以收获到名声和稿酬,也可以收获到批判和厄运。这原本不是典运想从文元那里学到的东西,但他的的确确切切实实地学到了。此后,典运在写作中思想上就设了一道防线。这对典运在一个时期的文学写作,不知是幸还是不幸?

躲过了初一,躲不过十五。乔典运终未能逃脱命运对他的安排。一九六四年,典运发表了一篇小说《石家新史》,是写中间人物的转变的,正好赶上批"中间人物论",这篇小说就在劫难逃地受到了批判。典运因写作而收获了批评,不知触及了他的灵魂没有?

接着是一九六六年开始的延续十年之久的史无前例的"文化大革命",典运不仅被触及了灵魂,也常被触及皮肉。罪名是地主阶级的孝子贤孙、文艺黑线的黑走卒,等等。欲加之罪,何患无辞?谁让你如此执着于文学写作呢?你如此执着于文学写作还不是文艺黑线的黑走卒吗?这一段岁月对典运有着切切实实的折腾,就将典运折腾成了一个切切实实的草木之人。典运常说:"咱是个草木之人。"这几乎成了他的口头禅。我不以为这是他的自谦之词。这个"草木之人"的内涵丰富得很,对他对人生的认识、对他的文学创作,也即说对他的为人为文,都产生了深刻的影响。

这里引一段典运自己说过的话,这段话是他写在《我的小井》里的:

"三十多年来,我一直在一个小村子里生活,与群众同欢乐共患难。多数时间里,我处于生活的最底层,比当时的'四类分子'的处境还要差得多。因为,他们是死老虎,打不打他们无关紧要,我却是一只半死不活、时死时活的'老虎',理所当然我成为打的重点。我常说,全大队的'四类分子'应该感激我,因为我承包了全大队的一切打击,才使他们得以幸免。这种生活对我来说,除了痛苦的一面,也有幸运的一面,这就是赐给我一个真正深入生活的良好机会。当人们全不把我当成一个人时,当人们认为我不能对他们有丝毫的不利影响时,他们竟然当着我的面商量如何盗窃集体,商量如何整治某个人,甚至当着我的面研究如何往死处整我。当然,还有更多的好人,他们也常常当着我的面商量如何玩弄上级,对付错误的命令和瞎指挥,商量如何破坏一场斗争会。好人和坏人都不背我,把我当成了没有知觉的一块石头或一棵小草。善良和野蛮、愚昧和聪明、愤怒和欢乐、失望和希望,这一切都赤裸裸地展示在我面前。不幸的遭遇给了我幸,这幸就是使我有机会认识了活生生的社会,认识了活生生的人。虽然,有很多年我被剥夺了一切权利,没有读过一本纸印的书,但却天天在读无字书。当然,我认识到的只是一个小小的山村,比起轰轰烈烈的大社会是微不足道的,但这对我的创作来说,却是一口汲之不完的小井。"

典运自己将生活赐予他的这段折腾,以及这段折腾对他的创作的影响,说得再明白不过了。

一九九七年二月十三日的晚上,杨贵才打来电话说,河南文艺出版社拟出版一本乔典运自选集,要我作序。我当然知道典运两年多来一直为癌症所折磨,经四次手术,身体每况愈下,现仍在西峡县医院住院治疗。就问,典运近况怎样?贵才说,听说已下了病危通知。我问,你与西峡联系了?贵才说,听《南阳日报》周熠说的。我沉默不语。贵才又在电话的那头说,你对典运的作品熟悉,是否就可着手动笔?我说,我对作序事一向认真,还是待集子编好,我看后再写。

二月十四日上午,即过了一夜的翌日上午,九点钟刚过吧,我正在书房里,接到河南省作家协会秘书长王秀芳的电话,说是刚刚接到西峡王桂芳的电话,典运刚刚去世。我就愣怔在那里。二月十四日,这一天正是河南省第八届人民代表大会第五次会议报到的日子,我遗憾地未能去西峡看典运最后一眼。

随后不久,典运在西峡县委宣传部工作的儿子乔琰以特快专递寄来他父亲的三十五篇小说剪样的复印件,有短篇,也有中篇。乔琰在信中说,听王秀芳和杨贵才说,要出版一本他父亲的小说选集,由我作序,按杨贵才的交代,特将稿件直接寄给我。并说,这次寄去的稿件其中有些未收入过集子,希望能在这次收入集子中。典运在西峡县人大常委会工作的学生王桂芳也来信,表述了与乔琰相同的意思。

典运已远行,自选集这个设想已不可能实施了。如果让典运自选,他自选的思路是什么,他会自选哪些作品,只能靠猜想了。

我曾经想,这本选集一是应当代表典运的艺术水平,二是要反映典运的创作历程。就是带着这种想法,进入对典运的阅读。典运的许多作品我都是看过的,确切地说是再阅读。

在阅读过程中,我又想我只是高兴地受委托作序。当然,由于一夜之间典运的猝然去世,这种心情就陡然转换为追思和哀伤了。编选这本选集应当是出版社的事情,按照程序,应当是出版社编定后,我再来作序。就此事我与河南文艺出版社社长杨贵才联系。贵才说,出版社的编辑对典运的作品不如我熟,编选也由我定,我就感到责任重大。与典运的生前好友《莽原》主编张宇、副编审张颖、河南作家协会秘书长王秀芳等商量,又与杨贵才和这个集子的责任编辑杨吉哲商量,大家的意见都是倾向于编选典运的代表作为好。我在阅读过程中,也逐步动摇了反映典运的创作历程这个想法,逐步趋同于诸位的意见。典运的儿子和学生的意见是可以理解的。这理解只好先暂存在这里。

典运创作的华彩乐段是从七十年代末八十年代初开始的。如同井喷,这可以说是他创作的一个井喷期。《旋风》、《气球》、《笑语满场》、《村魂》、《满票》、《无字碑》、《冷惊》、《乡醉》、《刘王庄》、《问天》等等,佳作迭出,好戏连台,目不暇接,一出手就令人惊叹。

最早令我惊叹不已的是《气球》。某生产大队金副主任绰号火眼左三,不知二十四节令为何物,却能记住全村上千人的大小问题,对那些所谓大小问题甚至能够倒背如流。围绕着一个气象气球降落在村里这个偶发事件展开,无知的火眼左三坚持认为这是一颗定时炸弹,搞得沸沸扬扬。直至请来驻军的技师来检查认定是只废弃的气象气球后,火眼左三仍坚持己见,认为该技师立场不稳,就给驻军首长写去告状信。信发出后就等着驻军请他去作揭发有功的报告,还让妻子给他做了身新衣服以便作报告时穿。还见人就说:"唉,真熬煎人!我啥也不怕,就怕请我去作报告!有啥好讲啊,我只是做了一点点分内的事。你想想,几千双手鼓起掌那个响劲,真叫人难为情啊……"火眼左三就这样天天说着,等着,等着。真有典运的,他不动声色地将这个运动迷整人狂刻画得入骨三分。读来叫人可恶可恨可怜可笑可叹。

《气球》震撼了我一下。就是从《气球》开始,我对典运刮目相看。比起他此前的作品,我感知到了一种质的变化。他将他的笔直插进人的灵魂的底里,这是一种穿透力,尖锐锋利。结构凝练清晰,语言明白流畅,诱发读者丰富的想象,这些方面都可圈可点。

为典运赢得广泛声誉的是《村魂》和《满票》。

《村魂》在第七届全国短篇小说评奖中入围,但未当选。该届评委王愿坚有事到郑州来,他惋惜地告诉我,《村魂》只差一票而落选。

《满票》在第八届全国短篇小说获奖的十九篇作品中,按得票多少顺序排在第三位。我是该届评委会委员。承办评奖的《小说选刊》组织评委们对获奖小说写了一批评论文章,我写了篇《小议〈满票〉》,发表在《小说选刊》一九八八年第七期《获奖短篇小说漫评(一)》这个专栏里。典运看到这篇评论后由西峡来信,表示了他颇为高兴很是欣赏的心情,以为我能读懂他的小说。关于《满票》,还可以说几句。大约是一九八五年吧,《满票》将要在《奔流》发稿前的某天,在河南省作家协会办公室里碰见了典运,典运向我说,他听张宇说,编辑将《满票》删去了约两千字,他希望我能说句话。张宇是消息灵通人士,这消息想必可靠。作协办公室在二楼,《奔流》编辑部在一楼。我随即拿起电话要通《奔流》,说不要删典运的稿子,恢复原样。那时我正在河南省文联管事,说这话还可以算数。《满票》获奖,典运见了我就说些感谢的话,说要不是我说了句话保持了《满票》的完整,《小说选刊》不会选载,更不用说获奖了。我没有看过那删节的稿子,不知道删节得有否道理,就信了典运的话。

关于《村魂》与《满票》,典运自己写过一篇文章《别了,昨天》,感情十分真挚沉重,见解非常精辟独到。他在文中分析了张老七、何老十这两个真诚的愚昧者的悲剧。他认为愚昧者的真诚是可怕的。他写道:"当我写到历史对他们的决定时,我的心酸了,眼湿了……当然,我也松了一口气,他们作为农民的领头羊,终于走完了自己的路,人民不再被他们领到那寸草不生的秃岗上了……""迎接新的生活是欢乐的,告别旧生活也是欢乐的。""别了,昨天!别了,我的可怜的朋友,让我们永远不要再见。"

实际上,告别昨天并不是那样轻易简单。除了典运笔下的张老七、何老十这样的真诚的愚昧者们,还有也是典运笔下的旋风(《旋风》)、火眼左三(《气球》)这样的唯恐天下不乱的整人狂运动迷们,还有也是典运笔下的何老五(《笑语满场》)、三爷(《问天》)这样的在民主选举中茫然无所适从不知该投谁的票怕投错了挨整者们,我们每每还会在现实生活的许多领域见到他们,他们不仅仅是典运的伏牛山里的那些小山村的,也是社会生活的许多领域里的。这就是典运笔下的这些人物,既是富有个性的,又带有普遍意义;既是具象的,又是抽象的。这是些精神上有病、人格不健全的人。正如典运所说:"他们的缺点和失误绝不是天生的,不是他们内心滋生的,而是历史造就的,是历史把他们歪曲了。"向现代化转移,人们要带着多么沉重的精神负担啊,人的精神现代化,是一个艰难的历程。

我在九年前所写的《小议〈满票〉》的结尾中说:"小说的语言是大白话,好像没有多少曲里拐弯的'文学性',不识字的农民大约多数可以听得懂。结构,单线平徐,貌似平实,平实中藏着机巧。内涵、外延,都能提供比故事本身丰富得多的东西。这就是乔典运的艺术。"如今,对典运的小说,我大体仍作如是观,可以做一点补充。不可以将典运的小说仅仅视为乡土文学,既是乡土的,又是超越乡土的。他以他的小山村为载体,反映了这个大时代。这是典运对当代文学的贡献。

典运去世后,我写过一篇纪念短文《永远的老乔》。在短文中我说了典运的两个不能分离:他和他的土地不能分离,他和他的小说不能分离。这才造就了小说家乔典运。在那篇短文中我还说,典运满腹皆小说,文思如泉涌,以他对人生的独特体验,对人世认识的洞悉与穿透,正要有更加绝妙的大作巨著奉献于世,癌症却夺去了他六十六岁的生命,夺去了他小说家手中的冷峻如冰热情似火的笔。人们只能徒唤奈何。

我以为,典运已经留下的小说,将长久地活在读者的心间。

一九九七年四月二十日
原载《莽原》1997 年第 5 期

研究论文选辑

研究论文选辑

为农村的战斗者高声喝彩
——评乔典运同志的小说

周鸿俊　赵怀让

读了乔典运同志近几年的小说,脑子里留下两个印象:一个是,作品大都与党的中心工作配合得比较及时;一个是,作品大都在不同程度上对劳动人民的革命志气进行了热情的歌颂。总体来说,比较真实地反映了农业战线上的战士们斗争生活的若干侧面,为他们一个又一个的胜利高声喝彩,给他们鼓了劲、助了威、壮了胆。

从1961年12月到现在,乔典运先后发表了五篇中、短篇小说。可以看出,他是在努力用自己的作品配合党的中心工作的。例如,他写出来《石青山》①,反映了忆苦思甜;写出了《三人行》②,强调了调查研究的伟大意义,反对滥用个人主观热情;当党再次强调发展农业生产必须坚决依靠贫下中农的时候,又写出了《贫农代表》③。这些作品大都是通过从生活中提炼出来的具体材料,努力地用形象阐明一种真理,那就是:党的各种号召、指示,都完全符合人民群众的意愿,党的各项方针、政策,正是实现人民群众理想和意愿的桥梁。这些作品,如同生活海洋里的鳞片贝壳,熠熠耀耀地反射着太阳的光辉。

读过《石青山》的人,可能还会记得红草沟大队会计小王同志过年时写的那副对联:"欢天喜地享幸福,无忧无虑唱喜歌",横额是"乐无穷"。在有些人的眼里,这副对联也许只是欢度新年的点缀,或喜庆丰收的插曲,可是,大队党支书石青山老汉却从这里看出了"叫收兵卷旗享清福"的征兆。他追问小王为什么写这样的对联。小王答道:"咱们今年要不卖给国家粮食,手里有余钱,仓里有余粮,不是'乐无穷'是啥?"可见,在小王的心目中,这对联还没能完全做到里表相符,美中不足的是把粮食卖给国家了,他为此而感到遗憾。更值得注意的是,在整个大队,有这样想法的人远非小王一个。这就鲜明地提出了一个课题:青年人需要教育,尤其需要阶级教育和集体主义教育。在这种情况下,石青山老汉首先提议把对联另换一副:"今天享幸福莫忘过去苦中苦,明天再下劲夺取将

---

①《奔流》1961年第12期。
②《奔流》1963年第1期。
③河南人民出版社,1964年。

来福上福",横额是"想想当年"。青年们一时还难以理解石青山的心情,甚至觉得他未免有点迂。但是,石青山却非常严肃,他打开了他那个"奇怪的箱子",亮出了"想当年"。"想当年"是什么呢?是土地改革后有些受过旧社会痛苦的人扔掉的血衣、卖儿文约……石青山把这些东西悄悄地拾起,一件又一件,积满了一箱子,他就觉得这能治病,扔不得。十年过去了,石青山的预计果然应验。小王和许多青年人,面对着这些"相当年"的历史证据,倾听着石青山那些令人断肠碎心的叙述,止不住流下了热泪,受到一次活生生的阶级教育。

为什么要让辛酸的往事激荡青年人平静的生活呢?为什么要让青年人的记忆里保存一些昔日苦难的阴影呢?《石青山》回答了这个问题,用比较形象的人物与故事,表现出了开展社会主义教育运动的迫切性。如果不对农民,特别是青年农民进行忆苦思甜、集体主义和永远革命的教育,那么,他们就会滋蔓个人主义、本位主义和松劲退坡情绪,甚至会丧失革命的志气。

党中央一直强调实事求是的原则,强调坚持走群众路线,号召大兴调查研究之风。《三人行》努力表现了这一主题。

这篇小说写的是旱地改水田的故事。上级派下的工作员小封,专门为这件事来到了幸福河生产队。小封办事急于求成,"下车伊始"就提出要大刀阔斧把全队的旱地统统改种水稻,来个一步登天。不料生产队长大山,在高兴之余,却对"一步登天"的说法表示了异议。大山首先肯定,一下子都改成水田绝对行不通,然后又让小封一字不漏地把上级的指示文件念一遍。听完后,大山指着文件上"根据条件,因地制宜"八个字逗笑道:"刚才,你把这八个字私装腰包了。"接着,他根据大队的实际条件,提出一步一步来的主张。特别是当他听到有人说"扩大水稻面积多了,是抱着一个西瓜,扔了满地芝麻"的话以后,就立即查访发表议论的人,原来是白胡子老汉。大山就以三顾茅庐的耐心,启发老汉讲出全部看法。他非常重视老汉的意见,经过分析研究,第一次只改了 30 亩水田。结果在大旱的情况下,由于事先考虑到了水利条件,所改水田的面积也不太多,经过全队社员的努力,不仅保住了水稻,还有力量把更多的旱地作物浇了一遍水,挣到了一个好收成。

生产队长大山是那么沉稳老练,他既坚决执行党的指示,又乐于倾听来自群众的意见,不耻下问,勇于向群众请教,择其善者而从之。他十分沉稳,但却毫不保守,而是满怀着革命的责任心办事情。他说:"公粮、余粮,大家吃的穿的,得叫它有一万成的把握才行!"他十分能干,但却毫不刚愎自用而是坚持实事求是的原则,坚持一切经过实验的原则,把促进生产的跃进安置在科学实验上面。他敢于顶撞官僚主义思想权势的威压。看,工作员小封发火了:"你说说,咱俩到底是谁听谁的?"大山巧妙地回答:"这还用说!你听党的,我听你的！""听我的？我啥时候叫你只改三十亩？"大山回道："党啥时候叫你都改稻田？党叫根据条件,因地制宜,咱们不能为了个人争面子……条件就是这样,你就是给我拉一车金子,我也不能叫大家多改了啊！"在现实生活里,大山是个好队长,好在能够从实际出发,坚持走群众路线,坚持一切经过实验的原则,他有胆量、有见地、有把握领导群众搞好生产。这是他得到党的政策与指示武装的结果。

在乔典运同志的创作里,大山是个站得起来的人物形象。作者满腔热情地肯定了他。我们认为,肯定得对,肯定得好。这正是作者努力从党的政策上辨别方向,从现实生活中提炼材料形成作品,再反过来用文艺作品为政策服务的成果。

乔典运同志作为一个业余作者,能够比较自觉地用自己的作品配合党的中心工作,表现党的政策的威力与胜利,这是应当肯定和支持的,这一点也正是他在创作上能够健康成长的重要因素。

从乔典运同志的小说里还可以看出作者热爱劳动人民的革命志气,并且在努力地赞美歌颂这种志气。"长人民的志气"可以说是他的作品的基调,也是他的作品的一个共同特点。在中篇小说《贫农代表》里,作者刻画了一个生产队的贫农代表王祥的形象。王祥,在大队党支部副书记王铁汉的大力支持和广大贫下中农的热烈拥护下,同只知走富裕中农路线的生产队长开展了斗争。结果,使这个阶级路线模糊的队长认识了自己的错误,懂得了在社会主义建设时期,在农业生产上,必须坚持走贫下中农路线的道理,从而改变了立场、作风,使生产队的局面发生了崭新的变化。

这篇小说是作者近几年所写的题材分量最重的,反映矛盾斗争最尖锐、最激烈的作品。不难看出,作者在驾驭主题、安排材料方面还相当吃力,和他的短篇作品相比,在语言运用上也没能充分发挥一向明快、诙谐、富有风趣的优点。但是,通读全篇,仍然相当感人。

是什么东西引起读者感情共鸣的呢？是劳动人民那股子革命的志气。

想想看：富裕中农刘财父子,仰仗自己的两辆架子车,一天就能挣到一百三四十个工分,而队里最棒的小伙子,因为没有车,拼上全力,一天只能挣得十分。面对如此严重的问题,队长麻木不仁,一味迁就刘财。群众磨破嘴皮提意见还是不顶用。作为贫农代表的王祥,应该怎么办？他顶上去了！妻子劝他："天塌砸大家,又不光砸死你一个,你管他干啥？"王祥回道："要是光砸死我一个人,我还懒得和他争斗,就是看他砸的人太多了,我才要顶住！"妻子说："能得罪一亲,不得罪一邻。"王祥冲道："别说是一邻,就是我亲爹亲妈,长出这样心肠,我也不饶！"王祥一而再再而三地揭破了刘财的底细,向队里反映刘财投机取巧的情况。可是,队长老宽被人迷住了心窍,不是轻易能够醒悟过来的。

在这种情况下,没有志气的人,也许就会偃旗息鼓,躺倒不干,会逃避斗争,怨天尤人。但是,王祥毕竟是王祥,他没有躺倒不干,没有怨天尤人。他更加靠拢了自己的阶级弟兄,串联了扛过长工的刘七和给地主放过羊的苦根,三个人一同商量对策。"三个臭皮匠,顶个诸葛亮。"他们想出了办法,下定决心要把刘财这股歪风打下去。他们说:刘财有的东西,队里要有,还要比他的多才行。决不能让刘财把得力的工具当成刀子来刻剥大家,一定要让生产队比刘财更富更强,一定要让贫下中农直起腰杆。他们决定合伙上山打柴,给队里攒一笔钱,买几辆架子车。

不过,一个良好愿望的实现,常常不是一帆风顺的。他们开始打柴了,一重重的障碍也跟着来了。有人说,王祥领着头搞"自发"哩!但是,他们顶住了。陡峭的山路,湍急的河流横在面前,他们跨过去了。水割脚,风割耳,腿上冻出了血道道,他们撑住了。

革命的志气,压平了高山,斩断了大河,融化了冰雪,撕碎了流言。贫农代表的荣誉称号鼓舞着王祥带头做出一件又一件感人的事。大家把砍柴挣来的钱都交给王祥保管。他就钉了个死头木箱子,只留一道缝,装进去钞票再也取不出来。不知有多少次,妻子向他要钱,他都不给。他心里想:"两角钱又够买根车子条,一花掉就又少根车子条。"王祥那股子革命的志气,冲过了一重又一重的障碍,经历了一次又一次的考验,更加雄壮了。他甚至把几分钱都看得那么金贵!几分钱,也许引不起人们的注意,然而,恰恰从这里透出了"穷棒子"精神的异彩,透出了人民群众精神振奋、斗志昂扬、意气风发的霞光。王祥、刘七、苦根,作为一个个的农民来说,他们的理想、愿望以及同不良现象作斗争的方式方法,都还有一定的局限性,但是,在他们得到党的有力支持以后,思想水平、斗争方式都有了明显的提高和改进。特别是王祥的性格,在这场两条道路斗争的过程中,得到了一定的发展,这些方面,小说都作了比较准确的描写。

劳动人民的革命志气是可贵的。正确地热情地歌颂这种志气,对于我们的文学创作来说,也是需要大力提倡的。阶级斗争、生产斗争和科学实验这三项伟大的革命运动正在召唤着我们为社会主义事业创建功勋。三百六十行,行行都需要我们英勇的斗争和艰苦的劳动。如果没有风吹不散、火烧不毁的革命志气,那就谈不上胜利和成功。乔典运同志用自己的作品为劳动人民的革命志气高声喝彩,毫无疑问,这个基调是正确的。

我们绚烂多彩的生活,给人们开辟了千万条创建功勋的道路,提供了千万个发扬革命志气的场所,当然也就会有千万种表现革命志气的方式。只要深入生活,致力于艺术实践,就可能写出好的作品,而比较固定的基调绝不是生产公式化、概念化作品的原因。这一点,从乔典运同志几年来的小说里也可以找到证明。

短篇小说《山中之王》①就完全不同于《贫农代表》。你看,那个外号叫作"土地爷"的老人,他的职责是打猎,以便制止野兽损害公社的庄稼与牲畜。可是,初次上任,光放空枪。显然,这样的"土地爷"是不称职的。怎么办? 那就只好练吧。先练眼睛,他用一根丝线系上一粒大米,悬在墙上,看啊,看啊,白天练,夜里练,练红了眼睛也不休息,终于把硬功夫练到了手。他又苦练枪法,一直练到枪声响处飞鸟落地。正是这股子志气,推动人们在同大自然进行斗争时去创建功绩。很明显,当野猪、豹子一个个倒在"土地爷"的枪下时,毫无疑问地就增强了这个普通劳动者那主宰大自然的信心。

《石家新史》②是一篇比较轻松的小说,通过夫妇家庭生活,反映了爱护集体和热衷于自发投机两种思想意识的斗争。主人公石三,既没有大山那丰富的工作经验,也没有王祥那尖锐的斗争锋芒,他的心眼就像一块石头那样的实,但却偏偏娶上了个刁钻的老婆,动不动就以离婚威胁他,石三心里有点害怕。这是石家的"旧史"。可是在今天,石三在党的教育下提高了觉悟,人民公社使他心里有了一个主心骨。他说:"我就是队里的孝子,要不是在新社会,还当牛马哩!"再加上干部和群众的帮助,石家开始了新的历史。"新史"的最大特点就是石三胆大起来,敢于把妻子捣腾的私货卖给供销社,敢于冒着离婚的危险同妻子分居。想想看,怕老婆的石三,几经波折,终于在群众的帮助下,使热衷于搞投机买卖的老婆低头认错,立志重新做人。作者选取这些诙谐有趣的情节,别开生面地歌颂了石三的志气。

石青山、王祥、大山、石三,这些人物确实各不相同,然而,又怎能不承认他们身上所共有的优良品德呢? 这品德就是那么一股子革命的志气。

这篇文章不准备详谈乔典运同志的小说在表现方法上的特点,只打算概括地提出几点粗浅的看法。

我们认为,善于讲故事是作者的一个特点。他总是努力地构思出吸引人的故事情节,并且大抵是有头有尾地讲述下来。故事性强,就便于读者记忆,便于口头流传。这在《贫农代表》和《石家新史》里表现得比较突出。

作者喜欢借用一些"道具"性的东西来加强故事,突出人物性格。在《石青山》里,写了一个箱子,里边装着"想当年"。《石家新史》里,又写了一个箱子,里面装着石三老婆的私货。《贫农代表》里,也写了一个小箱子,里面装着王祥等

---

①《大公报》1963年2月9日。
②《奔流》1963年第10期。

人打柴挣来的钱。几个箱子用处各不相同,但都给读者留下了较为深刻的印象。作品中的"道具"用得比较恰当,也着实加强了作品的表现力。

作者的语言明快、简洁,在朴实的行文中时时闪耀着诙谐幽默的情趣,既渲染了生活气息,又加强了感染力量。

乔典运同志近几年的小说,数量不算很多,但成绩还是很明显的。与此同时,我们也还觉得有一些不足之处应当提出来。

第一,乔典运同志笔下的人物大都还缺少共产主义的思想光辉,即便是作者极力歌颂的人物,他们的视野都还不够宽阔。我们的生活里,在党的长期教育下,很多人为辉煌壮丽的未来努力着。他们有着更宏伟的理想、更宽广的胸襟,关心着六亿人民,关心着五大洲的风云。他们既是兢兢业业的实干家,又是革命的理想主义者,在他们身上体现出共产主义未来的伟大鼓舞力量,体现出时代的精神风貌。我们应当用最高的热情来描写这些人物,写好这些人物。

第二,乔典运同志的作品基本上是朴实的,生活气息比较浓,但是也还存在一些与此不相适应的"败笔",看起来如同新衣服打上了破补丁。造成"败笔"的原因有两个:其一,作者想要表现某种思想,而生活素材还不够,结果写出的东西缺乏令人信服的力量。例如,《山中之子》里的"土地爷"对着群山野兽发布命令的那段描写便是这样。其二,作者用笔尚未做到一笔不苟,这就难免要出现苟简的痕迹。例如,《贫农代表》中开贫农会的场面里有这样的描写:"大家听了,都很赞成,一齐说道:'这太好了,用我们的双肩,把队里的千斤担子担起来!我们要当家做主!'"企图用这种"大合唱"来代替对于群众心理活动的细致刻画,殊不知却产生了减退作品声色的作用。

第三,作者在语言修养方面还需要继续提高,尤其需要努力掌握大量的语汇。文学是语言的艺术,语汇少了怎么能行?就本文涉及的几篇小说来看,有些词句在这里用了,在那里毫无变化地又用;有些话在这篇里这样说,在那篇里还是老样子,令人产生单调的感觉,这正是作者缺乏大量语汇储备的表现。

原载《奔流》1964 年第 8 期

一个偏执狂的眼力
——谈《气球》中火眼左三的形象塑造

孙传恒

乔典运同志的小说《气球》(《奔流》1979年第9期),着力塑造的是一个过去不准或不能作为主角来描写的反面人物。作品中的火眼左三既是一个游手好闲、不辨菽粟的二流子,又是一个偏执自信、热衷于抓辫子整人的"运动迷"。作者在对这个人物的描写中,既注意了个性,又注意了共性,使个性与共性有机地结合起来,并且在辛辣的揭露与鞭挞中给读者对林彪、"四人帮"及其一班丑类提供再认识的价值。火眼左三是一个写得比较真实的人物。

鲁迅曾说过:"要极省俭的(地)画出一个人的特点,最好是画他的眼睛。"火眼左三这个形象之所以刻画得比较成功,正是作者善于"画眼睛"的结果。小说是围绕一个气球引起的风波而开始全部故事情节的。但不管是人物的出场、矛盾冲突的发展以至故事的结束,作者无不在注意通过对人物个性的描写即与众不同的"眼力"来表现其独特的性格。譬如,"气球",一个平常但不常见的东西的突然降落,使人们惊奇、猜疑、议论纷纷,作者就是在这样的场合下使火眼左三与读者见面的。并且首先是他最先认定这"怪物"是"敌人打来的定时炸弹"。其实,他表情严肃,两眼圆睁,手里握着棍棒,犹如大敌当前。当围观群众发生拥挤时,又是他沙哑着嗓子嚎叫道,谁挤谁"就是阶级敌人的帮凶"。作者通过这些细节描写,生动地显露了火眼左三的所谓"眼力"。

火眼左三认定自己的"眼力"最好,是炼就的"火眼金睛"。眼前这一"怪物",他不仅看清看透了"准是帝修反打来的定时炸弹",还很快分析出"村里一定有阶级敌人里通外国"。作品于是在写他与几个不同人的争论中进一步突出人物的性格特征。降落的东西确系何物,被"管制劳动的走资派"县委书记老刘认识这是"气象气球",结果却得到了火眼左三的凌辱臭骂,还戴上"造谣惑众"耍"阴谋诡计"的大帽子。一个叫犟断筋的王老头认为老刘的话没错,又受到他的一顿训斥,也被扣上"喝过穷人的血"的"走资本主义道路的老中农"。返乡知青郑强被指控为"拿生产压革命"。小郑的姑爷的儿子是"研究小麦的反动学术权威",他因此挣来个"社会关系复杂之极"的帽子。火眼左三自有一套逻辑:"走资派"说是黑的,就一定是白的;"走资派"说是白的,就一定是黑的;谁如果不是这样认识问题,谁就是"跟阶级敌人一个鼻孔出气",如此等等。在这些争议中,他不仅"验证"了有"阶级敌人里通外国"的"断言",还进而看到了就在眼前的"一个通敌叛国反革命小集团"。头子嘛,当然是那个走资派。问题竟是如此严重!作者正是从这些带有嘲弄性的描写中,把一个荒唐、自信、蛮不讲理的偏执狂的形象呈现在我们眼前。然而在林彪、"四人帮"横行之时,什么都讲阶级斗争,动辄就是打棍子戴帽子者,唯独火眼左三其人吗?小说中的火眼左三是有代表性的,他绝不是孤零零的"单个人"。

如果说,前面几场争论已把火眼左三鲜明的个性勾勒出来了,那么后面在对解放军军械技师的态度上,则是对他的丑恶灵魂的深入开掘。火眼左三在人民群众面前仿佛一个凶神恶煞,打棍子戴帽子大施淫威,但他那个"阶级斗争"观点却一直得不到任何佐证与支持,他只好把希望寄托在那位军械技师身上。而且只要有解放军的支持,他"就能做出一番轰轰烈烈的大事业来"。火眼左三于是先笑脸相迎又哄又骗,继而讲明"利害"施以政治压力,看解放军同志并不买他的账,便恼羞成怒,并且连夜写信告黑状。他认为,那位技师"不是地主富农家庭出身,就是社会关系复杂",再不然一定是个"反动学术权威",解放军里"混进了坏人",火眼左三要把阶级斗争之火烧向部队。为了达到个人目的,他竟是如此利令智昏、不择手段,其灵魂多么丑恶!

在《气球》中,作者还努力赋予火眼左三个性化的语言行动,注意调动细节描写刻画人物性格。如火眼左三的口头禅:"想瞒过火眼左三,没门!"还有,末尾火眼左三胜利无望却大言不惭说硬话时那个尴尬无聊的细节描写,使人物更加具有个性化。

由于作者在塑造人物形象时,致力于"画眼睛",使我们看到了"四人帮"帮派势力中一个颠三倒四、顽固偏执的丑恶形象。当然,小说在情节安排上存有不足之处,因而有损于人物的性格刻画,但整个来说,这个"反面教员"对我们还是有教育意义的。

原载《奔流》1979 年第 11 期

对生活的独特发现
——漫谈农民作家乔典运的创作

雷 达

乔典运是一个农民,一直生活在河南的农村;乔典运又是一个作家,从建国初期开始写作,至今已逾三十个春秋。近几年他的创作出现了令人欣喜的突破和飞跃,写出了许多立意新奇、很有思想深度的短篇小说。作为农民,他平等地与身边的农民弟兄朝夕相处,他经历了每个农民必然经历的欢乐和忧患,因而他比一般人更熟悉和理解当代农民的思想情绪。这无疑给他的创作提供了丰厚的生活基础。但是,作为一个文学创作者,他的农民身份却又成为一种负担,他要比别人付出更大的代价,从繁重的体力劳动和家庭拖累中挣脱出来,去赢得写作时间。更难的是,他身为农民,却必须在思想水平、认识能力上高出一般的农民,才有可能进入创作的境界。他的生活与创作之间,既有有利的一面,又有不利的一面。多少年来,他就是在这样的环境和条件下坚持着业余创作。起初,他只是粗浅地、直观地反映生活,克服着包括文化修养在内的种种难题。后来,随着思想的深入、视野的开阔,以及艺术概括能力的不断提高,他开始越来越清醒地、深刻地再现生活了。农民和作家这双重身份的结合,形成了乔典运作品在题材选择、思想倾向、人物塑造乃至艺术形式上独特的格调和色彩。虽然,直到目前,他的作品还没有引起更广泛的注意,但只要认真阅读他的作品,你就不能不敬佩他对生活独特的发掘和表现的才能。正是有感于此,我愿把自己阅读乔典运作品的粗浅体会写出来,就教于作者和广大读者。

五十年代初,乔典运带着一个翻身农民的喜悦和激情,踏上文学创作的道路。他以朴实的笔调,热情地讴歌土地改革、合作化、公社化运动和这些社会大变革在农村生活中的回响。他的作品的内容,基本上是随着我国农村生活的变迁而发展变化的。但是,总的看来,在粉碎"四人帮"之前的漫长岁月里,乔典运的创作,题材面窄,作品里的矛盾冲突单一化,局限在先进与保守的斗争上。虽有对生活真实的记录,却缺乏对生活独特的发现;虽有动人的事件,却缺乏生动的个性刻画。他对生活的认识和评价,主要靠事件去直接印证某一种观念和政策,而不是用人物性格的塑造来体现新鲜的思想。之所以造成这种现象,除了主观原因,更重要的原因在于,农村题材的创作深受庸俗社会学的影响,对文艺与政治关系的简单化理解,导致了创作上的公式化、概念化和直接配合政治任务的倾向。乔典运虽然非常熟悉农村生活,但厚实的生活库存和创作潜力没有得到充分的发挥,他只能和许多描写农村生活的青年作者一样,拥挤在狭窄的题材领域里。当时农村生活中纷纭复杂的社会矛盾,并没有进入他的创作视野。

尽管如此,他也写出过几篇散发着浓厚生活气息的作品。在这些作品里,已经显示出乔典运对农村生活和农民命运的思考,这一点与他当前的创作是一脉相承的。在《送地》这个短篇里,通过一个饱经忧患的农民的自述,从不同历史时期农民与土地的不同关系的角度,表现了解放前后农民思想感情的变化、广大农民走集体化道路的积极性。作者对农民的心理状态是熟悉的,作品围绕土地问题挖掘着农民的"穷根"、"苦根"究竟何在。张老汉一家几辈人,为赢得土地奋斗挣扎,争地界,闹纠纷,造成了一幕幕悲剧。而只有到了解放后,到了张老汉这一辈人,才觉醒过来,认识到真正的"穷根"乃在于土地的私有制度。他终于挖出了象征着私有制的"界石",把遗留在邻村的、祖辈为之流血奋斗的二亩地,送给了那个村庄的合作社,向社会主义迈出了艰难的一步。这篇小说质朴浑厚,充溢着农民的真情实感,但是它又比较粗糙,缺乏典型概括,基本上是完整地描述了一个事件过程,却不善于多方面地刻画人物形象。到了写出短篇《石青山》,乔典运在艺术上有了明显的进步。作品刻画了一个满怀深厚的阶级感情,热爱新社会,珍惜新生活,不断进取的先进农民的形象。作品极力突出石青山这个人,越是困难的时候,头昂得越高,吃苦不叫苦,总在风雨中思考着下一步该怎么走的进取精神。作品不再是通过完整的事件,而是透过典型的生活细节和富于个性色彩的行动来刻画人物。石青山的那个"想当年"的箱子,他的二改对联、迁移大队部的行动,都很能突出人物性格。但是,以今天的眼光来看,作品毕竟把农村生活中的矛盾简单化了。仅仅不忘记旧社会的苦难是不够的,还必须正视眼前的实际困难,以科学的、实事求是的态度来解决农村中的各种难题,才是正确的。从这篇小说依然可以看出,乔典运很注意观察和分析农民的心理和农民思想变化的轨迹。

乔典运创作上真正的突破,是在粉碎"四人帮"以后。他的创作,仿佛从一个狭窄的河床奔向开阔的平野。短短三年的时间,他写出了一批富于特色的作品。农村和基层生活里复杂多样的矛盾、形形色色的人物,都进入他的视野,呈现在他的笔端。这些作品的题材和人物,大都非常新鲜,不是某些政治概念的形象演绎,而是作者忠于生活、忠于自己的感受、熔铸自己的血泪和感情的产物。在《活鬼的故事》里,他鞭挞了一个在政治风云变幻中忘恩负义的伪君子的丑恶灵魂;在《父子情》里他以真挚的笔调歌颂了父子两代农民坚持正义的传统美德;《贵客》描绘了在困难时刻的"风雨同舟战友情";《三百一十三个×》和《挡不住的脚步》,则通过忠厚善良的普通农民的特殊斗争方式,表现了汹涌在人民底层的反抗"四人帮"的怒涛;在《气球》里,他塑造了一个标准的中国的普里希别叶夫中士的形象;在《平常不平常》里,他从细微的日常生活中,挖掘着社会风气败坏的根源;在《春秋配》里,他怀着深深的隐痛,揭露了横行乡里的"土皇帝"是怎样拆散了一对贫苦农民的姻缘……出现在这些作品里的生活场景和人物形象,既打着鲜明的特定历史时期的烙印,又是颇为独特的。其中的一些作品,即使在目前全国浩繁的短篇小说中,也很难找到相似的影子。乔典运丰富的农村生活体验同思想解放的要求"接上了火",便源源不绝地产生着个性鲜明的作品。歌德说过:"艺术的真正生命正在于对个别特殊事物的掌握和描述。此外,作家如果满足于一般,任何人都可以照样摹仿;但是如果写出个别特殊,旁人就无法摹仿,因为没有亲身体验过。"(见《歌德谈话录》)我以为,乔典运作品的最大特点,就在于他对生活有自己独特的发现。

　　当然,要想对生活有自己独特的发现,首先要有正视现实,敢于大胆地、真诚地看取生活的勇气。乔典运正是一个敢于面向生活、直言不讳的作家,他看到了许多别人没有注意到的东西,他表现了一些别人虽然注意到了却还不敢表现出来的东西。例如,鞭挞"四害"横行时期出卖灵魂者的作品很多,但《活鬼的故事》不但出现得比较早,而且独辟蹊径。这篇小说主要不是从政治思想的分野上,而是从为人的起码的道德品质上,刻画了一个常见的却又往往被人忽略了的丑恶灵魂。那个县委梁书记一手提拔起来的干部老金,在梁书记被打倒、穷愁潦倒之际,求他给有病的孩子代买一瓶香油做"药引"的时候,冰冷而刻毒地回绝了。而与梁书记素无交往的木匠夫妇,出于恻隐和同情之心,把仅有的一瓶香油拿了出来。他们怕伤透梁书记的心,不忍把老金的真相告诉他。可是,等到梁书记复职,这个老金不但又偷偷地在镜框里换上他和梁书记的合影照片,而且恬不知耻地、巧妙地默认了那瓶香油是他给的。小说越是描写梁书记对老金的信任,越是描绘木匠夫妇的善良,就越是反衬出老金这个小人的良心丧尽。小说流露出作者对人情世态的咏叹,对忘恩负义者的愤懑。他选取的事件是很微小的,但情节的分量却很重。这篇作品透视灵魂的力量,是决不逊于那种从重大政治态度上揭示人物面貌的作品的。像老金这样的人,并非大奸极恶,但其灵魂堕落的程度却令人震骇,把他称为现实中的"活鬼",并不过分。遗憾的是,这号人在某些角落至今依然虚伪狡诈地生活着,这正是作者的独特发现和需要提醒广大读者的。乔典运长期生活在农村,对封建余毒的猖獗,是深有体会的。在这一方面,他也有与众不同的独到观察。他观察到残存的封建势力的躯壳在注入了"四人帮"的极"左"毒汁以后,便披上了合法的革命外衣,变本加厉地破坏着农村生活。《气球》中的火眼左三这个人物,便是一个特定历史时期的畸形怪胎。他虽然带着几分夸张的色彩,却具有内在的真实性。他愚昧,明明是个"气象气球",却硬要说是个"定时炸弹";他专制,"顺我者昌,逆我者亡",压制一切不同的声音和思想;他又颟顸而阴险,很会罗织罪名,凡不承认气球为定时炸弹者,一律扣上吓人的政治帽子。作品的深刻处在于,火眼左三的这些有悖于常理的狂妄举止,并不全是他个人品质的恶劣所致,也不是为了某种直接的现实利益,而是他整人已成癖,好像吸鸦片烟上了瘾一样,极"左"的毒汁已经渗透了他的灵魂。这个人物富于典型性。就像阿Q精神并不限于落后农民一样,火眼左三的极"左",也同时存在于那个特定时期各阶层的某些人物身上。火眼左三的精神状态确实与契诃夫笔下的普里希别叶夫中士十分相像,这是不奇怪的。因为契诃夫写的这个人物,是作为专制的、警察的俄国社会的象征出现的,是那一社会的特产;而火眼左三也正是具备着"四人帮"的封建法西斯主义的许多特征,也是特定时期的产物。他们在封建专制性上有共同之处,只是由于历史条件的不同,其具体内容和表现形式各不相同。火眼左三是一个可憎、可怜、可悲、可叹的人物,他所依附的那个时期刚刚过去,他的幽灵并没有完全散尽,作品向人们敲响了警钟。

我觉得,乔典运在面对社会矛盾时,常常是带着一种农民的质朴感情和眼光,来进行观察和分析的。这并不是说,他的思想高度只停留在一个普通农民的水平上,而是说,他有自己特有的农民气质、道德理想和善恶是非观念。他的作品里爱憎感情特别强烈。他似乎是格外憎恨那种冷酷、自私、颟顸、虚伪的忘恩负义之徒,而又特别喜欢那些纯朴、忠厚、善良、有着坚贞节操的普通人乃至小人物。他选择和处理题材,往往就是围绕着这些普通人的悲欢展开的。我们看到过许多描写人民群众与"四人帮"斗争的作品,但乔典运处理这一类题材时,别开生面,更多地从道德情操的角度去表现。人民群众与"四人帮"的对立和斗争,既可以是挺身而出、临危不惧的正面交锋,也可以是保持自己的政治节操和美好品德不被污染。在《父子情》这篇小说里,就流泻着劳动人民淳厚的道德美。外号"历史书"的铁良爷,语言带几分古气,心灵却是高尚的。他的儿子铁柱在外县当公社书记,春节也不回来,他非但不生气,反而说:"自古以来就是这样,大丈夫尽忠不能尽孝!""他不在家孝敬我一人,去孝敬那千儿八百人,才是大忠大孝哩!"老人对儿子的感情很深,每年儿子回来,老人亲手砸核桃,看着儿子一个个地吃,便沉浸在无比的幸福中。但是,老人对儿子最深的感情,还是希望他永不忘记养育他的人民,永为人民尽忠效力。当老人听说儿子所在的公社一片混乱时,爱极生恨,担心儿子走上邪路,便带着全村人送的核桃去探望儿子。探望的过程中,父亲和暂时受屈的儿子之间,感情的交流和心灵的呼应,表现得分外动人。这一父一子的关系,其实是农民与自己信赖的干部的关系的缩影。作品通过对劳动人民灵魂美的发掘,来表现人民与"四人帮"的对立,不是很独特、很别致吗?在《贵客》里,作者着力表现了政治高压下难能可贵的同志之爱和革命友情。这种久违了的友情,是曾经作为人性论的东西批判了的,但在乔典运看来,要表现有血有肉的革命战士,就不能回避他们身上革命的人情美和人性美。

要使作品的主题新颖深刻,就要善于透过平凡的生活现象,发掘出不平常的社会意义,发掘出令人深思的哲理。乔典运是具有这种透视生活的能力的。除了以上列举的几篇作品具有这种特点之外,《平常不平常》也很值得一提。一个忠厚的基层干部老丁,吃够了说谎者的苦头,立志教育儿子不说假话,永远说真话。这一认识凝结着他十年的血泪辛酸。小说就是在一个平静的夜晚的平常的家庭里开场的。晚饭桌上,儿子的诚实回答,颇使老丁欣慰。可是接踵而来的一场小小的风波——一个骄横女人的纠缠,把老丁的苦心教育付诸东流,说真话在现实中碰壁了!老丁面对权势者,只能改为教育孩子"关于自己说真话,涉及别人不讲话"。这不是很可笑、很可悲吗?儿子接受了教训,把老丁气昏在地。这简直是一幕几乎无事的悲剧。一个人因为不能说真话而苦闷欲死、僵卧长愁,不亦悲乎!然而,这却是一幕寄寓着深刻社会意义的平凡场景。要说发现"四人帮"留下的内伤,这就是独特的发现;要说社会问题,这就是一个具有普遍意义的社会问题。小说结束时写道:"做人说真话,本来是理所当然的事,也是极平常极简单的事,但为什么变成了极不平常极不简单的事?"这就不能不令人深长思之了。

在这里,我主要谈的是乔典运选择和处理题材、开掘和深化主题的一些特点,不可能全面地探讨他的作品的思想艺术特点。但是,有一点却不能不谈到,那就是,他的作品的独特的思想,不是靠赤裸裸的说教,也不是依靠一些曲折的故事情节,而主要是依靠人——活生生的人物形象来体现的。乔典运越来越注意并善于刻画人物性格了。他初步掌握了短篇小说刻画人物的特点,那就是集中笔力描写人物性格的横断面,也就是选取人物丰富性格中的一二点,生发开去,以小见大,"借一斑略知全豹,以一目尽传精神"。这"一斑"和"一目",也就是人物个性的最突出之点。像《活鬼》、"火眼左三"、铁良爷等人物,都是依靠这种"画眼睛"的方法创造成功的。乔典运颇有"见微知著"的本领,一个微小的物件、一些微小的事件,常常成为情节的枢纽和人物关系的媒介。《活鬼的故事》中的一瓶香油,把三个家庭、三个个性迥异的人物贯串起来,三个人对同一个物件表现出多么大的不同!再如《气球》中的气球,《春秋配》中的椿、楸二木,《父子情》中的核桃,都成了富有感情色彩的活道具,很好地服务于人物的刻画,这甚至已成为乔典运作品艺术构思上的一个特点。乔典运的小说很有民族特色，他的语言质朴简练，颇类似古典章回小说中的语言。他不卖弄农民的口语、土语之类，也不大段地描写风月。另外，他的小说一般都不长，这在短篇小说"长"风甚烈的今天，是非常可贵的。

  应该看到，乔典运虽然在农村题材的短篇创作中已经取得了很大的成绩，但他还不是一个成熟的、具有突出鲜明的艺术风格的作家。他的作品虽有选材新鲜、思想新颖、有自己独特发现等长处，但往往缺乏应有的深度，缺乏对题材的深入挖掘。仿佛一架挖掘机，在达到一定深度后，遇到坚硬的顽石，就停下来了。比如说，在《平常不平常》里，他发现了人们不敢说真话的苦衷，也初步触及了造成这种畸形现象的原因，可是，没有能够更深刻地挖掘复杂的社会原因，也不免给人以提出问题却未能指出认识问题的正确途径的感觉。再如《春秋配》里，作者发现了普通农民连婚姻自由都受到限制的现象，可是，似乎小说也就停在这里，没有给人更深刻的东西。为什么会出现这种悲剧呢？是某些基层干部的敲诈勒索。那么它为什么能畅行无阻呢？它和多年来形成的、至今仍严重存在的封建余毒有什么关系呢？透过它我们能够看到多少比小说本身更广阔的社会内容呢？因而，我认为，如何深化主题，是乔典运今后需要努力突破的难关。希望乔典运同志不断地锻炼和提高认识生活的能力，使作品的面貌发生更大的变化。我们的农村生活充满了尖锐复杂的矛盾冲突，在向四个现代化进军的路上，必然会出现大量新的矛盾、新的人物，这是一片文学工作者大有作为的广阔原野。我们相信，乔典运同志的辛勤耕耘，必然会结出更加丰硕的果实！

原载《奔流》1980 年第 4 期

意念和意念的实现
——读短篇小说《恩情》随记

王愿坚

最近,读了几位写农村生活的新作家的短篇和中篇小说。读着这些作品,犹如蹲在青纱帐边刚挖成的战壕里,嚼着用新粮做的干粮,喝着绿豆汤,间或咬上一两口生葱和青辣椒,味道足极了。在这批新作中,就有乔典运同志的手稿《恩情》(后发表于《鹿鸣》1980年第9期)。我就一口气读了,并随手记下了一点感受。

《恩情》,也许不是乔典运同志作品中拔尖的代表作,然而却不失为一篇有思想力量和艺术特色的作品。小说的情节很单纯,单纯得三言两语就可以讲完;再加上剪裁得简洁、白描的手法和叙事的色调,使整个故事如同一段街谈巷语。一对身为烈属的老夫妇,晚年遭到了不幸:在那"史无前例"的年月里,为革命献身的儿子忽然被诬为叛徒,老人的烈属待遇没有了,含辛茹苦地过了几年。突然消息传来:儿子的问题平反了。喜事临门时节,队干部们赶来,兴高采烈地吃了一顿。当然,作品单纯,却不简单。叙事平易,思想情感却不浅淡。作品通过看来似乎平常的一片生活断面,使读者看到了时代的年轮,而且是不以时间、事件划分的时代年轮;感知了一场真正的风暴,一种关系航船安危的风暴。读着作品,在你心灵的屏幕上,仿佛映出了这么一幅景象:就在一个看似宁静的黎明之前,一位老人伫立在田野里,满怀着热切的期望,以愤懑和悲怆的声音,用烈士和儿子的名义,在庄严地呼唤,呼唤革命的传统作风"魂兮归来"!作品就以这样的思想力量,引着读者看,逼着读者想,激起了人心灵的震颤和共鸣。

对于文学创作,有人把它比作沸腾的岩浆,在地下翻滚奔突,然后突然涌出地面。这个比方比得好。好就好在它道出了创作是一种燃烧,有一个郁积、闷燃和喷吐的过程。乔典运同志对农村的生活和斗争是熟悉的,有较多的观察、了解和思索的积累。这丰富的行囊里,一定有许许多多有关优良作风的形象,也有许许多多关于吃请送礼等恶习的印象。更重要的是,对于生活的感受和了解,作者既不能从冷漠中获得,也不能冷漠地对待。而当作者思想感情的光和热照耀和投放进感受里,就起"催化"作用了。从《恩情》这个作品可以看出作者对优良传统作风的热爱、依恋和对不正之风的愤恨。两者加在一起,不,是用乘法乘起来,就不能不燃烧了。郁郁地闷燃,悄悄地沸腾,也就是激动、思索、开掘,于是创作的意念产生了、形成了。

意念,大概有人怕与观念混同,或者强调它与形象的紧密联系,又把它叫作意象。这是开掘、提炼生活的结果,是作者体认生活所蕴藏的内涵和社会的、阶级的、时代的意义的结果。这种和形象、感情凝在一起,并在作者心中迸发的东西,是作品生命的胚胎、火苗的光华。

从作品可以看出,《恩情》的创作意念是多么好呵!那种不该丢失的在生活中消失了,而不该降临的却大摇大摆地来到人们身边。这不合理!那种曾经如此亲切地温暖着我们的生活和心灵的美好作风,不能只属于过去,它应该回来;而令人心寒的丑恶作风,却不是我们的东西,它只会弄脏了我们的过去,也毁坏了我们的现实和未来,必须把它埋葬!

但是,意念还不是作品。意念还要在艺术劳动的过程中实现。

短篇小说《恩情》,在意念的实现上所花的艺术劳动和表现的技巧,是值得称道的。

作者找到了自己的喷火口,他选取了两位烈属老人的一段生活历程,作为作品情节的基础,就使得意念的实现获得了独特的躯体,使得情节和人物典型化成为现实的可能。优良的传统作风是温暖的,由烈属的感受落墨,更是如沐春风,真正透出了党和人民的深情;不正之风是丑恶的,它君临到为革命献出了唯一儿子的老人身上,就更加令人愤慨。艺术的取材,使思想和形象结合得更紧密、更集中、更强烈了。在艺术处理上,作者既不写丧子之痛和生活的孤苦,也不写人和人的正面冲突,而仿佛无心地搭上了"鸡"这条线,像血管一样,既丰富了情节,又充实了细节,使作者完成了作品的艺术构思。先写喂鸡,展现了两位老人的生活景况和善良的心地。再写盼鸡,表现了人物和鸡的关系,点出了鸡的重要意义,透露了人物对生活的希望。而那些有儿女的人们议论的确良褂子的穿插,更恰到好处地给形象涂上了一层淡淡的悲凉色调。接着,一声鸡啼,把情节引向深入。然后,淋漓尽致地写了杀鸡。既表现了人物的内心喜悦、性格的淳朴,又为悲剧性情节的高潮作了准备。最后,老宝奶的看鸡和老宝爷的送鸡,发展了情节,也结束了情节,完成了人物的描写,也实现了意念。

《恩情》通篇用的是白描,几乎是过分冷静地叙述事件,描写人物的行为、动作。然而,正是这看似冷静的描述,却把热情化进了形象,用形象驱使读者爱作者所爱、恨作者所恨,思索作者对生活的理解。尤其值得提到的是,作者在写生活中阴暗的、不健康的东西时的感情和态度。作者是站在烈士的身旁来感受和表现生活的,用饱蘸感情的笔写下了烈士身后的两种作风,使作品具有浓重沉郁的色调。这,帮助作者完成了意念。

也许,作者太匆忙了,《恩情》还像是未经仔细修改的文稿,它的思想"外延"本来还可以更广阔些,人物形象也可以更结实些。还是那么个道理:思想和形象结合得越紧,意念的实现就越完美。

这个匆忙,或许不只是写作行文的粗疏、文字修饰得不细,也包括思想的深化和艺术的描绘——依然是意念和意念的实现的问题。读罢全篇,掩卷思之,在激动之余,也还感到作品的社会"外延"不够广阔。作品所剖析的,只是社会的一个"细胞",它和整个社会肌体多方面的关联,还可以展现得再紧密、再深细些。比方,送救济金来的人,面目就不很清晰,似乎作者就不大关心他。亲邻近舍与老宝爷家的关系,以及对这场刀俎鱼肉的感情态度,也被挤在作品之外了。其实写他们,倒是真正的艺术的需要。在艺术造型上,人物形象也还可以更丰满些,雕刻的线条可以更刚劲些。

我以为,社会有弊病,同时也存在着消除弊病的力量。属于我们的美好的东西,既能为扒手所窃去,也能够失而复得,或者重新创造出来。因为我们有这样的人民,他们不是、也不会永远做被污辱被损害的对象;他们过去舍上身家性命和亲人去争取美好,也必定会继续去争取美好和埋葬邪恶。这正是我们生活里巨大的恩情和恩情的力量。作者观察与描绘这一切,呼唤失去的东西归来,爱者欲其生,恶者欲其死,也就应当在自己的思想与形象里倾注更大的热情和力量。这是意念和意念表现的组成部分,而且是极其重要的组成部分。

1980 年 8 月

原载《鹿鸣》1980 年第 5 期

农村新生活的真实写照
——读《笑语满场》和《夏夜,在小河边》

杜 宇

农村新经济政策的贯彻实施和社会主义民主的充分发扬,开创了我国农村社会生活的历史新局面。生产关系的历史调整,促进了生产力的大发展,带来了社会关系和人们精神面貌的深刻变化。这种情况生动地印证了列宁当年的一个科学论断:"革命的历史,总是比最优秀的政党、最先进的阶级的最觉悟的先锋队所想象的更富有内容,更多种多样,更生动活泼,'更巧妙'。"(《列宁选集》第四卷,249页)现实生活的这种重大变革是一定要在文学创作中强烈表现出来的。于是,农村题材的创作勃然兴起,出现了新的繁荣。在这次新的文学涨潮中,乔典运同志拿出了《笑语满场》,张宇同志拿出了《夏夜,在小河边》。前者以凝重的笔墨,发人深省地反映了农村社会民主生活的深刻变革;后者以欢快的笔调,称颂了农村实行生产责任制以来出现的新人新事新风尚。它们从不同的方面和角度反映了党的三中全会以来农村社会生活的胜利进程和动人面貌。艺术表现上也有一些新的特色,是十分可喜的。

一

乔典运同志是我省较著名的农民作家。几十年农村生活的丰富阅历和深刻体验,经过三中全会精神的淬火锻冶,作家的创作跨入了一个崭新的里程,相继写出了不少对生活确有新的发现、表现上也有创新的短篇,显示了作家对农村社会变革的深切关注和对农民命运的深刻思考,形象生动地展示了农民群众的思想情绪和理想追求。《笑语满场》就是有代表性的一篇。小说在健全和完善民主制度、充分发扬社会主义民主的现实背景下,描绘了某山区在选举大队长问题上的一场思想斗争。作品通过对后进农民何老五矛盾心理的细致描绘和选举会场人事活动的概括勾勒,揭示了原任大队长于占山和群众之间的深刻矛盾和尖锐冲突,鞭笞了丑言恶行,歌颂了民主生活的新胜利。然而小说更为可贵的地方,则是并不止于对具体矛盾的爱憎分明的揭露和描绘,而是以此为契机,继续向生活深处突进,揭示蕴蓄在具体矛盾背后的更为深广的社会内容,阐发出了发人深省的思想意义。原任大队长于占山把职权变特权,仗势欺人,称霸一方,活像个山大王。然而就是这样一个干部,在先前却能连选连任,他本人也觉得有恃无恐。是群众没有识破他的真面目?不是。是人们都不敢向他进行斗争?也不是。只是由于农村基层干部多为上级指派,就是选举,也不过是"上级选人,百姓举手",所以,长期以来,怨愤归怨愤,斗争归斗争,谁也改变不了于占山的一统天下。那些敢于斗争者反而更加受制于人。社会主义制度所确立的劳动人民当家做主的权利并没有真正地在现实中实现。正是在这种生活环境里,何老五才形成了忍让求安的性格和明哲保身的哲学,以至于把民主选举队长这件天大的喜事看作躲避不开的灾难。这就是问题的严重性。小说从一场具体的选举活动里展示了农村民主生活的历史性发展,这是作者对生活的发现。小说虽然是从"昨天"与"今天"的历史联系中展开矛盾的,但却无意昭示"伤痕",而是热切地执着于今天的现实,礼赞社会民主生活的胜利进程,展示了美好前程的曙光,是富有思想深度和广度的。

　　小说的这一主题,主要是通过何老五形象的塑造加以体现的。他是一个怯弱、守旧但却执着于生活、寻路求生的老一代后进农民。小说比较充分地描绘了人物的复杂性格,也比较细致地描绘了这种性格在矛盾冲突中的相应发展。人物形象富有一定典型性。何老五并没有什么奢望,只是希望求得小家的温饱,过上安稳日子。但是他生活中的于占山一统天下,且时时给他以威压。他的性格决定他既不会奋起反抗,也不甘自暴自弃,于是就走上了忍让求安的道路,心里充满了矛盾。他记恨于占山,却不得不屈身应酬;他同情受害者,却又严格限定在不得罪于占山的限度之内。他是个精细人,但却不敢露出锋芒,只好装出茫然之相。他不满现状,却又维护现状,因为他不相信现状会发生根本变化。所以,他的生活哲学也是难以发生变化的。但当社会民主生活的潮流冲开了他的思想闸门之后,他的性格就不能不萌生出最初的变异了。小说对人物的描绘较好地做到了准确性、丰富性、生动性的统一。有些传神之笔简直可以使人感触到人物脉搏的跳动。从这个内心充满矛盾的人物形象身上,人们首先窥见的是生活的沉重负荷,同时也可感知生活前进的清晰脚步。这就是这个形象的认识意义,也是小说人物塑造的可喜收获。

　　对生活的发现常常带来艺术形式的创新。小说艺术表现的一个突出特点就是凝练。作品没有罗列生活发展的流水程序,而是精心选取了选举到来之时的一个特定场面,集中概括地揭示了生活中的复杂矛盾:既有小石、周大炮、刘老七兄弟、何老五父子同于占山之间的尖锐矛盾,又有前者之间的相互差异,描绘了活生生的人物性格。作者笔下的选举会场俨然成了山乡政治风云的"风口"和透视人物心灵的"荧光屏"。矛盾发展的来龙去脉、人物心理的细微变化，都在这个艺术焦点上豁然闪亮了。作者舍弃的是不必要的过程，赢得的是更高境界的完整。读者得到的是想象的天地，是思考的欣慰。这里体现了乔典运同志近年来艺术表现上的一个着力追求，这就是写生活的横断面。作家找到了像十八世纪美学家莱辛所推崇的艺术表现的"最富于孕育性的那一顷刻，使得前前后后都可以从这一顷刻中得到最清楚的理解"(《拉奥孔》)，这是需要对生活有比较全面而透彻的理解才能做得到的；否则，便难以从生活发展的流水程式中找到那个最为紧要的片段。

如果说《笑语满场》重在反映生活进程中的复杂矛盾，展示农村现实生活的凝重风格，那么《夏夜，在小河边》则意在描绘贯彻新经济政策后农村生活的欢悦情境，礼赞新人新事新的思想风范。小说以女主人公麦叶傍晚来到小河边入题，描绘了美好的风土人情和健康的生活情趣。这一切又带着鲜明的色彩："全是因为地里多打了粮，连山也变得格外青，水也变得格外甜了。"然而，小说更着重描绘的，还是麦叶和她的丈夫玉柱之间因给赖五换地所产生的思想矛盾。新任队长玉柱从大局出发，把好地换给别人，又得体地解决了夫妻矛盾，表现了先人后己、公而忘私的高尚思想风格。他启示我们，就是在"山青"、"水甜"的美好时光下，为着革命的整体利益，也还是需要做出局部牺牲哩。小说在给人带来喜悦的同时，又给人带来了思想启示，注意了从对立统一中观察生活的矛盾运动，对反映农村生活还是做出了一定的概括和开掘的。

个人与集体、公与私的矛盾并非始于今日，它是社会主义文学的一个传统型主题。真理不怕千百次重复，可生活却连一次也不能照搬。创作的关键是必须从共同性里写出特殊性。人物的塑造要求尤其严格。《夏夜，在小河边》的人物形象尽管还不够丰满，个性特点也不够鲜明，但人物的思想风貌还是具有比较明显的时代特征的。突出的一点，是他们对现实生活中教训的高度重视。玉柱对麦叶说："上任队长为啥叫换掉了？还不就是因为牙太长，老是想偷吃集体的肉。"这是玉柱的精神财富，也是他开导麦叶思想的法宝。再一点，是他们都有着更为切实的务实精神。玉柱在和赖五换地的同时已经想好了调治赖地的具体办法。他们自然也是富有理想的。但这理想也带有朴实亲切的色彩。这些特点既和先前的农村积极分子相联系，又使他们和后者有所区别。这一点也是应予以肯定的。

《笑语满场》和《夏夜，在小河边》都是反映党的三中全会以来的农村新生活的。但二者的艺术构思却很不相同。前者重在展示老一代后进农民的复杂思想历程，后者重在描绘新一代先进农民的美好思想风貌。前者凝重，后者明快。这种从生活实际出发，采取不同的形式，运用不同的手段，表现农村新生活的作品，都是我们所需要的。

二

在肯定两篇小说表现三中全会以来农村生活取得可喜成绩的时候，我们自然期望这种表现能够进入更高的境界。这就碰到了两个相互关联的问题：一是如何对复杂矛盾和人物的复杂性格做出更准确的反映，一是如何对社会生活进行更深刻的概括。《笑语满场》涉及的问题是前者，《夏夜，在小河边》面临的问题是后者。

实行生产责任制是农村生产关系的历史性变革。它以以退为进的形式将"今天"与"昨天"衔接了起来。这场变革的活的纽带是农村广大基层干部。正确认识和准确描绘农村干部的形象，是正确反映现实农村生活的一个重要问题。好的和比较好的干部形象好写，困难在于描写那些犯有严重错误的干部形象。从某种意义上说，它是当前创作中描绘农村干部形象的一个最重要的环节，带有不容忽视的复杂性。因为它牵扯到怎样运用历史唯物主义的态度和实事求是的科学分析来看待我们的干部队伍，以及与之相联系的历史运动的功过得失。在《笑语满场》中，这种复杂性就具体体现在于占山这个人物身上。小说把这个人物写成被批判的对象，予以揭露和挞伐，是无可厚非的。因为它有着不容置疑的生活依据。但是，作者对这个人物的认识存在着一定的片面性，表现上有一些绝对化，没有严格按照生活和人物的本来面貌，写出人物应有的复杂性来。列宁指出："某物之所以是有生命力的，只是它本身包含着矛盾……如果它自身中不能包含着矛盾，那么这个某物就不是活生生的统一体。"（《列宁全集》第38卷，147页）于占山作为一个活的人物，他身上自然也包含着若干亮色，不可能是漆黑一片。"人们是形形色色的，没有整个是黑的，也没有整个是白的。"（高尔基：《论文学》，42页）漆黑一团不符合辩证法，不符合生活实际。小说几乎让人看不出于占山身上的一丝亮光，这是不够妥当的。其一，毫无疑问，对于于占山这样的不好的干部，是应该给予认真揭露和严肃批判的，但是这种揭露和批判必须首先承认他是一个包含着矛盾的活生生的统一体，而不要写成近乎绝对的坏。其二，对于占山这类人物既要着眼于批判，又要立足于挽救。我们反对在人物塑造中演绎政策，但又不能失去政策的风神。乔典运同志爱憎分明，对于占山及其同类型的人物的批判是尖锐的、辛辣的，但又让人觉得缺少了一点什么，总觉得作者还应更多地揉进一些挽救"失足者"的深情。其三，由于上述原因，小说对于占山的描写就摆脱不开作者强烈感情色彩的驱遣，有一些意念化,显得不够入情入理。比如他在选举会场对待何老五的不屑一顾的态度,就难以经得起推敲。在这种特定场合,他恐怕是应该收敛一些的。人物的活动不可能不受到环境条件的相对约束。于占山的形象还未达到严格的生活真实。据作者谈,他原来写到了于占山的某些心理波动,还让他递给何老五一支烟,后来又改掉了。这个更动是令人惋惜的。

是不是可以这样说,乔典运同志的创作要想达到一个新的思想艺术高度,需要完成一个新的突破,这就是正确认识和准确反映复杂矛盾和复杂问题,特别是要更为准确地认识和反映干部问题。

《夏夜,在小河边》对生活的反映是做了一定的集中概括的。但是我们又不能不承认,小说揭示的矛盾比较轻微,因而矛盾的解决也就相当容易。尽管作者非常注意挖掘矛盾的内在意蕴,但由于矛盾本身的限制,小说的思想意义仍然显得不丰厚、不深沉。虽然反映了一定的生活风貌,具有一定的认识价值,但带给人们的还是欢悦多于思考。正如康濯同志在回顾他从《我的两家房东》到《水滴石穿》的创作进程时所说的:"轻微的矛盾、斗争,不足以深刻反映生活及其发展、变化,也不足以从解决尖锐矛盾与争取艰难斗争的胜利的复杂过程中塑造比较丰富的新人。"(《水滴石穿》后记)这是十分中肯的经验之谈。《夏夜,在小河边》对人情事态的描绘是真实的,富有生活气息。但是,较之当前的农村生活的深刻变革和丰富内容来说,它的局限性也是很明显的,因此,它的代表性也是不强的,也就是通常所说的典型化程度不高。我们这样说,无意于苛求一位青年业余作者,而是意在表述向高处攀登的期望之情。愿反映农村生活的新作之花开得更娇艳。

原载《莽原》1982 年第 1 期

笑比哭难受
——读短篇小说《村魂》

阎　纲

读农民作家乔典运的《村魂》，真想大哭一场，哭"村魂"，哭那不成其为"村魂"的、可笑的灵魂。

张老七是个老农，他重诺，死心眼，服从变成盲从，笑话百出。他既正直又古板，既愚昧又忠诚——愚忠！

作品中关于张老七砸石子的描写非常有趣。石头到底砸多大合格，鸡蛋大？核桃大？张老七无条件地服从，要为村民做出榜样，一色的"指头蛋大"。他砸得手指红肿、手背出血，验收却不合格。信而见疑，忠而获罪，冤哉枉矣！大伙笑他，又敬他，最后瞒着他。他自以为得计，村人皆滑我独诚，世人皆醉我独醒，结果被死神请走，为历史嘲笑。

被历史嘲笑是因为被"上级"糊弄。

"听上级的"难道有错？但是"上级"错了呢？"上级"糊弄你怎么办？张老七的信条是"宁可他哄咱，咱也不能糊弄他呀"。典型的愚忠！愚忠是迷信的温床。个人崇拜酿成"文化大革命"的大祸，一个重要的原因就是中国农村、工厂、党内和知识分子里愚忠太多。"张老七卖了全队的人心"，多么令人痛心疾首！

张老七的砸石子让我想起阿Q的画圆圈，他画得何等认真！画得再圆又有何用，他早已被出卖。

阿Q认为既然让他画圈，就要做出能够画圆的样子。张老七认为既然要他砸石子，就要砸得非常合格。阿Q信奉"精神胜利法"。张老七恪守乃父临终遗训："当个人，死后能落个叫人家哄了一辈子的名声，也比落个哄了别人一辈子的名声好得多！"只能人哄咱，不能咱哄人。服从就是一切，服从上级是老百姓的天职。服从是首要的，其他微不足道；哪怕被愚弄到愚忠的程度，哪怕服从到了盲从的地步，哪怕牺牲群众的利益（牺牲群众他宁肯牺牲自己去补偿），也要对得起"上级"。在张老七的身上，连阿Q的"我手执钢鞭将你打"的那点"革命"精神也不见了。"君叫臣死，臣不敢不死"，唯"上级"之命是从，管它手指震肿、人一天天变瘦。在社会主义条件下，人民翻身做主人，主人却变成封建式的忠实奴仆；在共产党的领导下，干部是人民的公仆，公仆却变成愚弄人民的"上级"。这难道公平吗?《村魂》提出的问题深刻,振聋发聩,凡群众的"上级"应引以为戒,万万不能做骑在人民头上的"父母官",切莫颠倒主仆的位置。

张老七既令人发笑又令人同情,既被人尊敬又让人嫌弃。自以为老老实实替群众办事,却严重地脱离群众;忠心耿耿献身"上级",却为"上级"所不容;好心没有好报,最终成为假马列、伪革命的牺牲品。"很久以前"是个多么可怕的时期啊!建设四化的时代,需要革新家、改革者,需要敢于冲破传统势力、大无畏的勇士。实现四化必须告别张老七,尽管张老七曾经是我们的父老乡亲。张老七太多,"文化大革命"发动起来了;张老七太多,四化建设断然无成。

《村魂》在读者中有争论。有的同志认为把张老七奉为"村魂"不妥,此言有理。我们不能提倡愚忠,不能用感性的、道德的评价代替理性的、历史的评价,以至于把一个名副其实的"冤魂"抬高为"村魂"、民族魂。小说的最后,开大会表扬张老七的三段,纯属蛇足。

不论怎么说,一个废寝忘食砸石子的可怜农民的形象为我们提供了活生生的历史教训。乔典运写出这一点很难得,哪个大作家没有历史局限?

笑比哭难受,"上级"当戒!

原载《红旗》1985 年第 5 期

乔典运新时期创作略论

黎 辉

　　50年代初就已起步创作的乔典运,真正开始引人注目还是80年代,特别是《村魂》、《满票》发表以来的事。去年下半年,他的《怪梦》、《笑城》、《无字碑》等发表后,评论家们开始对他刮目相看了。早在1980年,评论家雷达就曾指出:"乔典运作品的最大特点,就在于他对生活有自己独特的发现……但他还不是一个成熟的、具有突出鲜明的艺术风格的作家。"(《对生活的独特发现》,载《奔流》1980年第4期)时隔七年,似乎可以修正后一句话的论断了。那么,乔典运小说的艺术特色、思想力度究竟何在呢?这里只作极简略的论述。

一

　　乔典运的外观给人以达观幽默、畅心开怀的印象。他的笔下,也不乏诙谐的人物、幽默的语言、足够的风趣和轻喜剧的笑料。然而,细读他的小说,我仿佛时时尝到一股揪心的酸楚味,感到了那纸背后正高频跃动着一颗因忧思负荷过于沉重而变得苦涩了的心。

　　显而易见,深切地关注我国广大农民的命运,焦灼地思虑农民的前途,是贯穿乔典运新时期全部创作的主线和中心。这种关注和思虑带给他的有欣喜和欢乐,但更多的则是沉重感,是无可排解的焦躁和郁闷。他笔下的"文革"年代,并没有太惨烈的场面、血淋淋的暴行、家破人亡的灾难,至少,没有具体的正面表现,但他笔下的空气却依然凝重得令人窒息。这是因为,他写出了那种高压政治空气下冷缩的社会氛围里必然出现的畸形人的畸形心态和畸形行为。愚昧无知、颠顶专横的"火眼左三"按照自己的思维惯性,硬把气象气球说成"定时炸弹",并对任何看法不同或怀疑者上纲上线,视为斗争对象。他竟然能压制群言,兴师动众,掀起一场轩然大波(《气球》)。在这种近乎闹剧的可笑事件中,不是包容着足以令人落泪的民族大悲剧的内涵吗?几乎性质完全相同的闹剧,粉碎"四人帮"数年后,又在一个小村子里重新上演,那里无事生非、无中生有地刮起了一阵极"左"的"旋风",也险些酿成大灾难(《旋风》)。不仅如此,乔典运还写出了另一种畸形人物：以自作轻贱、装憨卖傻来保存自己的人。《失眠》中的陈老松以"憨吃愁睡"、装"迷瞪僧"躲过了批斗。《还愿》中的任有法装憨卖傻，躲过了游街。《希罕报恩》中的希罕竟因变"憨傻"才得以成人。虽然，任有法、希罕的装憨傻多少也包含一点进攻的策略性，但毕竟是他们在民主权利被剥夺殆尽后一种走投无路的选择。更为可悲的是，这种不正常时期的不正常选择，竟然成了他们无意识的习惯性行为模式，即使在新时期，有领导撑腰、群众支持，希罕也未能摆脱憨傻而正常行动。

乔典运愤然而痛心地看到，虽然"四人帮"被打倒了，但是在一些地方极"左"思潮还在与封建残余意识结合在一起禁锢着人们的灵魂。例如这个大队，"别光看上级政策"，任什么事都还"全凭支书的嘴一张一合哩"！人们不得不违心地去拍他的马屁，甚至怀里"揣着状子来拍马屁"（《雪夜奇事》）。即使上级决心帮助农民，让群众行使社会主义民主权利，极"左"势力昔日的赫赫声威还在不少人心上投下浓重的阴影，竟使何老五们闹出"赤胆忠心保奸臣"的大笑话（《笑语满场》）。何老五遭到嘲笑和奚落并不完全应得，也不完全公允，他的满腹委屈、一腔苦衷，是不能不令人感到苦涩的。

不正之风的嚣张，已经使得某些地方、某些群体中美丑善恶等整套价值观念从根本上颠倒了过来，演出了一幕幕颠倒了的悲喜剧。在说谎成风的地方，张老七的真诚（当然还带有愚昧）便给他带来悲剧（《村魂》）。小草越是昧着良心谎撒得越大，得到的好处就越多，荣誉、家庭、入党、提干，一应俱全，一路顺风。当他良心发现、承认错误、说出真话时，不仅一切好处化为乌有，还被人当作了"神经病"（《怪梦》）。在一个"光吃粮不当差"的偏僻乡政府里，要替老百姓干点事的新任党委书记便遭到孤立和嘲弄。木书记不仅支派不动其下属，甚至不能进行正常的批评。他只能以近乎恶作剧的形式，假装酒醉，大骂那些蛊虫，以泄怒气，达到批评的目的（《乡醉》）。作者该是怀着怎样苦涩的心来讲述这令人愤慨痛心的故事的啊！

不正之风、不正常的氛围，是久压在乔典运心头的一块沉重的铅石，对于国家前途的思虑成了他难以承受的精神重负。这在中篇小说《从早到晚》里显露得异常突出。从大早醒来一颗心就紧紧地被烦躁所缠绕，并一直到深夜入睡都与之扭结不清。干部作风、干群关系、庸俗的事件、卑琐的人生、滞缓的生活、空虚的灵魂……更使他烦躁不堪。他翘盼霹雳般的震动，震动却杳无音讯；他渴望重大的变革，变革却迟迟未到；他想给庸俗以小刺激，被激怒的却是他自己；他为当年顶天立地的恩人来访而欣喜振奋，却因这人变得麻木卑琐而重跌入烦躁的深渊；他想交流，却没人理解……于是，只有烦躁不安、忧郁愤懑。

乔典运长期居住在山村，过着与普通农民相去无几的生活。他和乡邻们一起"经受了时代的风风雨而","尝尽了人世间的酸甜苦辣"。对于农民的生活和希冀他体味至深,对于农民的力量和弱点他感触尤切。这使他不能不时时为广大农民(也是为整个国家)的命运而担忧思考,为前途出路而焦虑不安,为农民因袭的精神重负而伤心叹惋。但是,他似乎想得太多而又视野偏窄,理智清醒而又受蔽不明,无可奈何又无法超脱。于是,他那颗心就老是被浸泡在苦涩之中。

二

新时期乔典运创作最突出的审美特色便是荒诞。

荒诞的实质就是极端的违情背理,是到了不可理解、不可思议地步的人和事。把气象气球认定为定时炸弹,而且居然无法纠正;一个工程师回家挑了一担粪,就被怀疑为越狱杀人犯,招致了大队荷枪实弹的民兵的围捕。这些事因果之间都带有常人不可思议的荒诞性。"火眼左三"颠顸专横得出奇,"旋风"惊诧得异常,也带上了荒诞色彩。忠而获罪,诚而得咎,实在不合情理,稍加夸张,现出极端,便会产生极强的荒诞感。从《村魂》起,乔典运沿着这条路子连续写下了《借笑》、《怪梦》、《笑城》、《无字碑》、《刘王村》等小说,多数都具荒诞性。

荒诞是一种超越,是实践主体在认识上的超越。在现代人看来,将奴隶与牛马一起买卖,上帝七日创世,跳神治病,"仙姑下凡"……都是荒诞的。现在的小学生看到电影上狂热的红卫兵,便感到可笑和荒诞;回首往事,我们也会对当年的"忠字舞"等许多狂热行为感到难解和好笑。这显然是认识上的深化和阶段超越;反之,对于缺乏科学知识、缺乏科学认识的人来说,则只会觉得正常而不会有丝毫的荒诞感。乔典运的小说审美的荒诞特色,是他对生活中某些貌似平常的现象实现了超越,发现其极端违情背理的结果。没有高层次的认识,是写不出对象的荒诞来的。对于当前生活的题材进行创作,尤其如此。

乔典运的小说中的荒诞与当代文坛上的某些荒诞作品,如《你别无选择》、《无主题变奏》等差别很大。乔的人物往往以真实的并不荒诞的行为方式干着本质上荒诞的事,而后者则是以荒诞的行为方式从事本质上未必荒诞的事。例如张老七和同村人砸石子、小莩周围人的言行、《笑城》里人们对"骗局"的态度、"刘王村"人的"讲良心",他们的处境、思想水平,都是正常的、合情理的。只是由于我们整个国家、整个时代与该小环境、"小城"形成的反差,才导致了整个事件的荒诞。《你别无选择》则不然,那里的人似乎都有点神经质,森森不洗衣服、不洗澡,李鸣不出被窝,小个子拖地板、擦功能圈,金教授上课吃花生米,"你别无选择"的箴言,贾教授的训诫,以及《无主题变奏》主人公的玩世不恭与心不在焉,等等,都带有荒唐怪诞的性质。然而,他们行为的目的,却是不荒诞的,是正当的,甚至崇高的。对于这样的荒诞,人们易于辨识,因为作者对人物行为的外在形态进行了夸张,是外在的荒诞。乔典运的荒诞则不然,他的夸张功夫在于特定环境下事件的因果关系上,以看似正常的人和事,显出事物本质上的荒诞。这是一种内在的荒诞,是真正高层次的荒诞,也是更深刻的荒诞。

三

乔典运是不大讲究细节真实的,其人物、事件都多少带有漫画化的倾向。火眼左三、旋风、四叔、王三赖、油嘴猫、国舅爷、铁良爷等,都属于性格单纯化的人物,即所谓"扁形人物",是非、善恶、美丑非常鲜明,而且加以夸张,被漫画化了。但是,它又让你感到真实,因为其社会内涵、社会风气、思潮、倾向等是真实的。因此,乔典运的现实主义是一种原则、精神,而不是与浪漫主义等对应的创作方法。

在我看来,乔典运受中国古代传统戏曲的影响颇深,其小说带有较浓厚的象征或寓言意味。张老七是一种美德共体的象征,他的死象征着一种特有共体时代的过去。何老五是张老七第二,他得到的一票,是人们告别过去时代时,理智选择与感情联系相抵触的象征。《刘王村》中刘老大为全村人做了好事,找到了生命之水,受到人们由衷的感激和爱戴。因之养成了要求人们必须对其感恩奉承的习惯,村民中也形成了有非议就是"不讲良心"、可恶的"背叛"的下意识。终于刘老大成了村人继续前进的羁绊,人们的热爱变成厌恶,真诚变成虚伪。这对于理解我们的历史,认识我们生活中某些封建残余现象,不是更有启发意义吗?《笑城》不就是一篇更富喜剧性的"刻舟求剑"的哲理寓言吗?

乔典运的小说往往故事单纯而抽象,有意舍去不必要的细节及复杂的社会网结,尽量突出故事本身所隐含的哲理性,突出事件形而上意义的辐射面。就是说,他有意收缩了事件具象的覆盖面而扩大了形而上的辐射面,从而依靠读者阅读中的审美联想,得到寓言或象征的意义。

四

我觉得乔典运在每篇小说上都写下了这样两句提示:"这是在读小说,请不必当真。"阅读其小说,也确有时而进入角色、体验情景,时而跳出旁观、与作者一道评点之感,而且似乎旁观、评点更多点儿。这就仿佛中国传统戏曲及布莱希特的所谓"间离效果"。

造成这种审美效果,是由于:其一,以很不严肃的方式、调侃的笔触写严肃的事,即以喜剧样式写正剧、悲剧,用漫画式的手法来表现。这样,明显高出作品中任何人物的境界,作者的主观品评态度浸透了人物和事件,也就拉开了读者与小说内容的距离。其二,小说叙述多,描绘与环境氛围渲染少,甚至没有。这就打消了阅读者身临其境的感觉。其三,小说刻画人物时并不进入角色体验,设身处地地替人物着想,渲染人物的感受。即使以第一人称叙述时,也时时以外在的价值系统去观照和剖析作品中的人物。《刘王村》中刘老大的一段段"意识流",流溢着对农民狭隘的居功自傲心理的讥讽和剖析。《无字碑》里一段段无名村民的"意识流",也无不流露着作者从先进世界观出发,以极冷峻的目光集中地对农民的种种落后意识进行批判。也许,与这种手法不无关系的是,乔典运的小说中基本没有正面英雄形象,极少有为他所喜爱、所钦敬、充分代表他的审美理想的英雄人物形象。

五

乔典运的小说最直观的特色,就是地道的农民化语言。

质朴,凝练,本色。他的小说极少抒情写景。句式多单句少有复句,句子一般很短。《无字碑》通篇是几字句、十几字句。句子中几乎没有形容词的定语、状语。他多用陈述而少有描绘,即所谓"白描"。所以,他的小说"土气",而没有书卷气的所谓"文采"。

乔典运用的是俚语、农民语,是农民眼界内的人和事。他写的事是普通农民所经所见所闻的事,人是普通农民,即使"局长"、"主任",骨子里也是农民。《从早到晚》中那个干部会前开玩笑的场面、会间厕所的对话、晚上酒宴时"卫局长"对"王主任"的回答——"这能是做原子弹?难学?……要连这都学不会还咋当局长哩!",都是普通农民能懂能说的话。《满票》中何老十落选后说:"干部又不是祖传世业,就是喝酒也该换换盅了。"这更是地道的农民语言、农民的推理和思维方式。

还有一种有意违反逻辑的说法。例如:"这个可怜的女人实话都说不好,还能说瞎话?……恩都报不完,还能负义?""我活了几十年,啥都学会了,就是贵贱学不会说瞎话。"如此等等,都是显然违背逻辑的话。然而,正是这一点令人与农民的木讷憨厚联系起来,从而使其显得格外合理可信。

乔典运的小说诙谐幽默的审美特征不限于语言,但语言无疑是极重要的因素之一。这也带有农民思维的特点。《刘王村》写当年北方农民式的庸俗化宣传:"光吃大米饭不中,那算啥社会主义,还得喝鱼汤才行。"《无字碑》中写农民们对古坟中人的盲目想象:"想到坟里的人,一定不学大寨,一定没吃过食堂,一定油盐成缸,一定不吃干红薯叶,一定出门就坐轿,一定有几个小老婆,小老婆一定长得很白、很嫩,和嫩黄瓜一样,掐一指甲就流水,一定……"把农民的狭隘、愚昧、粗鄙和无知都悠然写出,且于讽刺批判中含有作者忠厚的同情和怜悯。

六

众所周知,乔典运的一个特点就是从道德角度去开掘处理题材。又由于前述寓言、象征及戏曲化、漫画化的审美特点,他比较注重人物的心态、社会风气、倾向等本质的真实性,而并不注重人物事件外在形态的真实与合理。因而,对于具体社会状况的描写,往往显出某种矛盾性。譬如,从《希罕报恩》、《父子情》、《三百一十三个×》等篇看,"文革"的发生简直是莫名其妙,用铁良爷的话说:"感情是朝里出了奸臣,下边出了贼子?"全大队"三百一十五个贫下中农","三百一十三个"都公开起来反对,不知还怎么乱得起来!可见,"文革"实际上被表现为不可理解的"晴天霹雳"。然而,《村魂》、《满票》告诉你,张老七、何老十长期忠心耿耿执行的"左"的政策导致的农民的贫困和愤懑,以及那众人皆有的愚忠"村魂",才是"文革"灾难得以产生的重要基础。

因而,从社会学认识价值来看,乔典运的小说是缺乏科学借鉴意义的。它在外在形态上的随意性,决定了它并不是如某些同志所推崇的"现实主义典型化"道路。因为,它绝不会产生如恩格斯称赞巴尔扎克那样的作用。

早在1983年,王五魁同志在一篇访问记里就谈到乔典运的作品中缺少新人的问题。几年过去了,缺憾依旧存在。而且我觉得问题还不仅仅在于人物,还在于贯穿全部作品的色调。他的小说接触了许多问题,写了某些不正常的风气和现象,而且是敏锐而深刻的。他深广的忧患意识是极其可贵的。只是总体看来,也许他过深地陷入了悲观之中,使整个作品形成的系统缺少必要的亮色,抑郁似多于鼓舞和振奋。作为也许过于苛刻的希望,我想说:老乔啊,什么时候你才能使我们不再像你笔下的作家老王那样,"觉得格外疲劳,又觉得格外烦躁呢"?

原载《奔流》1987年第7期

论乔典运现象

孙 荪

小引

在近年喧哗与骚动的中国文坛上,我们看得多的是年轻新手的争奇斗艳,听得多的是中年作家的困惑浩叹。难道真的可以在创作上按照生理年龄的大小来划新旧,按照笔墨的土洋来分优劣吗?事情显然远远不是这样简单。

乔典运近年来的创作就是十分耐人寻味的现象。

这位一直生活在豫西南伏牛山区、年龄已越过中年最高临界线、惯常被称作农民作家的乔典运,近两三年连续发表了一二十个中短篇小说,以其对浩劫时期及劫后的农民心态以至民族灵魂的深刻恕握、大智若愚的情感态度、寓洋于土的表现方式,引起了广泛的关注和评价,堪与文坛上站在前列的作家相比较。我曾在一次创作讨论会上提出作为一种文学现象的"乔典运现象",起码具有如下的意义:

第一,在一批 50 年代起步的中年作家困惑和"低产"的时候,乔典运的创作却出现了"稳产高产",出现了他本人 30 年创作历程中的高峰时期。这对仍在困惑和徘徊的同行是一种鼓舞和鞭策。

第二,作为一直生活在偏远山区的农民作家,他在自己的作品中,以独特的方式闪现出现代色彩,不让年轻后生。他善于在自己原来的基础上进行广泛的吸收、融汇和创造,具有启示意义。

第三,乔典运的突破是摆脱农民意识、调整农民文化视角、改变农民思维方式的进步,换言之,则是乔典运由农民作家到现代作家的蜕变,是对自身局限性的克服,甚至可以说,它标志着过去某一种文学工作方式——比如从阶级观念出发人为地提拔和培训工农兵出身的作家——的结束。

第四,它表明中国的乡土文学创作正向着更高层次发展。

突破心理困境

　　古人金圣叹说过,大凡读书先要晓得作书人是何心胸。今人提出评论家要解读作品必须弄清作家的创作心境。有两篇东西可以看作解读乔典运心境的钥匙,一篇是短文《我的小井》,一篇是中篇小说《从早到晚》。它们把作家的心底坦露出来了。《从早到晚》以洋洋五万言实录了作家老王一天的行踪和心灵图像,以粗朴但却真切的笔墨活生生地表现了一位中年作家的困惑、忧虑,录下了他对自己灵魂的叩问,描画了一个被压扁、被扭曲、变了形的灵魂。这颗灵魂最要命的病症是人格萎缩,而这萎缩的突出特征就是深入骨髓的畏惧意识、自卑心理。小说对他有一段心理剖白:

> 　　他这个人命中注定是个悲剧角色,命中注定成不了气候。本来,他有许多材料可写,这些材料也有分量,他有创作冲动,想写。如果顺着情感奔流而出,也可能会打响。可是每一次冲动都被莫名其妙的害怕情绪抵消了。写矛盾,怕批评他是暴露;写光明,怕嘲笑他是拍马。创作需要勇气,他偏偏没有勇气,白白扔掉许多有用的素材,也白白浪费了不少宝贵时间。于是,无休止的苦恼折磨着他,达到不能自拔的境地。又怕受打击又怕失了人格,"怕"字把他压垮了、压扁了,压得变形了。

　　一颗不能主宰自己的灵魂,当然只能随波逐流。小说中有两个意味深长的细节:一是作家老王作为县人大常委会副主任参加县政府的会议,对于会上表现出来的浮夸、轻浮、形式主义、官僚习气等腐败现象,他在心里十分痛恨,但他表态时,却说出一套和自己的看法完全相反的奉承话。

　　二是他被卫生局局长拉去陪客劝酒,在酒席宴上要求上级派员增加划拨的款项。他本来十分讨厌这种勾当,但他不仅没有勇气拒绝;相反,以自己的特殊身份编造谎话使对方就范,把那勾当变本加厉地搞成了。

　　最动人的是作家老王自谴自责的痛苦声音。他本来是很看不起农民的落后的:"只要填饱肚子就啥也不想了。"但他终究觉得自己不比农民强,不同的是"自己多了点知识,有个虚位,脸皮第一,把心包上一层纸才肯拿出来罢了。他平常总以清白自居,但事到临头却是一边诅咒,一边禁不住同流合污。"在这种痛苦的自审中,这位作家向自己提出了一个尖锐的问题:"那么,自己在这生活的洪流中算个什么角色呢?他想找到自己,找来找去,终于找到了,原来是洪流中一片树叶,飘忽不定地随波逐流着,冲到哪里算哪里。"他以无情的自我解剖对萎缩的人格作了一个准确形象的概括。这在实际上就是自己揪出缠磨自己的灵魂的魔鬼。

我们当然不能简单地直接地把小说中的作家老王等同于作者本人。但的确,这些深入灵魂的刻画显然投注进了创作主体的真切体验。了解老乔几十年来的人生遭际就更会确认这一看法。老乔在《我的小井》中有一段听来让人揪心的自白:三十多年来,我一直处于生活的最底层,比当时的四类分子的处境还要差得多。因为,他们是死老虎,我却是一只半死不活的、时死时活的老虎,理所当然成为打击的重点。我承包了全大队的一切打击。以至于他们竟然当着我的面商量如何整治人,如何往死处整我。好人和坏人都不背我,他们已经把我当成了没有知觉的一块石头或一棵小草。在这种境遇下"磨炼"出的作家要恢复人的自主天性和张扬艺术创造精神,该是何等艰难的拼搏。当老乔深入体察和解剖被扭曲的国民灵魂时,他也许有一个极重要的发现:要寻找典型,自己就是一个。正是在这里,找到了突破困境之门。

按说,时代已经准备好了条件,头上的乌云已经散去,同辈作家已经走在了前头,他早该把这一层心理障碍搬掉,把萎缩了的人格调整为一种正常的健康的勇敢的作家心态。但是,这种调整不仅仅是个外部条件(这一点也不是没有问题的)问题,也不仅仅是个理论问题、理性问题,更重要的是作家内部世界的冲突,从感性的个体的特殊病症和创伤入手才能解决问题。有人说乔典运的一些作品表现了"众人皆醉我独醒"式的孤傲,我以为不然。乔典运操的始终是一把双刃剑——他在诊察农民灵魂的同时也诊察了自己的灵魂,解剖了别人也解剖了自己。这使乔典运在两个方面有了突破:把自己从农民中突破出来,从农民的政治意识、文化意识、道德意识中突破出来;同时也从原来的自我中突破出来,从被奴性意识所封闭起来的网和壳中突破出来。这两个突破使他获得了一个全新视角:既能够俯视客观的农民和社会,又能够冷眼旁观内视主观的自我。这个变化使他获得了一种融会贯通:小井和大千世界打通,个体的灵魂与民族的人类的灵魂打通。正因为此,他比和他有类似经历的作家"悟"得更"彻"些,其作品也比一些愤世嫉俗之作更深刻些。

小井中的大千意识

说起来,乔典运的小说大体仍可称作山乡的故事。无非是修渠筑路打井卖粮种庄稼选队长之类的家长里短,又无非是农民队长支书乡长局长书记之类的人物,绝无宏伟壮观狂风巨浪的场面情节,更无叱咤风云力挽狂澜的角色。乔典运自己说他的作品是"小井",也是真的,不算故作谦虚之词。但是,可贵的是,读着他的"小井",总会想起大千世界的种种图景,从而对社会、人生有一种总体的领悟感。

说实话,乔典运几年前的作品也是失之于太小、太实的。写小井就是小井,作品缺含蕴,乏宏旨,少超拔之气。但随着新时期解放大潮的推涌,乔典运忽然悟到,原来自己的一口小井也是一方世界,如道家说的"壶里乾坤大"。如他自己说的:"从小井里也能看到日月星辰,井里也有春夏间丛林绿染的倒影。"我以为这是小井中的大千意识。这一意识的获得使乔典运的创作起了一个变化,即写小井亦是写大千。

这既是乔典运创作思想上的一大发展,也是一个聪明的选择。乔典运以自己的痛苦的亲身体验对中国社会和这种社会条件下的人生有独到的感受和认识,对长期的历史积弊和历史转折时期的现实生活的阴暗面有着深沉的忧愤和忧虑。

在乔典运的笔下,也不乏直接描写大社会的笔墨,但更多的是在描写小井社会人物心态时用夹枪带棒式的牢骚、笑谈、反话、谐趣等闲笔捎带触及的。乔典运紧紧把定自己的写作中心区域仍是最熟悉的"小井"。

乔典运酷好缩龙成寸的艺术方式,把博大和高远凝聚在普通的常见的小的艺术载体之中,从而收到滴水见太阳、粒沙见世界的效果。

《借笑》中写了一个叫四叔的老农民,酷好听好听话,而假话好听,真话却常常犯忌,于是他深恶痛绝真话。在他大病的时候,忌讳说病,以至最终甘愿让假话哄死。这个真实生动的近乎寓言式的故事含蕴很深,引人无穷联想。那位老农民的心态和结局概括了一种时代现象,也是对人类弱点的剖示。《刘王村》中的刘老大为饥渴难耐的村民发现了饮马坑,找到活命水,办了好事,乡亲把他当作恩人,对他感恩。但刘老大从此把功劳当作资本,向乡亲讨不完感恩债,以至以神明偶像自居,接受朝拜成了习惯。于是恩情成了枷锁,成了阻碍人们进步的障碍,爱成了恨。刘老大身上凝聚着事物向对立面转化的无情铁则,而造成这种转化的根本原因是以小农式的浅薄的报恩意识为特点的封建主义,笼罩着这种意识的刘王村具有普遍的象征意义。

乔典运的许多篇什都在具象的微型的乡村家庭、农民"小井"中浓缩进整个社会、时代、民族及人类境遇,从而投射出某种具有象征抽象意义的大千世界的影像。这里最重要的是老乔善于把时代的精神气候、社会的典型心态和公众的普遍体验摄取过来,融入具体的文学载体中,作品所言极小,但含蕴宏富,凝聚力不小,自然就能释放出强大的艺术能量,给人以因小及大、由个别走向普遍的联想和启悟。这种大智,就是大千意识、哲学意识——一种在感情形象中自然生长出来的哲学意识。

灵魂病理诊断师

阅读乔典运的小说可以发现一个一以贯之的思路,即对造成民族灾难的极"左"路线和思潮所以能够长期推行的深层根源的追寻。他在农民的灵魂中找到了。

这也是一个逐步深入的探索过程。乔典运曾经把这根源归于个别品质恶劣的坏人身上,如运动狂"火眼左三"、专事造谣的"旋风"、趋炎附势的"活鬼"、迫害干部群众的"乱司令"等。但是,随着探索的深入,特别是对"政治运动综合后遗症"的考察,他发现仅仅除掉几个坏人并不能解决问题,根深蒂固的封建残余意识和已经成为习惯势力的极"左"思潮共同作祟所造成的人的灵魂的扭曲和变形,是远比个别坏人横行更加可怕的社会病灶。它既是极"左"路线推行的结果,又成为极"左"路线得以推行的原因。这是真正的隐患所在、隐忧所在。因此,要彻底地消除极"左"路线重新猖獗的可能,必须根本祛除这病灶,塑造健全的健康的现代国民灵魂。

标志着乔典运创作转变的短篇小说《村魂》,主人公张老七的悲剧是一颗没有发育成熟的老小孩式的灵魂的悲剧。张老七一生的人生哲学是两个字:真诚。"宁可人哄我,我决不哄人"是他做人的信条。相信别人,相信上级,是他做人的灵魂。孤立地看,这是一个品质纯粹无瑕的人,但作为一个社会人,又是一个幼稚得"掉了魂"的人。在极"左"造假瞒骗成风的社会环境中,他作为生产队长,无条件地不讲价钱不打折扣地执行上级的荒唐指示和要求,对群众只会带来更大的祸害,就他自己来说,起码是一种愚蠢。小说写了这样一个细节:公社修路让社员砸石子,代表上级的老王要求每块石子都要砸得像拇指头那样大小。几乎所有的社员都没按照要求来办,因为他们早已学会把上级那"讲得比铁还硬比钢还强"的话,听得"比风还轻比棉花还软",而老王也深知群众要打折扣,就故意把拳头大说成拇指头大。只有张老七一锤一锤把石子砸得像老王要求的那样,结果反而不符合规格。在这个故事中,欺骗和虚假的制造者固然令人诅咒,但是,张老七这颗愚忠到定了型的灵魂却引起人们的震动和痛苦。真诚是金子,盲目的真诚则是愚昧。这是一种没有能力把握世界也没有能力把握自己,以甘心受人驱使来求得心理平衡的弱者、愚者、幼稚者、扭曲者。愚蠢的忠诚和愚蠢的善良正好成为虚假和欺骗的牺牲品、工具甚至同谋者。

可怕的是,张老七之魂绝不是个别的特殊的现象,而具有相当的普遍性。

即使在政治清明、人民能够自主的历史新时期,作为真正的人的独立灵魂,许多人仍然没能"附体"。在《笑语满场》的何老五身上,保留着一种"赤胆忠心保奸臣"的愚忠,对"做官"的,哪怕是被群众赶下台的"官",仍存着一种直不起腰来的畏惧心理和讨好意识。尤其是《从早到晚》,对这种奴性的新表现作了入骨三分的刻画。贫农陈老汉当极"左"路线搞得他要饭时,他敢于仗义执言,但当他刚吃上几顿饱饭就满足到顶时,他意识深层中的奴性意识就开始恶劣地表露。原大队支书退居二线让其儿子接任,他居然认为这种封建世袭式的换班是天经地义的。对于这位接老子班的支书奸污妇女的恶行,他竟为之辩解,他不仅没有了原来的刚直,连起码的义愤和是非感都没有了,俨然一个恶势力的卫道士!我们在《冷惊》中还见到奴性更加触目惊心的表现。其中的人物王老五把挨整当作还债,不挨整就惶惶不可终日,挨了整才能心安理得。挨整成癖,多么可怕的社会病症!连续不断的整人运动,使人的灵魂变得麻木起来以至习惯地把挨整当成自虐的方式了。病态的时代造就贾桂式的灵魂,跪习惯了站着反而不自在。这也是契诃夫笔下的小公务员式的灵魂,不挨一顿骂就不舒服。作为一个生命的个体,人格的萎缩已到了让人可怜的地步了。

乔典运敏锐地探察到这种奴性意识在不同人、不同境遇下的不同表现。还有一种情形是,对上是奴才,对下是主子。换一种位置,则顽固地要求别人对自己表现出奴性。比如《借笑》中的四叔、《刘王村》中的刘老大,一个为一家之长,一个为村中偶像。他们固执地要求周围的人都以他的意志好恶为转移,看他眼色行事,把人们对他的恭维、奉承和逢迎作为维系生命的支柱,甚至甘愿被哄死。这是奴性意识的另一面。

对别人的和要求别人对自己的愚蠢的善良、愚蠢的忠诚,是缺乏自觉的人格意识和独立的个性主体的典型特征。我们通常说的愚昧,除科学文化知识的缺乏以外,更为重要的应指这种灵魂的或精神世界的状态。如前面所讲,这种老小孩式的没有发育成熟的灵魂的普遍存在,也许是我们民族不能大步前进而常常出现大的曲折的根本原因。改善我们民族的人格素质,培育个性得到充分发展的有独立意识的现代灵魂,是实现现代化最重要的任务之一。

这是乔典运在他的小说中反复呼唤的主题。廉价的颂歌和揭露弊端的愤激之作给了我们更加深刻的启示。

寓洋于土　朴中藏巧

乔典运在新潮奔涌、花样翻新的文艺情势下,始终坚持独立的艺术追求。

乔典运1983年以前的小说，大都收在《小院恩仇》（花城出版社，1984年）一书中。这些作品大体是传统的写实手法。最近几年的新作，粗看也还是用原来的白话方言讲述山乡发生的情节单纯、人物关系也不复杂的趣闻轶事，似乎没有明显变化。但令人惊异的是，何以在浅近、平易之中有那样深厚的底蕴和耐人咀嚼的魅力呢？细分析起来，从叙述的角度、文体、结构、语言、表现手法，都大大丰富了或者说突破了他原来长期坚持的现实主义的传统框架的习惯手法，生长出某种现代色彩。

乔典运在艺术上的变革不是如一些年轻作家那样把形式的考虑放在首位，他还是以内容变化带动形式的变革。当他从新角度表现乡土和农民时，他发现原来手中玩熟的一套不够用了，他悄无声息地把需要的新招数，诸如荒诞、象征、寓言、童话、隐喻、梦幻、意识流、纪实、实录、黑色幽默等等，都拿过来派上用场。乔典运的根基是现实主义的写实手法。他没有抛弃这个基础，他的小说仍不乏生动的故事和富有个性的典型人物。但他不是到此为止，而是追求一种超越，即在个别的有血有肉的具象描写中获得一种普遍的富有更大概括性和普遍性的抽象。他对笔下的人物不再是精细入微的形象刻画，而是更着重精神特征的捕捉。人物更具有符号的意义，主人公的名字常常是信手拈来的最普遍的标号，诸如张老七、何老十、王老五、刘老大、王三赖之类，其地域特征、阶级特征几乎不再顾及。因此，最终凸显的是农民或者国民乃至人类的共同的心理的精神特征。作品的总体内涵增大了，概括力和凝聚力都增强了。

与此紧密相连，小说的结构也由原来的以故事情节的发展过程或以人物的生活历程为框架的结构方式，变为新的多样的结构方式。比如他常常采用一种心理结构和哲理结构，故事情节被简化，把情节过程纳入心理框架，融入意识的河流之中。如《刘王村》写刘老大深夜听见邻居王三赖"咣嚓，咣嚓"的打井声，气了一夜，胡思乱想了一夜，自言自语啰唆了一夜，小说就以八次出现的"咣嚓"、"咣嚓"声为契机和联结点，把王三赖打井和刘老大找水两条线索纳入刘老大"胡思乱想"的心理活动中，生动地呈现出一个顽固地制造个人崇拜的人的心理轨迹。《无字碑》的结构是一种哲理结构。碑由有字到无字再到有字，一种人或物的价值由被认识到不被认识又到被认识，这种沧桑变化的过程含蕴着历史和人生的哲理。复杂的过程被简化为小说中的三阶梯，成为小说结构的三个板块，好像用重复排比的修辞手法写成的诗章，在重复和对比之中，推动人们理智上的感悟。结构的简化，造成了哲理意识的强化。

谈到这一点，不能不注意到乔典运在小说中表现的荒诞感，甚至可以说乔典运有相当自觉的荒诞意识。对他来说，这种意识主要不是来自西方的哲学和文学书籍，而是来自亲身经历的现实生活。这同他的忧愤情结是同源的，还与他的悲剧意识紧紧相连。当他在现实荒诞面前感到沉重的压抑和无能为力时,在他的笔端就流露出这种感觉。乔典运在诊察农民灵魂中的奴性痼疾时希望能够引起人们的惊警。文学中的荒诞是强制刺激、强震荡,所以他又自觉地运用荒诞手法来强化这种效果。有时是在生活事实基础上进行延伸和夸张;有时是从心理真实出发对生活事实进行变形,重新构造和组合生活秩序;有时则是寓言隐喻结构。我们注意到乔典运的小说常常写到死。四叔爱听假话被哄死;春姐因为长得美无法摆脱干部的纠缠而毁容,最后夫妇一起投井而死;何草因说假话而愧悔以至发疯跳崖而死。这种推向极端的荒诞,常常产生现实主义写实手法难以达到的撼人心灵的效果。

在乔典运的小说中还可以看到黑色幽默的特色。幽默是他的小说早就具有的,但在过去,他的幽默是一种温和的喜剧式,适度的夸张和巧妙的对话,主要用来增强生活和艺术的情趣,大体是农民式的机智反映。但近年来乔典运利用了历史转折时期的巨大反差,以现代文明的觉醒和高扬作为虚化的背景,把愚昧落后的具象的世相心态作为凸现的对象,造成有强烈对比意义的宏观幽默情境,调动了读者的优越意识,引发出否定批判的意向。特别是他发挥写实的特长,与夸张手法相结合,创造有典型性的幽默直觉造型,把小幽默情趣化为幽默形象。比如《乡醉》中的木易佯醉,这是一种生活的自然形式,也是作家的心理形式。荒诞变形的心理形式找到了荒诞变形的自然形式,二者对应同构,联系凝聚成出色的情感直觉造型。老辣、冷峻、荒谬的宏观情境,不合理的小方式,病态社会状况下的病态方法,与其说表现了木易的机智,毋宁说表现了木易的无能,更毋宁说表现了社会风气特别是干部作风腐败的严重程度。如果把乔典运的这类作品和段荃法最近的《天棚趣话录》相比较,同具幽默特色,同是揭露灵魂病症,但一个辛辣、一个温婉,一个尖刻、一个圆通;同是笑眯眯,一个让人笑得开心,一个让人笑得发怵;一个具有现实主义色彩,一个具有现代主义色彩。

提到乔典运小说中的幽默特色不能不谈到他的小说语言。乔典运的语言好像获得了一个新的解放,自由度大大增加。与一些作家回归"五四"时期的夹杂着文言的白话体以求简练陌生不同,他追求更加彻底的口语化,以一个拙口笨舌的乡间喷闲话人的口吻讲述他的故事。重复、排比的修辞手法大量使用,把精练的规范的书面语言"化"开了。旁敲侧击、夹枪带棒的闲言碎语,把生活的原态连根带棵加上泥土露水端了上来。大量的短句子、无主句、反问句、设问句、粗俗的比喻、土得掉渣的格言,使得语言的规范度降低了,但弹性增加,容量增加,味道增加,力度也增加了。这是对规范的白话文的一种反拨。反拨带来了某种陌生感。这种极浅的大白话和深刻的现代意识相结合,是一种富有特色的创造。拙嘴笨舌说话的人正是大智若愚的智者。

就是这样,乔典运好像不费什么手脚就把洋玩意儿拿来为己所用了,而在我们读来,几乎不大注意到他在搬弄洋玩意儿。他在艺术的总体上达到一种寓洋于土、藏巧于拙的境界。一是在总体的人生体验上找到了和西方现代意识相通的东西,又从自己的感受出发找到了艺术感觉;二是从自己的创作需要出发借来"他山之石",不是为了追时髦而炫耀或摆谱。

综观乔典运近几年的创作可以看出,他在进行一次比较全面的调整,尽管从格局和层次来讲,都还不算很深很大。他作品中的否定性形象的丰富内涵尚未得到充分的开掘,作家的理想寄托物还没有找到,对于时代的辉煌方面表现得还较弱,不少作品的艺术品位还不高,他的创作之路还只是迈过宽阔和渊深的最初几个里程。但他的突破却带给文坛一个重要的信息:50年代走上文坛被称作农民作家的一批中年作家仍然有着巨大潜力。这里关键是在思想上和艺术上实现对农民和自我的双重超越。乔典运的根本启示意义正在于此。正是这种一定程度的超越,使他的观察角度和表现角度都变了,获得了一种君临苍生和俯视自我的优越地位,创作主体和客体之间发生了一次分离。这种分离使得作家对农民的政治态度和审美态度由"打成一片"到拉开了距离,不再简单地同呼吸共命运爱其所爱恨其所恨,不再一味地美化,有意识地回避其弱点、缺点、劣根。作家好像有一种"出离感",换了一副陌生的眼光来重新审视熟悉的生活。于是,在意识上已趋于定型化了的硬壳发生了"爆破",一种随手可取却熟视无睹的写作源泉被发现了,于是乔典运的创作迈进了新境界。

这不仅是乔典运个人的特殊现象,它显示了中国乡土文学创作的新突破。有人分析过中国乡土文学的文学视角变化的怪圈,认为从鲁迅到赵树理,从外视角到内视角,即由用不同于农民的现代眼光来观察农民到回到用农民文化所习用的农民意识眼光来观察农民,这是一个怪圈,而且是一种倒退。我以为这不能简单地判定为倒退,其中最重要的是现代内容的不同要求作家变化眼光。应当说既有退步,也有进步。80年代中国文坛的这次调整,重点以现代眼光观察农民,其思想渊源主要是对"五四"时期鲁迅思想的承续和发扬,同时也是在赵树理基础上的扬弃和发展。它开拓着中国乡土文学新的发展前景。

我冒昧地说,乔典运现象告诉人们:随着调整和更新的全面和深化,所谓农民作家,将只在考察他们的出身时才用得上了。真正画出民族之魂、写出人类生命之曲的大作未必不出自他们之手。

原载《创作评谭》1988年第2期

艰难的选择
——关于《村魂》《满票》的一种主观阐释

王 舟

忘记是谁说过——美是难的,艺术欣赏就是对困难的克服。确实,当我们徜徉在艺术的街头,力图穿越作品表面的符号层而把握其中内在的含义、价值和美学意蕴时,坦率地说,并非是每次都能如愿以偿;相反,却常常会陷入迷惘、惆怅和一筹莫展,甚至会寻到一片沼泽中去。

文学是人学。说到底,艺术的复杂性和矛盾性根源于人的复杂性和矛盾性,"研究文学"最终乃是"认识你自己"的同义语。人,既不是一个单纯的利益系统,又不完全是一个精神生灵,而是一个灵与肉的有机复合体。自我生存是生命的本能,而超越生存又是人生的精义,人的历史其实就是生命与精神相互补偿的过程,也就是"生命的精神化"或"精神的生命化"的过程。不幸的是,生存意识与超越生存的渴望,作为人生的两种基本倾向,在现阶段还往往难以和平共处于我们的生活和意识之中,在更多的时候,它们成为导致人生互相排斥的两极,更为重要、也更为基本和更为深刻的是,它使人分裂为互相冲突的两个片面和两个自我。这种分裂,使生活成为一幅无法认识的图像,在其中每个人既不认识别人,也不认识自己——我是谁,我是什么,我从哪儿来,要到哪里去——诸如此类的问题,从来就是人言人殊,见仁见智,而未有一个统一的解。于是,存在主义认为:人生即选择。但是,在一个受到伪价值严重污染的语义环境中,选择必然是一种舍弃,必将带来一种片面、一种局限、一种狭隘和偏激、一种遗憾和痛苦。不是吗?市侩是一种选择,他们追求真——只相信看得见和摸得着的,在对一个异己力量的贪婪攫取中寻求自己的价值。教士也是一种选择,他们追求善,在对一个并不存在的彼岸世界的追求中漠视现世的人生。如果说市侩和教士之间尚有相通之处,那就是:他们都通过使人的某一方面受到抑制或压抑而使另一方面得到放纵或张扬。艺术则不然,艺术与宗教、哲学等等的区别点就在于它能在异乎寻常的程度上调和相互对立的冲动。艺术——美,是人类一种理智与情感的协同知觉,是多种心理过程的综合统一,是生命与精神、理智与情感、肉体与灵魂的双曲线。

如果说,在以前文学一直被人们视作一种主题(或倾向)的独白(席勒式的)

或暗示(莎士比亚化的)的话,那么,随着整个文化背景的转换,今后它将裂变为人生两种基本倾向之间的对话,一种是类似物理学中叫作"佯谬"的关系,一种是智慧的辩证活动。

由此看来,艺术问题的全部复杂性可以归于一点——其中许多形象、观念和情节具有矛盾的规定。在真正的艺术里,事情常常构不成简单的肯定否定、非此即彼或抑此扬彼的关系。欣赏艺术的困难往往就在于对任何一个美学命题的肯定表述,都必须用另一个正相反对的否定命题去进行补充,反之亦然,表面上互为驳诘的见解实际是相互依存的。

乔典运的《村魂》和《满票》,就是两个这样的难题。

确切地说,《村魂》与《满票》并非难在让我们感到无话可说,不,恰恰相反,这两篇作品难就难在它们充满了触发思想的张力——人们可以在许多不同的甚至截然相反的意义上谈论它们。诸如:

——谁是《村魂》中的"魂"?张小亮的求实精神,还是张老七的道德模式?

——主题安在?是想表明"观念更新的任务还相当艰巨",还是提醒我们"倒脏水时不要连孩子也泼出去"?

——再者,《满票》中何老十明明只赢得一票而标题为何偏偏要叫作"满票"?另外,何老十的这一票究竟是谁投的,王支书、张五婆……或者是"极'左'路线的幽灵"?还是人们那尚未完全泯灭的良心?

总之,大到作品的宏旨,小到每一种情思、每一个细节,都似乎是一个魔圈、一个套子、一个智慧的陷阱。

这两篇表面上朴拙得近乎木讷、单纯得近乎瘦瘠的作品,何以竟能容纳这么多读者的"放置物"呢?

是不是人物的缘故?文学史上并不缺乏这样的例子,比如《奥勃洛摩夫》,比如《红与黑》,虽然这些作品的情节并非扑朔迷离,结构也算不得特别复杂,但都因为其人物多样统一的内心世界和异常深厚的性格蕴涵给读者留下了无穷品咂的余地,而几臻于难以达诂,成为文学史上长期磨砺人们审美能力的恒在难题。

可是,似乎张老七与何老十又万难与于连们划为一类。他俩都是农村的基层干部——一个是生产队长,一个是生产大队长,都曾掌管过百把人或上千口子的粮秣财文和生路活计,并且从办农舍一直干到四化建设的新时期。按我国农民坎坷崎岖的历史命运而论,他们确实可以演绎出"半个鬼——魏天亮"那般一波三折的戏剧,或生发出"活鬼——侯七"那样令人一咏三叹的故事。可是,生活却偏偏把他们塑造成为另一类,他们忍受了几十年肉体和灵魂的痛苦熬煎,充分发挥和坚定执着地扩张的只是两个字——诚实。他们古板、正直、重承诺讲信义,嗜诚如癖。他们惹人爱是因为诚实,遭人怨是因为诚实,招人怜是因为诚实,被人耍是因为诚实,一度得宠是因为诚实,终而见弃还是因为诚实。因为诚实,而对一己私利了无兴致;因为诚实,而对骨肉亲情漠然淡置,为了宽慰众人,可以牺牲一条腿。最终送了命,则又是为了以心见心,把人看作人。"别人糊弄你怎么办?"曹操说:"宁可我负天下人,不可天下人负我。"而张老七却说:"宁可他哄咱,咱也不能糊弄他。"一正一反,都几于登峰造极了。相形之下,说张老七与何老十是"愚忠"、"蒙昧",称他们为"自痴"、"傻子",也许并不过分。

但是,当我们听到张老七教育儿子"要把人当人看"时,当我们听到他说"当个人,死后能落个叫人家哄了一辈子的名声,也比落个哄了别人一辈子的名声好得多"时,我们还会笑他痴、笑他傻吗?说实话,每每读到这里,我倒是很为了自己那点"小世故"而感到汗颜、羞愧和无地自容呢!

正由于我们身上都有着一种被称之为"成熟"的"小世故",张老七和何老十们的境界就被映衬得太高了,甚至高到了其心灵难以和现实产生律动的地步。或许,是他们对现实理解得太深刻了,深刻到对现实再也不屑一顾的程度。不是吗?从表面上看来,他们似乎是"相道之不察","行迷之不悟",愚性十足。但是实际上,从另一方面来看,也是他们那种无法"与世推移"、"淈其泥而扬其波"的思想性格,使他们不会随波逐流。他们的苦难是因为他们选择了苦难,他们的失败也是因为他们选择了失败。在"滔滔者天下皆是也"的生活河流中,他们是真正清醒的泅渡者,而不是毫无主张地被潮流卷裹着走。于是,他们的诚实往往因不合时尚而显得幼稚乖张、滑稽可笑——一个严肃沉重的悲剧内容被包裹进一个近乎戏谑的喜剧形式之中。

一方面是傻子,一方面是圣者;一方面是戏谑的喜剧,一方面是沉重的悲剧;一方面是充当笑料的丑角,一方面是支撑六神的村魂……这些相互悖反相互矛盾的因素到底应该在哪一点上统一起来呢?

这就产生了审美过程中的错位状态——在阅读《村魂》和《满票》时,我们的观念判断与我们自身的情感之间常常发生对抗与冲突——张老七与何老十,作为一个道德模式,在排除掉过分功利的考虑之后,我们的情感会乐意接受他们;而作为一个实际生活中的人呢,我们的理智判断又感到他们让人难以接近。这样就导致了我们观照作品时的矛盾心理——一方面我们为他们所吸引,而另一方面我们又对他们加以排斥和拒绝。

问题在于,这种错位状态和矛盾心理只存在于审美过程中吗?它是否存在于我们的日常经验和日常意识之中呢?这才是尤为引人深思的。

《满票》对于人们来说,近于一种向何老十的告别仪式。但我们却不必因为人们都在忙着与何老十告别,而轻率地把他们之间那种深深的眷恋之情完全否定掉。何老十不是那种飞扬跋扈、鱼肉乡里的人物,他在何家坪的老老少少之间并不缺少爱戴和敬重,这种感情一度曾经是真实得令人无可置疑的。但人们为了实现个人的物质愿望的可能性引起的骚动不安同样真实得令人无可置疑。这是一个一开始就存在着的、植根于人们生命意识深处的、无可摆脱的矛盾。只是,在历史使人们的命运出现了新的转机,在人们对生活重新作了功利性的算计之后,人们对于温暖但不实用的情感的依恋便逐渐被对物质的崇拜所代替了,围绕着何老十的那股矛盾的离心力终于超过向心力了。富于戏剧性的是,率先与何老十决裂的竟是他舍生忘死从滔滔洪水中抢救出来的干儿子。那是在张小成被"割尾巴运动"罚了款而无款可罚的时候,何老十来了,从褴褛的衣袋里掏出五十元钱。货币虽然是商品等价交换的媒介,何老十却并没有想用它为自己交换些什么,或者说,他压根儿决不会想到,这反而催化了小成思想中的反抗因素,并且煽动起一种仇恨自己的情绪——"啥玩意,还当大队干部"。更为令人惊诧的是,这股情绪急剧地发展和扩张,最后把父子之义、救命之恩、周济之情统统给否定掉了——"……他想救!哼,稀罕他救"。

这一切,引起了我们什么样的感情波动?痛惜?同情?愤懑?谴责?难道在这些背后没有掺杂着些许的沉思和感悟:倘若在我们的生活哲学中,始终延续着"安贫乐道"、"穷而心安"的旧观念,始终拼命地贬低物质财富的意义与拼命地夸张贫穷的好,而不能出产更多的物质文明供人需要;倘若何老十那种诚挚的感情始终不能满足张小成个人愿望中的合理成分,那么,他那套"理根就是一个穷字"的空洞无物的说教,又怎么能够说服、吸引、束缚住他——张小成呢?

所以,你很难说张小成的选择是完全不合理的,它的确潜藏着对于极"左"政治的一种反抗,表现出对一种新生活的渴求。但你又很难肯定张小成的选择是完全合理的,因为他毕竟不应该在藐视贫穷时也藐视处在贫穷的条件下益发显得可贵的"扶贫济危"和"两袖清风",它毕竟不应该在否定痛苦生活的同时也否定痛苦生活中的患难之情,否定其中的诗意和人性美。

何老十们所具备的,正是张小成们所没有的;张小成们所有的,又正是何老十们所不具备的。

当我们处于张小成(或《村魂》中的张富胜等)这样一种精神状态的时候,就不可能对人的价值有全面、正确的理解;而当我们处于何老十、张老七那样一种精神状态时,就不可能对社会有实用的、有效的认识。

不是吗?张老七和何老十不缺乏纯正无邪的意识、正直善良的态度,他们竭力追求的是一种正直和公正的事物。然而,他们的认识不是以真实的情况为根据,而是以自己的愿望为根据,因而,他们不能真实地说明生活的复杂性,却总是因自己具有人的良性而心安理得,陶然自乐,独立自足。他们总是把世界、生活和他人理解成公正和善良的样子,却不能把公正和善良变成普遍的现实。所以,他们不能和现实发生有效的关系;相反,他们受到现实的玩耍和捉弄——他们一旦行动,就是在开始违背自己的初衷,而行动的客观效果,常常是为虎作伥、助纣为虐。因此,他们得到的仅仅是一连串的碰壁、一连串的耻辱、一连串痛苦的日子和一连串失败的记录。

相反,从常识的观点来看,《满票》中的张小成和《村魂》中的张富胜并不代表至善的力量,他们在作出判断的时候,是是非非只有一个衡量的标准,那就是自己的一己私利能够得以实现的程度。他们的这种见识,无疑会使人们丧失纯朴的善良和天真,但这种丧失,却因为同时也丢掉了某种偏见而获得生活的另一方面的弥补。因此,无论你多么看不惯他们的所作所为,但你总得承认:他们虽然是为了追求自己的私利而活动,但在客观上却某种程度地满足了历史发展的要求——"琐碎的个人欲望中"包含着一定的"历史潮流"。

这真是一个合理与不合理紧密胶合在一起的矛盾。

更为要命的是,它们之间无法沟通——难以调和或折中。

于是,我们不得不面对这样一个令人啼笑皆非的现实——当张老七、何老十们成为正剧的时候,张小成、张富胜们却成为悲剧;当张小成、张富胜们成为正剧的时候,张老七、何老十们则又成为悲剧。

因此,我们承认,从思想分析的角度来看,《村魂》和《满票》有许多相悖之处:一方面,它们同情张老七,同情何老十,在审美选择中更依赖于"传统"一些;另一方面,它们也不冷淡张小成、张富胜,希望在变革中寻找社会理想出路,用矛盾交织成一个难解纽扣。但你也得承认:艺术的奥妙就在于"在……之间"。艺术现象从来就有其复杂性,思考一旦进入了人的领域,自身也往往变得矛盾。正是这些"矛盾",才使得艺术更成其为艺术。

所以,读《村魂》和《满票》,首先应着眼于这种矛盾,着眼于两种心理的冲突,着眼于作者主体意识的分裂,而不能一心只想从中分析出一个贯穿始终、首尾一致的中心思想来。"知性不能掌握美",艺术作为人类心理活动的轨迹,是不可能用思想分析的方法完全说清楚的。事实正是如此,那些关于《村魂》有怀旧情绪的批评,和说《满票》是一曲改革的有力颂歌一样,都不免失之谬误,败之偏颇。

所以,我常常觉得,使我感到沉闷和憋气的,并不仅仅是作品叙述了这样一个严峻的现实——人们在心灵沟通上的软弱和无力,又不完全在于它们提示了另一类性质的矛盾——历史的进步和人性的进步之间存在着一个不等式定理,也不完全在于它们披露了人的命运与正直、诚实、善良、慈爱的普遍原则在现阶段还不能完全相容。虽然这些也常常惹得我心灵为之战栗,但是使我感到火烧火燎般焦灼的绝不仅仅是这些——只在于作品对生活的自然形态的描绘中，客观存在是一回事，怎样看待和评价这些存在是另一回事，使我忧虑的与其说是作品自身，不如说是来自作品之外的某些议论。

是的，正是张老七与何老十那诚实善良的灵魂所遭受的舆论的粗暴拷问，比如，被认为是一种变革的阻力，乃至是在用木刀子杀人等等，使我感到不安和焦心。

这就牵涉到在经济变革的今天，究竟应该怎样看待和评价道德与经济的关系这样一个一直困惑着我们的问题。当然，这是远非三言两语所能够"利索地"加以解决的事情。然而，我们又不得不冒险地触及它，否则，刚刚从一种畸形中挣脱出来的生活将会重陷入另一种新的畸形中去。

我承认，人们从事一切活动的内驱力来自他们的自私和贪欲，承认"当人们说人本性是恶的这句话时，是说出了一种更伟大得多的思想"。因为我无法否认这样一个事实——恶确确实实常常是历史发展的动力。

也许正因为如此，我们已经习惯了用一种社会历史评价取代艺术的道德审美评价，习惯于把"进步"、"倒退"、"文明"、"落后"这类社会历史判断简单直接地对应于美学判断中的"美"和"丑"了——"恶"成为"恶之花"，张老七与何老十的那种诚实似乎理所当然地被看作一种保守和愚昧。

其结果是，在描写当代人、当代性格的作品中，我们已经很少能够看到忍受了几十年灵魂与肉体的痛苦煎熬而依然锲而不舍地追求着一种正义和人道的冉·阿让；很少能够看到不懈地追求一个永远不可企及的梦境，为此"可以而且应该牺牲生命"的唐·吉诃德。对于他们的高尚，我们斥之为天真，而对于他们的天真，我们又斥之为呆傻。在我们时尚的文化中，他们那种对于形而上的苦苦追求已不再那么为人注目，而时髦的是对于实用主义的奉承和谄媚。当然，我们也追求，但不是追求一种超验的形而上的精神渴望，而是追求凡俗，追求的目的，从根本上是为了满足那点可怜的口腹之欲。这么一来，在时尚的艺术理论中，对于张老七、何老十们的那个世界，便只能持有一种漠视、鄙薄、嘲笑、否定甚至是批判的态度了。不如此，仿佛就不能对现实生活作出具有当代意识的反映和描绘。

但是，我们是否也应该想一想，我们取得了巨大的进步，但也付出了巨大的代价；我们在不断地得到梦寐已久的东西，又同时丢失着许多弥足珍贵的品质。自私和贪婪确实能刺激经济的增长，但同时也生产着隔膜、对立和仇恨，而且还源源不断地繁殖着人的自私和贪欲。这种必然伴随着倒退的前进、伴随着荒谬的进步，真的就是进步和前进吗？进步的含义到底是什么呢？一个过分实用的、把全部精力和神思都用来为肚子服务的类族，怎么会超越动物世界的生存困境,而创造一个新的世界——情感和价值的世界呢?

或许,我们应该这样聊以自慰——狂热地追求经济的增长,确实会带来人类某种暂时的倒退。但这是一个基础,只有经过这个为发展而发展的阶段,才能过渡到一个更为高级的、充分自由的、人属人的社会。我们之所以否定张老七和何老十,不是因为他们不符合人类的目的,而在于他们不符合人类进化的一个中介。不是吗?比如:"魏晋时代士大夫和知识分子中所流行的那种否定礼法、超然象外、崇尚清淡、飘逸洒脱的文化精神……从而最终酿成一败涂地不可收拾的数百年亡国局面吗?"

对这种舆论我常常持一种怀疑的态度。不错,我们的历史上确实有过老庄的崇尚无为、超然物外的文化精神,有过竹林七贤、扬州八怪的洒脱不羁、飘逸高蹈的优雅风度,但这些有没有成为我们民族精神的血脉是很值得怀疑的。我们的传统是儒教,所谓"半部'论语'治天下"是也。而儒家思想盲目地拒绝一切神秘和荒诞,排斥一切未知和超验,是一种封闭性很强的实用理性结构。"子不语怪力乱神","未知生,焉知死",还有,把"诗"变成了"经",把"关关雎鸠"说成是"后妃之德",把"夔一足"解释成"夔者一而足矣",是儒家封闭性、实用性的典型表现。我们民族精神的传统中之所以多匠气而缺乏科学精神(有人已指出中国古代只有技术史而无科学史),就与这种实用理性有关,就在于当肚子与心灵发生矛盾的时候,我们往往只注重肚子而不顾心灵,就在于我们很少能够超出功利的需要去听、去看、去探索、去发现。相反,西方几百年经济的稳定增长,却是以文艺复兴,以对人、人的价值的发现和肯定为基础的。正是因为有了某种程度的对低层次需求的超越,才有了对看不见摸不着的亚原子世界的探索,才有了爱因斯坦的超验的四维时空观念。这种差异表明,情况似乎并不是这样——我们如果只处理我们所迫切需要的物质问题,人类的其他问题就会自动得到解决;相反,人的问题处理不好,经济也往往难以有大的发展。

我感到,在我们记住了马克思主义经典作家们关于"恶"的某些肯定论述之后,有必要再去读一读他们的另一些观点。比如,马克思关于"富有的人"和"全面的人"的理论;比如,马克思关于"资本主义与诗歌相敌对"的判断;比如,马克思关于资本主义仍属于人类社会的史前时期的看法;比如,马克思关于人在物质生产领域中永远不可能达于自由的境界,人属人的领域只"存在于真正物质生产领域的彼岸"的观点。读完这些之后,我们还能把《满票》中人们对何老十的依恋之情,把《村魂》中村民们关于张老七是"村魂"的呼喊,看作是一种失误、败笔、画蛇添足或狗尾续貂吗?至少,我们将不再迷信经济,就像不再迷信道德一样。我们在发展经济的同时,也应该考虑一下人性的发展;在承认真与善对立的同时,更应该致力于谋求真与善的和谐——美这一人生的至高境界。

当然,我们可以摆出一副学问家的面孔,一一指出乔典运的这两篇小说曾经怎样受到过某些思想家的影响。比如,在张老七的身后,或许就有庄子的"绝圣"或卢梭的"返回自然"的影子;在张小成身上,或许也能寻觅出一点"拉摩的侄儿弃智"的气味。因为我一向就怀疑,关于人的理解我们并没有增添多少新东西。但是,在先人或同时代的某些理论家们眼中势不两立的事物,在《村魂》与《满票》中开始呈现出一种宽容与和解的气氛,至少,每种人都可以按照自己的愿望去发展,而无人去强迫他改弦更张、洗心革面。这难道不也或多或少地意味着新时期文学意识的深化与拓展?

原载《小说评论》1988 年第 3 期

一个令人深思的艺术形象
——读短篇小说《冷惊》

识 多

《冷惊》，载《奔流》1987年第1期和《新华文摘》1987年第11期，作者乔典运。这篇不足万字的小说，人物少，情节也很简单，然而它却蕴含着一种震撼心灵的艺术力量，使人掩卷久久地回味。

王老五是个窝窝囊囊的庄稼人，一辈子过得不如人，样样不如人。可他今年种的韭菜却长得特别好，全村几十家的韭菜都比不上。王老五的心里有一种说不上来的美劲，既舍不得吃，也舍不得卖。可有一天，这菜却被别人给偷着割了。王老五气懵了，这个从没骂过人的老实人气得昏了头，胆子也大了，他咬着牙骂：谁吃了他的韭菜，"一家子死个挖苗断根"。本来王老五是因为骂没名没姓的贼，得罪不了有名有姓的人，所以才敢骂的。可没想到，事后，村里新上任的李支书找上门来向王老五赔礼道歉，说韭菜是他老婆偷的，临走还硬塞给王老五五元钱。韭菜竟然是支书老婆偷的，这不等于咒支书家死个挖苗断根，用王婆的话说这不是"找到老虎头上蹭痒"？王老五开始怕了，他认定李支书一定会狠狠地报复，只是早晚的事了。于是，乡里来了干部，王老五就认为是李支书找来整他的，就主动去找人家坦白，说他不是存心骂支书的；村里丈量土地，他就认为是李支书使出了恶劲，要借个缘由把他的一点好地都换成坏地；路上碰上治安员没跟他说话，就更怕了，认为"看样子是要整咱了"；村里要开群众大会，他吓得脸成了一张白纸……王老五的猜想次次都没灵验，都白怕了，可他总认为，不是不报，是时辰没到，"这和欠人家的债一样，晚还一天多背一天利钱，本利不还清人家能轻易饶了你？"这样想来，没挨着整的王老五负担一天比一天重，终于病倒了。解铃还须系铃人，李支书在王婆的求告下，只好违着心装腔作势地把王老五"整"了一顿，王老五这才长出了一口长气，从此不再担惊受怕，病也好了。

作者塑造了一个多么令人深思的艺术形象！明明是王老五的东西被别人偷了，只因为偷东西的人是支书的老婆，王老五便不但没了气，也没了恨，反而像自己偷了人家的东西似的，做贼心虚地怕起来了。王老五为什么怕？乍一看，似乎觉得他怕得不太近情理，怕得可笑，可王老五有他怕的道理。这道理之一是,"怕就怕在咱有理,咱要没理,捏住人家的把柄,人家疯了整咱","细想想挨整的人有几个没理,理越多受罪越大"。王老五有理,所以他怕。道理之二,虽说李支书当支书以前和王老五很亲,但当了支书哪有不整人的?"谁变蝎子谁蜇人","变成了蝎子不蜇人还算个啥蝎子"。仔细品品,我们不能不承认,王老五这套近乎荒诞的逻辑在现实生活中曾经是合情合理的,即使是现在我们也不能说它完全不适用了。这就难怪王老五要怕了。

我们理解了王老五的怕,同时也就深刻地感受到了极"左"路线的长期统治和党风不正给中国普通百姓心理上带来的灾难是多么的深重,王老五这一形象的现实意义也正在于此。小说中虽然没有正面描写一例整人的事件,但是我们从王老五对自己可能挨整的种种猜测中却不难感受到整人者的淫威。"自己的事自己不好出头,叫乡里干部来整,这是老门道了,还能瞒过谁?""又整人又落个好名,叫你挨整也说不出来……先哄后杀,值得多了。"这些虽不是王老五的亲身体验,但却是他的亲眼所见,就是刚刚下台的刘支书不也还是个"整人不眨眼的"吗?这种严酷的现实正是王老五性格形成的最根本的社会原因。王老五这个没挨过整的人,只是预感到自己快要挨整了,想想整人的人的凶劲和被整的人的可怜相,便不寒而栗,险些精神失常。没挨过整的人尚且如此,何况挨过整的人?作者选取了一个多么巧妙的角度,深化了作品的主题。

小说还刻意描写了王老五的愚昧。这个老老实实的庄稼人,不过是在气头上骂了几句偷东西的贼,可一旦知道了贼是支书的老婆,便在惊恐之中真诚地悔恨了。他不敢接李支书赔他的钱,变着花样骂自己,千方百计讨好支书。作者把王老五在李支书面前一副手足无措、小心侍候的神态刻画得惟妙惟肖。虽然王老五巴结支书的手段并不高明,可我们谁能怀疑他的一片真情?王老五对李支书的怕,除了因为有"韭菜事件"怕打击报复外,还由于他对"当官的"有着盲目的崇拜和迷信,这正是王老五的可悲之处。他对"有理反而挨整"的这种不正常、不合理的现象,虽然不满,但却没有丝毫的反抗意识,反而认为这和欠债还钱一样,只有挨顿整,才能两下清白。所以,他确信自己一定会挨整,没挨着整就过得不安生,过得提心吊胆,甚至一病不起。王老五的这种变态,深刻地反映了中国农民的一种消极落后的心理。他们对权力有着本能的恐惧,即使是在最低权力的代表——村党支部书记的面前,也是毕恭毕敬、诚惶诚恐的。他们没有起码的民主、权利和个人尊严的观念,即使是真理在自己手中,也心甘情愿地等待着挨整的命运。毫无疑问,改革给中国广大农民的精神面貌带来了深刻的变化,但是我们不能忽视农村中还有王老五这样的农民存在,我们的改革、我们的民主建设、我们的文化建设,乃至我们整个的精神文明建设,都应该为消除王老五的这种变态心理做出切实的努力。可喜的是,我们在小说中已经高兴地看到,整党后新上任的李支书带着一股正气,他平易近人,不摆官架,不允许自己的家人仗势欺人,自己也决不搞打击报复、借故整人的那一套,王老五的逻辑在他身上已经行不通了。我们有理由相信,随着改革的不断深入和党风的好转,王老五的"病"会被彻底治愈的。

  小说的整个格调是沉闷的,王老五的性格让人感到压抑。然而作者却是用轻松和幽默的语言来表现的,许多精彩的段落都使人忍俊不禁,具有很强的艺术感染力,不愧为短篇中的佳作。

原载《长白学刊》1988 年第 2 期

"乔典运现象"

曾 凡

世上的许多现象初看起来都是偶然的,偶然出现,偶然存在,偶然消失。但若细究起来,在那些偶然现象背后又往往可以发现某些属于必然的因素。当代文学中的"乔典运现象"即是一例。所谓"乔典运现象",其实是大家都很熟悉的,就是在同时代同类型的作家纷纷从文学舞台上消逝的情况下,唯独乔典运返老还童,在80年代新人迭出的文学格局中重新获得了艺术青春。这个现象已经引起老乔同时代的许多作家的关注,也引起了文学批评界的很大兴趣。这个现象可能会给我们什么启示呢?我们都知道,在五六十年代的文坛上活跃着一批创作力旺盛的"工农兵作家",乔典运就曾经属于这个时代这个群体。随着时光的流逝,那些与乔典运同时代而现在仍从事创作的作家已经寥寥无几了。这是个令人伤感的事实,但也是一个极为正常的过程,甚至是唯一合理的过程。因为,所谓"工农兵作家"的出现本来就不是一个正常的文学现象,它是在把知识分子作家视为异类的"左"的思想支配下,出于政治的需要而被一手"培养"起来的。他们中的不少人其实并不真正具有一个作家所必备的思想和艺术素养,其命运自然是昙花一现了。

本来,作家就是作家,不论贩夫走卒,还是深闺弱女,都可以是作家。文学活动是整个人类生命活动的一种特殊形式,并非一小部分人的专利,不是哪一个特殊阶层的世袭遗产。但"工农兵作家"这种称呼,显然违反了文学活动的一般特性。那些被称为"工农兵作家"的人,最初也可能是作为真正的文学爱好者开始创作活动的,他们本来有希望进入文学世界,成为名副其实的作家。遗憾的是,在当时及其后的很长一段时间内,我们的社会并没有把文学活动作为一种有自身规律和特性的生命活动看待,而只是把文学和作家当作政治活动的附庸和工具。于是就出现了极为荒唐的口号,要求每个县出一个"郭沫若",每个村出一名"诗人"。在同样的思想指导下,人们不但鼓励作家把文学创作当作宣传报道、新闻通讯,要求作家放弃自己的独立思考,无条件地服从当时当地的政治、政策,并且以拔苗助长的方式大量地制造以宣传报道为务的"工农兵作家",甚至是不识字的"作家"。政治上和技术上的特殊优待(比如优先发表和社会舆论的推崇赞誉),使得这批作家渐渐养成了摒除个人独立思考的创作习惯,也使他们的作品离开文学的本性愈来愈远。因而在进入新的历史时期后,这批人长期养成的思维定式限制了他们对纷繁变化的社会生活的判断力,也限制了他们对自身生活体验的艺术传达能力。同时,社会却在以一视同仁的眼光看待所有的作家,要求他们以平等的地位和同样质量的作品去赢得读者的喜爱。在这种新的背景下,一大批被历史的龙卷风卷进文学舞台中心的"工农兵作家"由于无力满足时代的要求而隐退,就成为必然的趋势了。

那么,命运为何对乔典运情有独钟呢?

乔典运出身于农家,长期生活在一个偏僻的小山村里,无论在哪种意义上他都是一位纯正的"农民作家"。同大多数同时代人一样,他也曾经把文学创作当作政治宣传工作,把自己的作家身份当作代农民立言、代社会进行宣传教化的一种职业和一项技术。在这种时候,他是自觉地以农民的身份,站在农民的立场,用农民的特定眼光看世界的,因此他早期的作品就只能带着农民所固有的狭隘与局限同社会进行对话。而这种对话显然只能在有限的社会范围内获得有限的理解,产生有限的、局部的和暂时的社会影响。在这个意义上,说乔典运是个"农民作家"有一定道理,因为在他的精神深处他首先是一位农民,其次才是作家。他的这种创作特点和精神局限也正是同时代的那些"工农兵作家"的共相。

使乔典运起死回生、返老还童的,既是社会,也是他本人。进入新时期后,社会的全面开放使作家的独立思考成为可能,而社会生活和人们精神心理的巨大变化也同时使读者对于文学提出了相应的合理要求。他们不但要文学为他们提供认识人生的独特窗口,而且要文学为其提供富于个性的审美对象。因之,那种图解政策之类的"准文学"、"类文学"作品自然地丧失了读者市场。这就迫使作家们或者调整自己,使自己真正进入文学领域;或者放弃创作的乐趣,从文学舞台上自动引退。这种现实背景迫使乔典运进行了有意识的自我调整,开始了他创作道路上的一次有意义的转变。首先,他开始调整自己的立足点——既是创作的立足点,也是人生的立足点——把自己对文学的思考同历史、社会、人生联系在一起,把自己的创作同自己的人生哲学联系在一起。他开始走出家乡的小山村,走出自己栖身的小茅屋,以一个作家而不仅只是农民的身份去观察世界、理解世界,以一个作家而不是农民的眼光去观察农民、理解农民。在他的近作中我们可以看到,虽然他关心的仍是农民,他描写的仍是农村,但这些作品显然已经超越了原来的那种封闭和狭隘的视界,获得了更加深广的人生蕴含。譬如《借笑》中那位"四叔"的精神世界,《刘王村》中刘老大对于个人崇拜的偏执和自我陶醉,《笑城》、《美妻》、《无字碑》等许多作品中的具有集体无意识性质的从众心理,《无字碑》中的历史观念,《美妻》中的性心理和根深蒂固的农民式平均主义,《冷惊》中的王老五所体现的偏执型恐惧心理,等等,都已超出了对农民和农村的浅表的反映,蕴含了作者对历史和现实人生的深沉思索。并且,这些思考的现实意义和历史意义,使作品体现出鲜明的现代意识,扩大了它的精神内涵和认识价值。

其次,他也调整了自己的作品和人生的情感导向。在他自视为农民的时候,除了宣传形势政策外,他的作品的目标是代农民立言,也就是代包括自己在内的农民兄弟们宣泄自己的喜怒哀乐。在立足点调整以后,他的视野扩大了,思维的兴奋点转移了,他对人生的体验也进入了新的境界,于是不可避免地,他的作品的情感导向也发生了变化。在其近作中,虽然还浸透着对农民的同情、怜悯以及某种程度的钦敬,但这种同情已经不是出自天然的亲切和敬仰,而是建立在严峻的现代批判精神基础上的更高的理性关注。现在引起他注意的不再是农民宽厚的背脊和善良的微笑,而更多的倒是由农民的麻木、怠惰和温顺所体现出的历史的惰性。他不再喜欢一厢情愿的喜剧,而是带着某种超然的态度宁静地品味着由历史导演的各色人生悲剧。他开始意识到,自己应该负责的不仅仅是政治、政策和农民兄弟,而是整个民族、社会及其历史,自己通过手中的笔与之对话的也不仅是朝夕与共的父老乡亲和似乎主宰着这片土地的几位官员,而是整个的时代和生活在这个时代中的全体人民。这样,他的情感和思维的兴奋点也从对现实政治政策负责转向了对历史和现实更带普遍性的思考。这种人生哲学的转变同时也是艺术哲学的转变,使乔典运仿佛一下子突然成熟了。他的作品从故事和报道变为小说,他本人从一个乡间的智者、一个代农民兄弟宣泄情感的"说故事人"变为面对整个生活世界的严肃的作家,从一个宣传形势的解说员变为一个具有独立意识、独立品格的思想者。作为一个作家的乔典运,在丰富的人生阅历和长期的写作经验之外,他开始有了自己的哲学、自己的大脑、自己的生命意志。我以为,这就是乔典运重获艺术青春的根本所在。

对于熟悉乔典运(及其同时代作家)创作道路并熟悉当代文学发展历史的人来说,"乔典运现象"其实并无奥秘,它所能提供的文学启示也并不深奥。一是社会必须尊重文学活动的特殊规律,使作家能够按文学自身的规定性从事创作;一是作家个人必须培养自己独立的精神品格,理解文学创作的特性,使自己的创作同人生融为一体。我想,这两方面的结合足以说明"乔典运现象"的因果了。

"乔典运现象"不是偶然的,它既是社会机制的非正常运转所造成的一种畸形的文化现象和文学现象,又是文学规律得到尊重以后,在作家和社会的共同努力下,文学由不正常回到正常的一个过程。乔典运有幸完成了这后一个过程。我相信,通过真诚的努力,那些与乔典运同时代的作家们也会完成这个过程。

原载《当代文坛》1988 年第 2 期

乔典运和他的文化寓言

王鸿生

人也是作品,是大自然打了底稿又送给生活去修改的作品。这句话,不应被视为通常意义上的暗喻。就批评赖以阐发的基点而言,一个作家和他所写的小说恰恰构成一对互相旋绕、互相投入的文本。我想,任何关于作家或作品的基本理解,只有通过这两个文本的相互揭示才能得到最切近的说明。

乔典运本人就是一部用冥顽坚韧的牛皮纸印刷的南阳老书。这部书的每一页,几乎都写着他五十余年来蛰居山乡披阅人世的辛酸和坎坷,其间,既有劳力者的屈辱,又不乏劳心者的忧愤。然而,在他的小说中,一切可以追溯其个人命运的创痕却全被隐去了,剩下的只是一只猫、一坑水、一张选票、一块残碑乃至一把韭菜所引发的乡间俚闻。

一

已有不止一个记者指出,乔典运的小说富有寓言性。但问题不应到此为止,还当进一步追问:究竟是哪些因素促使乔典运最终走向了寓言?浏览乔典运新时期以来的全部小说,一个非常触目的趋势是,他越来越注重发掘并表现弥布在现实生活不同层面上的否定性力量,认识上主审非,美学上主审丑,人格上主审恶,构成了他的全部创作重心。爱弥尔·左拉曾把艺术品定义为:"透过某种气质所看到的自然的一角。"乔典运的气质是对那些落后的、陈腐的、畸形的事物有着特殊的敏感,他习惯于由恶入手去触动生活,喜欢让你在漫画般的故事里听到他咬牙切齿的诅咒和痛心疾首的叹息。

如果说每一个作家的每一次创作冲动都基于某种纠缠不休的心理情结,那么可以说乔典运所有创作冲动的主导情结就是审恶。我无法清楚说明形成这种审恶情结的原因,无论归之于客观经历或先天本能以及两者的交互作用都不足以得出令人服膺的具体答案。时至今日,情结(complex)在心理学上仍存在诸多相互抵触的解释,而被视为抽象思维无法分析、难以诉说的情感。有时,乔典运也企图在作品中确立某种具有正面价值的形象,如以善治懒的生产队长玉妹(《小院恩仇》)、公开借老伴刹不正之风的丁书记(《绕了一圈之后》)、佯醉痛斥赃官庸吏的青年干部木易(《乡醉》)等。但这些人物无一不是躯壳般苍白,他们化解复杂的现实纽结时所用的方式极其原始和幼稚。他们履行匡世除弊愿望的途径除情绪宣泄而外竟别无他路。这不能不使人想到,乔典运在写善、写美、写先进、写光明、写庄严及写一切纯属正剧或悲剧的东西时所表现的乏力、笨拙和干硬,恰恰来自一种违背他本人艺术天性的牵强努力。依我看来,正是强烈而持久的审恶冲动,正是凭着这一口难以出尽的长长的恶气,小说家乔典运才被役使为一个棱角毕现的"性格演员"。他的作品,是通过非的否定来实现的,扬清的匮乏是由激浊的充沛来补偿的。而审了恶,就有看不见的善在一旁领首;塑造了丑,美也就隐在其背后了。具有讽刺意味的是,乔典运本人似乎并不这么磊落自信。基于以往的文学教训,他对自己惯于审恶的眼睛在自我依恋的同时又产生了莫名的自我恐惧,他肯定被自己的发现吓着了。而寓言式的写作,便为他摆脱这种内心困扰指出了一条现成的道路。因为,作为象征复杂的日常生活关系及社会政治关系的简明图式,寓言的隔离性允许他不直接去触碰某些敏感的、有风险的区域,而可以从思想观念的角度重新讲一个故事,以便比较安全地在这个故事的表层结构下置入另一层隐秘的含义。

此外,寓言又以另一特性投合着乔典运的审美思维方式。按别林斯基的理解,寓言思维并不要求必然渗透绝对思想时所引起的深刻的灵感,而是依赖于一种日常的、经验性的智慧。不妨把乔典运看作一个农民哲学家,把他的作品看作发生在农民身上的哲学事件或自我意识过程。他选择了创作,也就选择了一种不得不与普通农民有所区别的生活方式和思考方式。是文学之手,把他从周而复始的乡间生活中剥离出来,放到了一个与对象世界拉开了一定距离的"反思"位置上。这样,他就成了一个既参与乡村共同体生活又能跳开来观照这个群体的"局外人",并看到了"演员"看不到的许多东西。显然,乔典运是依凭观察力和敏悟力来造型的艺术家,他的灵感主要激发于对乡民社会所作的经验性观察。相当熟稔、丰厚的素材积累并没有淹没他,反而使他得以自由地筛选、过滤和组合,也使他能够比较轻松地回忆那些具有普遍意义的事物。尽管他缺乏学院式的修养,他的知识多半也不是来自沙龙和书本,他更没有对宇宙、历史、人生、存在作本体论思考的兴趣,但他却形成了自己对生活的深刻而完整的理性洞见。这种洞见亲切、质朴而且简约,往往由实际的人生感受直接生出,体现着全部世俗生活的智慧及明确性。毫无疑问,这种带着极多感性体温的哲理,恰是最易于充任寓言的内核即寓意的。

二

然而,乔典运并不是一下子就抓住"寓言"这只后来被他玩熟了的鸟的。纵观他近十年来的创作道路,我们可以比较清晰地辨认出他的审恶行程,并从其审恶情结的不同释放形式里看到"寓言之鸟"究竟是如何飞来的。

一场浩劫后重新拾笔,乔典运曾沿"文革"以前的创作惯性滑动了很长一阵,他的艺术思维仍是那样简单、机械。不惜以百姓口粮换取奖状的队干部,趋炎附势、随风摇身的变色龙,被大锅饭养坏的油嘴猫,无事生非的长舌妇,等等,无非是一些蠕动在生活表层的蠹虫。这些左的、落后的势力都属于一眼即可看穿的"恶",是令人可恨复可笑的"恶",也是一种外在的、单纯的"恶"。作恶者的动机可归为私欲,其根源可溯至路线,故事通常以问题为本位。尽管在表现上运用了夸张和强调,但整体上却是按情节的历时性发展、按写实的叙事模式来构筑的。

但自《小猫不知人间事》、《村魂》、《满票》等作品始,乔典运的审视对象遂调整为畸形社会关系中的畸形性格,问题开始说明人,人成了故事的本位。由此,"恶"成了一种间接的社会力量,它只有通过"善"的滑稽处境才能体现出来。如寡妇李玉娥竟无法按心愿支配自己喂养的两只猫,想送的送不出,不想送的上门讨,弄得左右为难、心乱如麻。既然村中家家想要,且又都能找到相应的理由,这便把猫的主人逼入了进退无着的两难之境。这里的"恶",看似微不足道,却对人的命运产生了至上的制约力。它与善交织,似硬还软,逐渐获得了一种抽象品格,变得有点寓言味了。在这个时期,乔典运力求对生活加以变形,竭力拉大人物和环境的矛盾张力,以便深入地对人自身的行为、心态实行整体反观,并借此从伦理上确认性格的正价值与负价值,初步暗示了后来的寓言式趋向。此时他自身的精神蜕变和艺术嬗递还在过渡之中。他还无法自觉意识到"恶"所包含的沉重深广的历史文化内容。所以,《村魂》的结尾多了一条乱"魂"的尾巴,李玉娥凭灵机一动居然摆脱了困境。似乎快掏到鸟窝时,鸟却从眼皮下飞走了。

1985年底《借笑》发表,标志着乔典运寓言艺术成熟的开端。这一方面表现在他对题材的感觉把握深度上,另一方面也因为以往各种离散的具有优势的风格因素在寓言方式中比较统一地聚合起来了。现在,他的视线伸入了民族集体无意识,从前被问题说明的人开始去说明文化,人从故事的本位上再度退出,心甘情愿地把这个位置让给了一种更为抽象、更不见形迹的力量,而自己只充当一个用以解说的道具。这时的"恶",则已化为烟、化为气、化为一种弥散在各种时间和空间里游动着的分子,从而高度心理化、文化化、原型化了。作为对他五十年人生阅历、近十年孤独摸索的酬答,《无字碑》显示了这个艺术生命的卓越高度。我以为,它完全可能成为当代短篇小说将留给后人的少数经典作品之一。在这儿,作为主体形象的"恶",已绝不仅仅是政治的派生现象或个别性格的附属物了。它还意味着一种普通的人性弱点,一种集体的悲哀。一块古碑极为平常的命运,映射着人间极度荒芜又极其真实的精神匮乏。你看,人笑、人悔、人恨、人冷漠、人狂热、人恐惧,人之一切情态都来自一个无比卑微的功利动机。而人报复、人背叛、人乌合、人猜忌、人的自作聪明、人的拍马讨好以及种种互相悖谬的行径,却又全能找到一种自我圆满、自我调节的心理逻辑来加以解释。那权衡一切利弊、决定一切选择的价值法则又是什么呢?这就要看它"当吃还是当喝",这是多么简赅而沉痛的发现啊!真的,只要你真正学会用人的眼睛去看人,生活中那些最习以为常的现象也可能变成最不可思议的东西。而一双清醒者的眼睛,却注定要处在永恒的孤独之中。

从上可见,乔典运对"恶"的艺术审视,经历了由外而内、由实而虚、由社会而文化、由个别而集体、由单一而复合、由平面而立体这样一个逐步延展、逐步泛化的过程。这个过程正好与隐在当代小说思潮背后的现代人文精神运动构成了一种有机感应、一种力求同步发展的动态型的契合。而要做到这一点,对文化程度不高、又身处偏僻山乡的乔典运来说,是那么容易的吗?

寓言从形式上帮了大忙。通常,我们总以为只是作家在选择叙事样式,殊不知叙事样式也同时在选择作家。众所周知,挣脱"十七年"模式曾是我们从创作上实行自我更代的关键,而首先要扭转的就是文学的规诫或说教倾向。但乔典运属于立意为先、以意摄事的作家,他善于搭粗线条的故事框架,却不善于进行具体刻画以让情节在自身的流转中道出一切;他有敏锐而独特的见地,却无法用雄辩或抒情的笔触来倾吐心灵的发现。对于他来讲,必须找到一种具有概括力的、朴素简洁的表达方式。寓言正需要这样的伙伴,为了便于使用,它排斥着力的场景描写和行动细节。它虽以意为主,却又因结构的空疏而易于接纳较多的象外之言。如此等等。寓言式的写作从多方面缓解了乔典运的创作苦恼,也为他遮蔽自身的一些艺术局限提供了较多的可能。

三

由于乔典运的寓言与传统的中原文化联系密切,同时,它们又和现实的社会心理保持着一种非常切近的对应关系,所以,关于这些寓言的主要含义也就必须从文化心理学的角度加以内在的阐明。

也许,他笔下最为出色的人物,是一批正以各种文化表情向时代诀别的旧式农民。其中,富含文化道具功能的大体可分为六种类型:1. 愚训型——死死恪守既往教训的何老五(《笑语满场》);2. 愚忠型——一心信奉上级任何指令的张老七(《村魂》);3. 愚德型——相信"一穷九分理",以无私但无才作为立身之本的何老十(《满票》);4. 愚忌型——一身重病却忌讳人言,愿受一世欺哄也不听一句真话的老四叔(《借笑》);5. 愚恩型——一旦受恩或有恩于人便终生图报的刘老大(《刘王村》);6. 愚惧型——面对权力战战兢兢,一日不挨整早晚心不安的王老五(《冷惊》)。这些"愚"字当头的老人虽然境遇殊异,但文化类型上的相似性却是惊人的。第一,他们都不能清醒地、如实地把握环境与自身,反倒以清白、精明、谙熟于世而自居,认真地处在一种虚幻的精神优越之中。第二,他们普遍患有心理偏执症,而偏执最甚者则莫过于"面子"。为了不在上级、亲友、村人、小辈跟前"失面子",明明天性单纯善良,却可以变得顽劣不化、工于心计。第三,他们几乎意识不到时间的流动、生活的变化,始终以一种静态的方式参与人生。一旦世间发生了秩序变动,一旦这种变动超出了他们的想象范围或预期效果,便会真诚地感到委屈和苦恼,却从不习惯于反躬自省或对自己的行为方式作出调整。第四,通常,他们的处世信条来自一系列既成的价值观念,其符号形式主要是流传于民间的谚语、俗话、先人遗训及某些一度流行的政治口号。他们对这些符号的崇拜远胜过对现实、对人本身的信任。他们还顽强地向他人、向下一代传授这些符号,希望周围的每一个社会成员都习得这些过时的价值意识。他们丝毫不懂得,符号总是既往历史的产物,是对已经过去的经验事实的确认与命名,而墨守旧符号、排斥新符号实质上等于拒绝创造,拒绝重新认识、重新变革现实的可能性。所有这一切,都使他们在不知不觉中成了一股限制和阻挠社会进步的惰性力量。

这是一组异化的、丧失了主体意志的人的标本。能在日常的乡民社会中发现这样一组完整的、集体性的生存形态和心理形态,确实显示了乔典运极为睿智的文化透视眼光。然而,他所触及的还不止这些,我以为,乔典运笔下有几个反复出现的"文化意象"当是十分值得重视的。

其一,"举手"。在《笑语满场》中,何老五对改选大队长有一段精彩的内心独白。"啥子选举呀,又来哄娃们玩哩!"他心里嘀咕着想,"选官,自古以来哪有这号好事?前朝古代的官,都是皇上封的。解放后的大小干部都是上级指派的。别看有时候叫投投票,也是上级选人,百姓举手。这不过是上级走个礼路,赏个脸面罢了。"于是,勤举手、不摇头变得天经地义,而另选他人就是"给脸不要脸",就是"有意与上级作对"。在因袭的自上而下的干部体制中,何老五几乎泯灭了微弱的主体本能,以至于对自身的民主权利采取了完全麻木不仁甚至有意逃避、主动抗拒的态度。由此可见,要在中国农民的思维程序中引入"民主"这个词,要在我们这块国土上真正培养起民主信念和民主习惯,该有多么艰难!

其二,"操心"。照说,失眠是一种生理现象,凡常人都会遇到,但陈老松却对自己的失眠感到惊讶与可笑。多少年来,他竟以为失眠是干部、是操心者的特权。"当个社员有啥心可操?地里种啥、啥时种、种多稠、啥时收,上级都定死了,你想变变能行吗?想多了还犯政策哩。啥时上工收工、啥活该怎么做、谁该去做啥、啥时歇歇,队长说了算……就是开个啥会,叫谁说不叫谁说、说些什么、喊啥口号,在后台也都演习好了,出场时你敢变一个字吗?就连哪一天进城赶集,也早统一规定好了。大小干部把你的大小事都想绝了,你还有个啥想头呀?"人对权力的依附、人对社会对自己的普遍无责任感、人之自由意志的沦落以及产生这一切的根源,全都包含在这段绝妙的"意识流"中了。曾有一位法国教育家在进行文化比较时指出,中国人往往有将儿童当作成人、将成人当作儿童来管教的倾向。小时候,强行灌输一些他无法理解的东西;长大后,却处处暗示他是无独立判断力的人。这种"文化倒错"显然来自长期的家长式统治。由于权力无节制地进行干预,个人从生活、工作直到精神、爱情、娱乐都必须听命于上司,屈从于父母、尊长的权威,所以大批不独立的、机械被动的个性就产生出来了。人一旦不能操自己的心或自己去操心,必然会造成人格发展的阻滞,并把自己置入一种不生不死、不冷不热、窒息生命、无力创造的灰色人生。

可以说,前述那组老人在人格精神上其实都是发育未成的孩子。

其三,"贵贱"。把天生平等的人划分出等级森严的贵贱次序,是宗法式封建主义的产物,它服务于专制支配的需要。君臣父子,忠孝仁义,谁也不得逾越,越轨者就叫犯礼犯上。《刘王村》里的刘老大本因社会关系不清白而低人一头,只为找到了"饮马坑"的水且与刘秀续上了血脉,在村中的地位便陡然翻转。自此往后,谁家有好吃的、稀罕的都要拿去孝敬他,他则每日坐在水坑边接受"朝拜",听人念诵他的功德就像听流不完的小曲。二十年过去了,偏偏是谁也瞧不起的王三赖就近打了井,还吆喝人们去他家担水吃,这一下便乱了纲常。然而,当人作为等级的附属物而存在时,凌弱怕强的奴性是无法避免的。等级制要求的是阶梯式的奴隶,人既是低于自己等级者的主人,又是高于自己等级者的仆佣,如君哺育了臣、父哺育了子,上一个等级就有向下一个等级索取反哺、要求忠诚和报答的特权。所以,村里人再三权衡,最后居然通过了宁可得罪王三赖也不能触怒刘老大的决议,从而闹出一场不挑近水挑远水、不喝清汤喝浑汤的笑剧来。

当然，村里人自以为这样就讲了良心，刘王村自古以来就是一个讲良心的村子。"良心"，也是乔典运作品中经常出现的一个文化意象。索求、报答、撒谎、受骗、悔恨苦恼、指斥怪罪、唯上是从、迁就忍让，这一切统统都来自良心。我们面临着一个良心的世界，一个温暖的、有人情味、有安全感的母腹。本来，良心不是什么坏东西，它作为一种道德尺度、一种内心平衡方式，有助于建立合乎共同体需要的社会伦理关系，也有助于培养人的同情心、互助互爱之心并抑制人的私欲以免人性沉沦。问题仅仅在于，刘王村式的良心不过是"人情债"的别名。这种良心，往往把人际交往纳入赤裸裸的人情交换，使权益与友谊失去界限，从而将人困厄在一种无形的、软乎乎的、难以赎出自己又无法合理选择前途的世俗关系之中，其结果便是良心的物质化、商品化，即非人化！这类良心委实是对人性的反动，它常常会干出颠覆良知、不辨是非曲直的蠢事。一如刘王村人舍近求远、舍清就浊，对迷信落后讲了良心，却对科学进步坏了良心，在该确立良心的地方找不到良心，在不该讲人情的地方都抹上一层人情的黄油，恰恰暴露出这异化了的良心的虚伪性、冷酷性。

文化都是人类社会机体的遗传基因，我们每个人都是传统文化的延续和载体。正像文化学家们观察到的，不同文化能对人进行不同的设计。这就是说，包括政治体制、经济关系、思维方式、情感方式、价值取向、语言习惯、风俗礼仪、知识水准在内的一整套文化心理机制，能刻画出迥然不同的人的形象。文化具有对人的本能、个性进行加工及改装的功能。因而，对人的改造必然会展开为一个立体的文化改造工程。所谓文化批判就是人的自我批评，就是从精神上推动人的现代化进程。商品经济、承包责任制并不直接过问灵魂问题，民族改革的课题有相当一部分需要在精神文化范围内得到解决。在这方面，当代文学已经而且必将继续肩负起它不可推诿的时代使命。乔典运无疑属于具备这种自觉历史意识的作家，他无情地揭露文化"病灶"，焦虑地渴望独立健康的人格，呼唤的正是半个世纪以前鲁迅就一再呼唤过的强大的国民灵魂。我想，他一系列文化寓言的总体寓意也就在这里。

四

如果说作品内容所表现的文化就是被意识到的文化，那么作品形式里潜含的文化就是无意识的文化。因此，对乔典运的艺术建构特征做进一步分解，将有助于我们把握这位作家所达到的审美观念的限度，并对这类知觉方式里内隐的精神文化信息做出一定程度的破译。

在当代作家中，乔典运大约是用语最俚俗、最节俭、最家常的一个。他从来不动用文言雅词，句子全得自原生化的口语和村朴化的方言，散出浓郁的中原乡土味，亲切而粗糙、喧闹又简陋。他绝不垄断语言，从不把知识和形式的权力强加给农民及读者，这对当代小说语言中日益滋长的文人化、贵族化、晦涩化倾向无疑是一种反驳。但由于缺乏提炼和变幻，缺乏新鲜的刺激和幽邃的隐喻，他的语言往往品位不高，直露、浅白，繁复有余，美感、凝聚力、渗透性不足。维特根斯坦说过：日常语言是用竭了的诗。看来，如何在日常语言中注入或召回诗意，如何使作品的语言成为艺术的"初创"而不仅仅流于生活的"回声"，是乔典运这一路"乡土作家"不能不考虑的问题。

对乔典运语言特色的简单考察表明，他的寓言本质上注定是日常的而非超越的，是散文的而非诗性的，是物质的而非心灵的。领会了这一层，我们就不难理解为什么他很少进行自然写生，很少有描摹女性肖像的动人语汇，也无意且无力在个体复杂而丰富的内心世界里做精神漫游。我们知道，语言是生活行为和文化心理行为的缩略方式。在一种尚滞留于农业时代的人文语言里，美的风景、美的人体、美的心灵往往是遭到漠视和排斥的，就像只关心"过日子"的匠人对再好的景致也激不起热情，困扰于基本生存需要的田夫从来想不到赞美自己的身体。至于灵魂的挣扎、精神的沉思对多数人来讲，则更是一种奢侈、一种毫不必要的心理消费了。在注重实用功利者的眼睛里，美被遮蔽的确是天经地义的事。但乔典运不是十分痛恨"食利者民族"鄙俗顽劣之目光的吗？问题就有趣在这儿。水能覆舟亦能载舟，对传统文化的有意识批判是一回事，对文化传统的无意识承袭却是另一回事。乔作中最能说明这种矛盾现象的恰恰是对实用功利观批判最烈的《无字碑》。你看，面对村民们毁灭那块"既不当吃又不当喝"的"石头"的无知蠢举，老教书先生痛不胜痛，但他自己从这块"石头"中看到了什么呢？看到了一块古碑，仅仅是一件文物的价值！真是命运捉弄人，到终了，他自己也未能从实用功利的阴影中彻底脱逃，一腔怨哀仍属于非审美的悲哀。

不可否认，乔典运与"现代派"、"新生代"作家存在某种精神感应，这正是他被不少人认定其有现代意识的缘由之一。但如不加限制地把"荒诞"、"幽默"等时髦名堂册封给这位现实感、战斗性极强的作家，肯定要犯艺术判断上的错误。

且让我们以《笑城》为例来作点分析。这是个颇有讽刺意味的寓言：鉴于"后门"风行、假货成灾，一百辆平价出售且不需票证的飞鸽车竟无法脱销，其身份的真实性遭到了公众的普遍怀疑。无论是久居小城的工人、干部、市民，还是偶尔路过的秀容、进城赶会捎脚的庄户人，甚至连采购员、营业员本身，都能以各自不同的理由推断这是批冒牌货。故事的结构模式在作者的寓言中很具典型性,它运用的套路有两点要领:1.从一个虚妄的起点出发,通过一人或多人的心理操作使该虚妄获得真实的、合乎逻辑的演绎。在这儿,真被判为假,即全部情节的结穴所在。但由于读者明知故事结穴点的荒唐,却又不断信服人物心理推演的真实,便造成了一种"清醒受骗"的戏剧性反差,从而诱出一阵阵笑来。康德认为:"笑产生于一个忽然化为乌有的期待。"但这儿的笑,则产生于明知乌有却仍乐意期待下文的欣赏矛盾之中。实际上,读者是以"知情者"的身份与作者进行了一次合谋,他们共同玩赏着"剧中人"的表演。2.先确立一种对象(如自行车)为圆心,再让一双不断移动位置的眼睛或多双分布于圆周各点的眼睛从不同角度来围观。这样,就表层看,事件似乎在历时地进行,但这只是观照位置一再转换所带来的属于欣赏主体的时间错觉。其实,各个角度在重复着同一个结论:对象的性质未起任何变化,事件也毫无进展,它仍以原来的状态存在着。对于作品来讲,时间实质是凝滞的、缺乏动感的,如此一来,一个共时性的假象就造成了,问题因重复出现而变得格外触目起来。但乔典运并不领会"共时艺术"的实质,他采用这种圆平面式的艺术架构是为了便于对生活秩序作出必要的整理,并以此表明,内在化了的妨碍功能绝不是存在于一人、一时、一处,而是存在于一群人,存在于许多时候和普遍的公共关系之中。他的寓言之所以内涵确定、视角集中,他之所以喜欢把人和事推到极端状态加以强调,正是缘于这种潜在的创作动机和内化了的"期待视野"。

现在的问题是,他提供的情境究竟是荒诞的、不可知的,还是实在的、明确的?他对待人和人生的态度到底是幽默或痛苦的自嘲,还是混合着善良与轻蔑的讽喻呢?存在主义者认为荒诞是人类的宿命处境,维特根斯坦断言:"幽默不是一种心情,而是一种观察世界的方式。"对比一下,我们的天平自然不能不倾向后者。就像许多当代同人一样,乔典运尽管吸取了不少现代派的艺术表现手法,虽然他的美学背景已由单调而变得色彩斑驳,但从根本上来看,他的寓言无一不长在中国的现实土地上,他的艺术理式依然是以"干预生活"为其归旨的现实主义。事实上,世界的急剧变幻、人的历史性处境及人生、宇宙、艺术的巨大奥秘,还从未引起这位农民知识分子足够的惊讶与困惑,他的兴趣始终留在"此岸"而从未跨越到"彼岸"。有时,看到他那样自信地、那样顽固地守护那一口"小井",那样迷恋于已嫌局狭的经验世界,我内心便会由衷地升涌起一股复杂而苦涩的情绪,其中,有敬佩、有理解,也有遗憾。

这个人愤怒批判着芸芸众生,又嬉笑着捣毁了一个个无意义的生存之梦,但在他心目中,人究竟意味着什么,生活究竟该是什么样子呢?他的老辣与刻薄,他的精明和练达,还有他时而痴痴时而狞厉的笑声在提醒人们,虽然个体的尊严与价值已成为必要,但迄今为止,他所有的抗议和讨伐还不是以人类和未来的名义发出的。这是一颗被梦魇般的往事和泥泞般的现实死死纠缠着、一刻也不得安宁的灵魂,一颗自知破碎却又渴望重建的灵魂。此刻,时代的辉煌光照还未彻底温暖它、射穿它,现代人及现代人生的意象还显得模糊而遥远,而新的理想、新的信念及精神支撑点尚在孕育之中。也许,我们都和他一样;也许,一切还要再看一看、再找一找。

原载《上海文学》1988 年第 3 期

乔典运新时期小说创作三题

黎 辉

五十年代初就已起步创作的乔典运,真正开始引人注目还是八十年代,特别是《村魂》、《满票》发表以来的事。去年下半年,仿佛是蓄积已久的水流突然被放开了闸门,奔腾汹涌,其势惊人,他接连在《莽原》、《奔流》、《鸭绿江》、《上海文学》、《北京文学》等刊物上发表了《从早到晚》、《怪梦》、《笑城》、《无字碑》、《刘王村》等中短篇小说,人们对他更是刮目相看了。

早在新时期历史刚刚跨进八十年代门槛的时候,评论家雷达就曾指出:"乔典运作品的最大特点,就在于他对生活有自己独特的发现。"同时,雷达又指出:"他还不是一个成熟的、具有突出鲜明的艺术风格的作家。"(《对生活的独特发现》,《奔流》1980年第4期)时隔七年,乔典运的创作有了长足的进步,这使我们有把握地说:他对生活的发现更为深邃,见解更为独到,艺术上也日趋成熟,形成了与众不同的鲜明特色,这是很值得加以探讨的。

一、意味深长的荒诞

乔典运新时期审美意识的最显著变化,应该是自觉的荒诞意识。因而,荒诞感是他这时期,特别是近几年小说最突出的审美特色。荒诞的实质就违情背理,是极端的违情背理,是到了不可理解、不可思议地步的人和事。把气象气球认定是定时炸弹,而且居然几乎无法纠正;一个颇有点名气的工程师只是因未事先张扬而突然回村探家,并穿着破衣服挑了担茅粪,就被怀疑为越狱杀人犯,招致了大队荷枪实弹的民兵的围捕。这些事因果之间带有正常人看来不可思议的荒诞性。"火眼左三"的颠顸、蛮横、专制,"旋风"的风声鹤唳、异常惊乍,都带有荒诞的色彩。忠而获罪,诚而得咎,也实在不合情理,稍加夸张,现出极端,便会产生极强的荒诞感。从《村魂》起,乔典运沿着这条思路又连续写下了《借笑》、《怪梦》、《笑城》、《无字碑》、《刘王村》等小说,都在某种程度上带有荒诞的审美特性。张老七因诚实(当然也含有愚忠)而吃苦,甚至致死,全村人却因奸狡而人人乖蹇。这就把不合情理的乖谬推向了极致,显出了荒唐和怪诞。《借笑》中的大儿媳妇因说假话哄老公爹而得宠、掌权,小儿媳妇因说真话、实话而遭嫌弃;而且,老头子最后竟因信假话弃真话而毙命,说真话的小儿媳妇反遭责难。人有了病不肯请医生,却宁肯信吉兆凶兆。这些都是不合情理的荒诞现象。《怪梦》中的小草,先说假话,继而又说真话,不仅直接造成了他个人的荣辱升沉,而且最后竟落了个人人耻笑、猜疑、嫌弃,而又永远无法洗清的"神经病"下场。《笑城》更是将搞不正之风香、端正作风反臭的怪诞现象揭示得淋漓尽致。《刘王村》里的村民似乎都犯了神经,放着又清又近又有香烟招待的自来水不去吃,反而要违心地摆出讨好的笑脸、说着奉承的好话,去半里路外又浑又脏的饮马坑担水吃。一个既无权又无钱,既不孔武也不奸刁的老头子,竟能几十年来高居人上,受人供奉,稍不如意,全村人都惊扰,必找上"罪魁"登门谢罪才了结!事情就是这样乖谬、荒诞,这样滑稽而不可思议!

从认识论上看,荒诞是一种超越,是实践主体在认识上的超越。在现代人看来,将奴隶与牛马一起买卖是荒诞的,上帝创世是荒诞的,跳神治病是荒诞的,"仙姑下凡"是荒诞的,牛顿所谓"地球转动是起源于上帝的一脚"也是荒诞的。现在的小学生看电影,对红卫兵的狂热也产生可笑而又不理解的荒诞感。回首往事,我们也会为当年大跳"忠字舞",胸前悬挂菜盘大的"忠"字徽章而感到荒诞。这显然是我们在认识上的进步与超越。反之,对于过去时代的人,对于缺乏科学知识、缺乏现代意识、缺乏马克思主义唯物史观的人来说,上述种种都是完全正常的,没有什么不合情理的地方,因而,对于他们也就不会产生荒诞感。乔典运小说审美的荒诞特色,是他对我们当前社会生活中某些陈腐现象深入观察、反复体验,意识上实现了超越,终于发现了它们极端不合情理的结果。没有高一层次的认识,是写不出对象的荒诞来的。

乔典运笔下的荒诞似有两种不同的情况:一种是历时性荒诞,即站在历史新时期的今天看那个动乱的、丧失了理智的"十年"中的人和事,《气球》《旋风》即此;一种是共时性荒诞,即努力用今天先进的思想、马克思主义思想来观察认识同时代某些社会角落里的陈腐现象,《怪梦》《借笑》《笑城》《刘王村》等即是。后一种作品的审美效应,因读者思想水平的不同而可能产生相当大的差别,有人也许根本感觉不出荒诞意味来。

除了认识上的超越,荒诞还需要一种观察、感应问题的喜剧态度,表现生活现象时需要自觉的喜剧意识、笑谑情感,还需要艺术表现上的夸张。喜剧意识要求作家把对象看作不仅荒谬悖理而且荒唐可笑,当然,这种"笑"也许包含着痛苦的泪水。完全的严正态度、严肃的悲剧意识和正剧意识,只会产生悲愤沉痛或愤激壮烈的审美效应,而不会是荒诞感。这只要稍微比较一下《美妻》和《气球》、《雪夜奇事》与《旋风》就了然了。都是写"十年动乱"中的事,前者严肃、愤激、沉痛,后者则荒诞可笑;前者更写实,后者则带漫画式的夸张。

乔典运小说中的荒诞与我国当前文坛上的某些荒诞作品,如《你别无选择》、《无主题变奏》等,区别很大。乔的人物往往是以真实的、并不荒诞(即合情合理)的行为方式来干本质上荒诞的事;后者则恰恰相反,他们的人物却是以荒诞的、不合情理的行为方式来干本质上并不荒诞的事。例如,张老七和同村人的砸石子,小草周围人们的言行,《笑城》里人们的不买飞鸽车,"刘王村"人因讲"良心"而对刘老大及其"饮马坑"与对王三赖及其自来水的两种态度、具体做法,等等,都是正常的,合乎一定情理逻辑的。只是由于我们国家、时代的大环境与他们所处的村子、"小城"的小环境之间阴差阳错地失重,导致了他们整体事件的荒诞性。《你别无选择》中的所有人物似都带点神经质,他们的每一具体行为,如森森不换衣服不洗澡,李鸣不出被窝,小个子没完没了地拖地板、擦那神秘的功能圈,金教授上课吃花生米及那莫名其妙的"你别无选择"箴言,贾教授的训诫,等等,都是带荒诞性的。但他们行为的目的,却是不荒诞的,甚至某种意义上竟是崇高的,如森森的致力于音乐上的创新。《无主题变奏》的主人公那副在任何场合都无所谓、都心不在焉的模样是荒诞的,但他的内心是有正当追求的。他对貌似清高、内心卑劣的虚伪者讥讽、嘲弄,却甘愿在平凡的工作中付出创造性的劳动,体现他自己的价值。后者人们一眼可以看出荒诞,因为作者对人物事件的外在形态进行了明显的夸张。乔典运小说的荒诞却不大好识别,因为他把夸张的功夫悄悄地置于特定环境下、特定事件的因果关系上,是对支配人物行动的思维逻辑——社会上特定时期的风气、倾向、思潮进行夸张和强化。例如,《怪梦》中对说谎吹牛风气对社会心理的影响的夸张强化,《笑城》中对开后门不正之风对社会心理影响状况的夸张强化,《刘王村》、《无字碑》中对农民种种传统心理的强化和夸张,上述种种在小说所反映的环境中都分别成为压倒一切的精神支配力量,成为几乎所有人一致的思维定式。

于是,具体的人和事在具体环境里似乎是不荒诞的、合乎逻辑的,但综合其因果却是荒诞的。因为,他们绝对化了的遵奉力行的信条本质上是荒诞的!相比较而言,这是一种更深刻的荒诞。

乔典运荒诞小说所表现的问题、小说中人物所面临的社会问题是现实中实实在在存在着的,是与我国当前大多数群众面临的主要问题相一致的。因而,虽明知荒诞,却又给人以真实感、现实感。这里提出的温饱问题、生存问题(如《冷惊》中"挨整"问题)、走后门问题、说假话问题等,都很实在,很有普遍性。因而,它们应当是艺术表现的主要对象。挖掘现实生活中真实存在的荒诞性,意义尤为重大,也更能表明作家的社会责任感。因而,这是在我国现实生活土壤中生长出来的、土生土长的荒诞、"中国式"的荒诞。相较而言,刘索拉、徐星小说中的问题似更玄虚,离大众生活的物质精神距离稍远而略有隔膜,那似乎是吃饱肚子以后玄想的荒诞。你不妨说,乔典运是"平民"的荒诞,而《你别无选择》等则是"贵族"的荒诞;乔是中国的土荒诞,而《你别无过择》等则如有的论者指出的,是横向移植过来的"洋荒诞"。我倒不同意说后者是完全刻意"模仿"而无根的,它同样是有着相当社会基础的。关于这一点,由于本文论题所限,我将在另文中阐述。

二、寓言与象征

数年前,参与小说《村魂》讨论时,笔者曾留意到小说细节的不真实问题:很久很久以前,却有"队长"、"瓜菜代"、"改选"、"代销店"等事物。当过多年队长、跟"老王"打过多年交道的张老七会不知世间还有不正之风?修柏油马路,在七十年代末八十年代初已不算太新鲜,没参加过修怕也见过,至少听说过,所以石子的大小也不会丝毫不知道,如此等等。后来,我逐渐发现,乔典运的几乎所有小说都存在着经不起推敲,甚至很不真实的细节乃至性格。他小说中的人物事件都多少带有漫画化的倾向。例如《气球》中的火眼左三,《旋风》中的旋风,《驴的喜剧》中的油嘴猫、国舅爷,《父子情》中的铁良爷,《借笑》中的那位喜假恨真、讳疾忌医的四叔,《刘王村》中的王三赖,《笑城》中小城的居民,《无字碑》中的村民……都是属于性格单纯化的人物,即所谓"扁形人物",是非、善恶、美丑都非常鲜明,且又加以夸张,被漫画化了。但是,它不会给你不真实的印象,因为,它的社会内容,它所蕴含的社会生活矛盾、社会问题、思潮、倾向,却是真实的。于是,我以为,如果说乔典运的创作是现实主义,那该是指一种精神和原则,而不是通常所谓以"细节真实性"为基础的"依照生活本来面目,不加粉饰地反映生活"的严格意义上的现实主义。

我觉得,乔典运受中国古代传统戏曲的影响颇深,其小说带有较浓厚的象征或寓言的味道。张老七是一种美德与愚昧共体的象征,他的死象征着这种特有共体时代的过去。何老十是第二个张老七,他得到的那神秘的一票既是人们理智选择的结果,又是人们告别过去时感情联系的象征。乔典运有一篇《白与黑》的小说,故事非常简单,近乎抽象,也没有确定的时代背景,你甚至很难看出它是发生在"文革"前,还是其中或其后!白脸队长在一个极小的问题上与领导前后翻云覆雨、大耍两面派,终于达到了搞掉黑脸会计的目的。具体的矛盾本身是非分明,没有生活本身的复杂性,也没有什么社会意义和思想价值。初看起来,没什么意思,其实它只是一些象征:奸诈阴险、木讷耿介,浮在表面,便只见假象而丢失本质。白脸队长与黑脸会计只是奸诈阴险与耿介木讷的象征性脸谱,而小悲剧的故事只是"不深入调查则往往被假象蒙蔽"的哲理寓言。《借笑》里的四叔爱听假话、顺心话、奉承话,讳疾忌医,结果却因伤风感冒的一点小病丢了命。这里当然包含着艺术夸张,难道小说只是写一个普通农民四叔?对于社会上一切爱听好话假话、不爱听真话的人,特别是领导干部,不是也具有更为深广的警醒意义吗?《刘王村》中刘老大为全村人找到了生命之水,做了好事,受到人们由衷的感激和爱戴,由之养成了要求人们必须对之感恩奉承的习惯,村民中也形成了有非议就是"不讲良心"、"背叛"的牢固意识。终于,刘老大成了村人继续前进的羁绊,人们的热爱转变成厌恶,真诚变成虚伪。这对于理解我们的历史,认识我们生活中某些封建残余现象,不是更有启发意义吗?而《笑城》除去我们对时代特有的标识(买自行车走后门)及一些喜剧笑料,不就是一篇与"刻舟求剑"相似的哲理寓言吗?

两年前,评论家孙荪同我谈及乔典运的创作时,曾用"一不等于一"来概括它。这是很精到的。"以一当十"、"以少胜多"是兵法要诀,也应当是短篇小说创作的美学奥秘。这里的"以少胜多"不是一般的典型化方法,而是乔典运特有的寓言或象征特色的典型化。他的小说往往故事单纯而抽象,他有意舍去了一些不必要的时代印记内容和细节,或者舍弃复杂的现实社会关系网络,尽量突出故事本身所隐含的哲理性,突出事件在形而上意义上的辐射面。换句抽象点儿的话说,他有意收缩了事件具象的覆盖面而扩大了形而上的辐射面,从而依靠读者阅读中的审美联想,得到寓言或象征的意义。

啊,好一个貌似木讷憨厚、实乃机敏透顶的乔典运!

三、间离效果

这显然是从戏剧美学中借用来的术语。它在戏剧美学中本来的深广内含,我说不大清楚,但以为它很能准确地反映人们在阅读乔典运的小说时的审美状况。就是说,它似乎先给你一个提示:这是在读小说,不能当真!它的人物事件,都带有极大的假定性,而并不着力于具象上的真实性。这一点,上节已说过,此不赘述。从欣赏过程看,对于审美上具有"间离效果"的小说,读者是时进时出的,即时而进入角色、体验情境,时而跳出旁观,与作者一道品评指点,作出情感及理智上的判断,甚至更多的时候是旁观品评!

造成这种审美效果,至少是运用这样几种因素、这样几种艺术手段的结果。

第一,除了极个别的篇章,乔典运的大部分小说都是把任何严肃重大的事,以一种很不严肃的方式、用些讥讽调侃的笔调写出来，或者是用显然夸张的方式、漫画化的手段来表现。这样，明显高于作品里任何人物境界的、作者的主观品评态度，浸透了人物和事件，也就拉开了读者与小说内容的距离。《气球》、《旋风》自不必说，就是《村魂》、《满票》中对张老七、何老十这样的某种意义上的严肃悲剧人物，作者也用了喜剧的态度，讥讽调侃就颇有流露，张老七关于"哪个指头肚"的询问，关于不让儿子春生嘲讽村里人的告诫叮咛，何老十对小成念的那番关于穷的"真经"，都是调侃嘲讽味儿十足的。至于以后的作品中，就更明显了，到《无字碑》，由于全篇都是这种嘲讽语句，便被确认为"居高临下"的冷眼"俯视"了。

第二，综观乔典运的全部作品，似乎叙述多而描绘少，更少有环境气氛的渲染烘托。这就消除了阅读者身临其境的真实感，拉开了观赏的心理距离。

第三，不仅仅是客观叙述，也不仅仅是在叙述中渗进戏谑情结，而且乔典运还往往在叙述中及时地插入一两句议论评判。这就打断了读者的情感流程，出现理智判断间隔情绪感染的瞬间，形成间离效果。如《村魂》在张老七问清指头颇为满意地自语时，作者插入那句："好像挽救了一场重大损失似的……"这就形成了间离。《无字碑》中这样插入的理性议论判断比比皆是，形成了"冷眼俯视"。另外，不少小说开头都有一段仿佛有意啰唆的与故事无大关系的叙述议论。如《无字碑》开头关于河与桥的叙述，《冷惊》开头关于季节冷暖的议论，都不是让人贴近事件和人物，而是给人以心理阻隔，让读者准备了旁观的心理。

第四，在叙述中或明确或暗示式地将结果（谜底）告诉读者，然后，由读者与作者一起旁观小说人物"当局者迷"的行事情境。例如《笑城》中那二百辆飞鸽车是真的，这一点，小说一开始就交代清楚了。该商店及丁经理以往惯走后门，但这次却因惧怕县委文件而真要"改邪归正"。这一切，小城中的城乡居民们却无一得知，他们仍以过去的经验惯性思维，于是闹出了笑话。读者因知道那是真的，于是便在旁观小城人们的笑话。《无字碑》、《冷惊》中，读者也已知道、懂得、理解徐书阁的行为及李支书不会报复整人，只是旁观村民及王老五却在愚昧而可怜地瞎忙着。这样将使读者有更多的精力作理性的反思深求。

第五，小说在描写人物的具体活动时，并不像许多作者那样奉行体验主张，进入角色设身处地地替人物着想，以人物的眼睛观察周围，以人物的心灵体察、感受周围世界。第三人称的叙述且不必说，就是用第一人称叙述时，也是以外在的价值系统去观照剖视小说中的人物。《刘王村》中刘老大的一段段"意识流"，流溢着对于农民狭隘的居功自傲的心理的讥讽和剖析。《无字碑》里一段段无名村民的"意识流"，也无不流露着作者从先进世界观出发，以极冷峻的目光集中地对农民的几乎一切愚昧落后意识进行尖锐批判。也许,与这种手法不无关系的是,乔典运的小说中极少有正面英雄形象,极少有为他所喜爱、所钦敬、充分代表他的审美理想的英雄人物形象。

原载《南都学坛》1988 年第 4 期

乔典运小说新作管窥三题

周岩森

一、丑恶人生

尼采说:"上帝死了!"

一百多年后,老作家乔典运在他的中篇新作《小城今天有话说》(原载《莽原》1992年第3期,转载于《中篇小说选刊》1992年第4期)中同样无情地粉碎了上帝是真善美、是人类理想化身的世俗梦幻,坚定地重复着:上帝死了!

中国古代哲学中,关于人性有"性善论"和"性恶论"的说法,前者主张人生而善,人性的根本是善的;后者则反其道而论之。无疑,老乔是"性恶论"者。他用他的素朴、凝练的笔为读者勾画了一幅"小城众生图":这里的人们对于"桃色故事"津津乐道,对于窥视别人的隐私更有一只敏锐的眼睛和浓厚的热情,甚至可以增强食欲,"在不知不觉中,家家的馒头都不够吃"。在小城里,无论是县级、局级的上层人物,还是卖肉、说书的市井小民,无一不卑陋,无一不丑恶。他们或者仗势欺人、流氓成性、拉关系搞特权,或者趋炎附势、奴颜媚骨、捕风捉影……整个小城的世界就像一潭充满污泥、垃圾的池沼,散发着阵阵的臭气。从表面看,弯月、石县长似乎是老乔着力塑造起来的理想的真善美型人物,但是,仔细分析以后,留给我们的却是另一种异样的感觉。

基督教说,人的痛苦、人类的悲剧,就在于原罪。老乔是不是悟到了这种原罪论的深刻?如果说宗教的异化、封建制度的不合理造成了人类的痛苦与悲剧,那么打碎了神的枷锁、推翻了不合理的制度以后,人类不还是照样痛苦重重吗?这只能意味着:人生的苦难、荒谬不是任何外在于人的因素造成的,而是人生本是如此,它像原罪一样与生俱来,像原罪一样永恒。老乔用他的《小城今天有话说》做着这样的判定:所谓真善美、所谓人类的理想,不过是人类的自欺、人类的童话。胡局长自不必说,他是几千年文化残渣的载体,是人类丑恶的高度集合,贪、欲、女色五毒俱全,他是老乔嘲笑上帝的一面大旗。弯月是位漂亮出众的营业员,但离"美"的本身却有着不可跨越的距离。她的漂亮只是一种罪过,只会招来飞短流长,她对顾客(尤其是光棍男顾客)友好,是因为她有一个四十多岁还娶不了媳妇的哥以及潜意识中对自身漂亮的一种女人所特有的自爱。石县长也不能作为善的化身,他正直,在充盈着私欲的小城却如狂风中的一片孤叶,最终被抛入尘土。其实,他的所作所为无非是遵照母愿、良心。如下令逮捕兰主席的儿子兰公子,也是看到羊老卖血人遭其欺侮、勒索时所动的恻隐之心;他不在"小灶"吃饭、植树不坐小车而亲自骑车等一系列行为,似乎都渊源于此。如果就此上升到正义、善,那么正义和善不也显得太苍白了吗?

在老乔笔下,唯一的光点,是已经死去多年的石县长的父亲,但他却不是小城中人,而且已死去。从另一种意义上讲,孤独、易逝的美善不正衬托着恶的普遍吗?人的生命是个无法进行任何本质规定的,永不满足的动力系统,是充满各种欲望的汪洋大海。人类正因为没有上帝,才塑造了上帝。但老乔又用他那调侃的笔触残酷地粉碎了上帝。

故宫是美,圆明园也是美。将军的杰作是夷为平地的战场,老乔也是一位将军。

二、"无主体"人生

人,作为宇宙的精华、万物的灵长,他的本质特征就在于他具有思维的大脑,能够清晰地意识到作为个体的"我"的存在与价值,亦即主体意识。西方的存在主义者强调:一个人只有从所有的社会角色中撤出,并以"自我"为基地,对外在的社会角色作内省式的思考,其"存在"才开始浮现,否则便是一个失去面目的"无名人"。乔典运虽和存在主义风马牛不相及,却也异曲同工地用其中篇力作《多了一笑》(原载《长城》1992 年第 1 期,转载于《中篇小说选刊》1992 年第 3 期)弹奏了一阙"无名人"之悲歌。小说的主人公就呼作"她",真是"名"副其实、"名"正言顺的"无名人"。

她是一家庭妇女,没有知识,是丈夫落实政策后把她带到县城的。因为丈夫不愿"去说",她便全心全意地管家、做家务事。她天天默默地劳作,做饭、扫地、薅鸡草,像一架机器一样不知疲倦。然而,她的生活却是那么黯淡,如一段灰色的门帘,没有重量,没有声音,没有光亮,连家人也仿佛觉不出她的存在,好容易盼到他们下班回来,喜笑颜开地迎上去,"男人连眼也不斜一下,径直去书房了。儿子跑到楼上了,和媳妇疯着玩去了……"她感到隐隐的冷落和孤独。但是,"天天如此,孤独的天数多了,从忍受不了到习惯了也就没有孤独了,一切都正常了"。

表面看来,这种悲凉的不公平局面似乎是由于她没有工作、没有工资从而产生自卑所造成的。然而,事实并非如此。撩开这层淡淡的薄雾,我们就会看到在她"为他人作嫁衣裳"的生活背后,是一颗彻底丧失"自我"的心!丈夫、儿子、女儿是她的全部、她的一切,唯独她从不把自己当回事儿,即使是浅近的物质层面上;关于主体存在的意识,关于人的本质的明确考虑,就更为不可能了。

《多了一笑》带给我们的是无限的苦涩和沉重,也促使读者去思索许多作品以外的东西。中国人失去"自我"、失去"主体",已不是一朝一夕的事了。孔圣人被称为人本主义者。可是这个人本主义者对人却下了这么一个定义:"仁者,人也。""仁"是"人"字旁一个"二"字,亦即是说,只有在"二人"的对应关系中,才能对任何一方下定义。中国人所重视的只是社会关系中的角色问题,口里念着"君臣父子",心里想着"你为我做了什么,我为你做了什么"(乔典运语),而对于"自我"则全盘铲除。像"她",她活着就是为了贡献自己,她的生命的价值就在于为了那个家庭像牛一样地进行漫长、艰难的跋涉。小说里写道:早上,天还黑着,她就起床做饭。"照例没敢当场穿衣服,怕弄出声响,惊动了男人的美梦,赤着身子把衣服拿到当间才穿,冻得浑身颤抖,她没敢颤,冻得上牙下牙要交战,她强忍住不战。"和儿子生气,要"出走",方式都是出外"薅鸡草"。走之前,还噙着眼泪为他们做了一锅只有节假日才吃的"大米肉干饭"。情绪不好,不想吃饭,丈夫却递给她半碗,"她真是吃不下去了,又不敢说不吃"……我们对于这样的描写不会感到惊讶、陌生,相反,也许会有几分亲切、熟悉。中国文化对"人"的设计似乎已作为一种集体无意识沉淀在每一个中国人的血脉里。

这种文化上的偏执论,使中国人缺乏西方人的"个性"原则,把西方人视为肉体的"身"和"情"当作"人"的全部,从而使"个体"变成了一个没有精神性的"身",至于"情"也成了必须毫无保留地在别人"身"上完成的项目。如同一部设计简单的机器不能承担过多的功能一般,这样的规定使"个体"不能成为一个内在的能动的人,而只能是一个外部人伦关系的堆砌,换言之,它只能是个静止的、必须为他人的磁力场所包围的"身"。

历史的车轮即将进入二十一世纪,呼唤"主体",寻找"自我",抛开灰色的、无我的过去,创立一个明亮的、独立的"自我"的契机已摆在每一个中国人的面前。重新设计"自我"的时候来到了!

三、悲剧人生(读乔典运的《问天》)

据政治学家研究,民主政治的确立,有两个基本条件:一是阶级或集团的存在,二是主体"个体"的存在。在阶级集团对立的情形下,通过个性的自觉,制定政治法律式的客观制度,以保障各阶级自己的权利和义务,这就是民主。

严格意义上的阶级(集团),在传统中国社会里并不存在。中国文化生命里,首先涌现出来的是"修己以安百姓"这样的道德政治观念。"修己"是道德的,"安百姓"是政治的,道德政治观念属于心灵或价值世界的事,沿此而引出的,诸如贫富、贵贱、尊卑等等,皆是价值观念,而非阶级观念。《礼记·效特性》篇云"无生而贵者",一语道尽中国文化生命中无阶级的状态。

传统中国似乎也不存在所谓"个性"的自觉。这可以从一个"伦"字上得到说明,因为它是孔子再三强调的,也是中国文化里最根本的东西。"释名"于伦字下说:"伦也,水文相次有伦理也。"即伦是指由自己推出去的和自己发生社会关系的那一群人里所发生的一轮轮波纹的差序,表示条理、秩序的意思。目力所及,是人和人往来构成的网络,而且说:"亲亲也,尊尊也,长长也,男女有别,此其不可得与民变革者也。"(《礼记·大传》)即这个人伦的框架永不能变,独立的"己"被融汇进去,直至混同、消失。

阶级无形,"个性"无由产生,民主要想转出,只能成为虚幻。千百年来,中国(多数)一代代地生存延续下去,却是病态的,他们像缺铁的贫血儿一样,苍白的脸上从来不曾闪现过民主带来的红晕;与此同时,封建权威的阴影乘虚而入,稳占了国民的意识,甚至以集体无意识的方式沉淀下来,相传相因。一向以刻画农民灵魂著称的老作家乔典运,在他的短篇新作《问天》(原载《北京文学》1992年第10期,转载于《小说月报》1993年第3期)中对此作了力透纸背的剖析,使人读毕产生许多感慨与思考。

小说一开头就写道:"三爷头痛了……痛得像锥子扎刀子剜……是碰上了难题。""一个老百姓用头干啥?地咋种、啥时种、种啥、啥时浇水、啥时施肥、啥时锄、啥时收,等等,上级都替你想了,你别说不会想,就是会想,想得再美也是白想,想多了还犯王法。"形象地概括出了"人生真谛"。这些形而下的纯物质纯日常的事务都是"上级"(权威)安排的,更何况精神领域的呢?自然经济状态下的农民不可能也没有必要与政治有缘。然而这一次,王支书要搞差额选举,充分民主,让每一个村民自己独立地在张文和李武之间选一村长。难怪三爷想(思考)得头痛。经过几十年大风大浪,在村子里香得流油的头面人物三爷,正襟危坐,吸着烟(因为上级想问题时就是这样),想了整整一天。一会儿要选张,一会儿要选李,这时他的标准是"谁对他好",张挽回过他的面子,李的母亲救了他的命,所以无法定夺。我们看到,三爷的立足点根本不是什么团体利益,甚至连狭隘的地方主义都没有。后来他又运用"谁对王支书好"这一观点和掷硬币、碰命运的方式"选举",再次展现了在他农民的头脑中根本没有半点的民主独立概念,也没有民主要求和希望,他只是遵循着"冤冤相报"、"你敬我一尺,我敬你一丈"的小农意识行事。最后,三爷"豁然开朗",他批评自己说:"为啥不扳倒树枝捉老鸹哩?……去问问王支书不就蹬根了,王支书一句话顶上自己想几天。"潜意识中隐藏的"权威"适时站立出来,领着无民主意识的村民三爷重新走向"权威"。"权威"不说,三爷便抓耳挠腮:"你咋是这号人?怕我走漏风声不是?三爷不是走小话的小人,这里又没外人,只有你知我知,树又不会传话,你说吧,选谁?"至此,文明世界的公民一定会大惑不解,或者为之喷饭。然而,作为当局者,作为生活在其中的中国人,感到的却是难以抑制的悲酸、沉痛与沉重!

历史发展到今天,世界已进入高速发展的现代化社会,而在华夏的大地上,华夏子孙们,尤其是华夏农民们,却仍然在古老的黄土地上匍匐,有意无意地重演着演了几千年的人生悲剧、意识悲剧!

英国哲学家罗素曾总结过西欧和美国精神生活的三种来源:一是希腊文化,从希腊得到文学、艺术、哲学和数学;二是犹太人的宗教和伦理,即上帝面前人人平等;三是近代科学产生的现代工业主义,从此得到力量和关于力量的知识。从这儿可以看出,西方文化是重自然、重客观、重知识的,亦即"智"的文化系统,这对产生民主是极为便利的(在此不赘论)。罗素提到的三种元素,无一曾在中国文化的发展中占有一席之地。中国文化着力于人物的内心,重主观、重道德,属于那所谓"仁"的文化系统,用心唯在以成圣贤人格为终极目的,政治方面只追求圣君贤相之形态,因此中国以往历史发展中没有出现民主政治。或许,这是中国缺乏民主的深一层原因。

自戊戌变法、新文化运动以来,尤其是改革开放的十多年,中国人的思维模式发生了空前的变化。不仅引进了西方先进的科学技术,而且民主权利的种子也找到了生根的土壤。经过中西整合后的民族意识有理由要求在《问天》中看到一个具有民主观念的农民王支书,也有理由在生活中看到更多的王支书、李农民、赵市民!但是,由于文化具有深厚的继承性,其陈旧因素不是一下子就能斩草除根的。所以,目前我们所面临的挑战、所遭遇的问题远远严峻于我们所想象的。

敏感、老道的作家乔典运,在这个时候抛出他的《问天》,可谓匠心独具,发人深省。

原载《南都学坛》1993 年第 2 期

本质不虚假　细节欠真实
——评乔典运同志的新作《妈妈》兼及其它

王志尧

"老乔故事编得美!"不少读者对老作家乔典运如是说。细品味这句朴实无华的评论,既有对他善搞创作的褒扬,也稍含指摘之微词。乔先生是位轻易不大出山之人,常年待在那一方天地里,而作品却如泉涌。哪有那么多东西好写的?于是就连那极平常极琐碎的生活小事经他的生花妙笔一炉灶,准是一大篇安鼻子带眼儿的文章出来,这的确是老乔的本事,不能不服。所谓含有微词,是指"编故事"说的。民间俗称编故事为"说瞎话儿",瞎话可不就是假的呗!所以从另一角度看老乔的作品给读者留有一定成分的虚假印象。

近读他的新作《妈妈》,原载1992年9月19日《河南日报》,尔后被《读者文摘》、《散文选刊》、《南报日报》等多家报刊转载,足见其备受青睐的殊遇。然而据笔者看来却不敢恭维,甚至不认为是一篇纪实性的散文,若视为略显夸饰的荒诞小说似乎还差不离儿。道理何在?是由主人公性格纠葛中的矛盾造成的。

有同志做过这样的分析:"我常感慨于这样一些事实:资本主义国家的不少影片和作品,从内容来看,明明是假的(无本质真实),但却能给人以真实可信的感觉,很卖座……而我们国家的一些影片和作品,从反映本质真实的角度看,真,但给人的印象却是假的。"①老乔的《妈妈》就能够对号入座。

一、德高望重之人无由挨批斗

妈妈是大伙公认的真善人,吃食堂饭时被大家推选为掌勺叉打饭。可别轻看了这个岗位。那年月,"一天三两二两粮食,有时一两半两,分成三顿,又分到每勺里能有几粒糁子?掌勺的要想对你好,从锅里猛地捞一勺,便稠的多稀的少,不管别人死不死保你活着。要想坑你,从上面跟你撇一勺,便全是清水没有稠的,别人活不活保你得死。她不,不论给谁打饭,打之前都要先把锅咕咚咕咚

---

① 陈长生:《如何看待这团迷雾》,《南都学坛》1993年第2期。

搅搅,搅匀了再打,人们喝到碗底比比,沉在下边的糁子都差不多"。她一律平等待人的作风的确是难能可贵的。群众的眼是雪亮的,没错选这个掌勺人。在那特定的历史条件下,这个攸关人们生死存亡的掌勺叉之权让妈妈担当,说明她威望高,群众基础好。同时,干部们没让那些逢迎拍马之徒干这份差事,说明干部的民主作风还不算太差。当有的干部打饭时让她别搅从锅底盛,她照样搅,说她是瞎子,她不认账,还当面质问干部:"给你少打了?"说明她不仅能坚持正义,主持公道,还有点斗争精神哩!她的所作所为多像李准给我们塑造的那个妇女的好榜样李双双啊!这种人一身正气,两袖清风,德高望重,那些想多吃多占的干部见了她也不得不敬畏三分,谁敢缠她的事儿!可是文中又说"后来批斗她,说她不分好人坏人,不分敌人自己人,没有立场,没有觉悟,叫她检查……"转眼变成一个遭受欺负的老鳖一。

显然,站得正行得端公道掌勺叉的是一位妈妈,无端挨批斗的又是一位妈妈。实际上,像李双双那样的巾帼英雄抬爱都抬爱不及,哪里还会挨谁个的批斗不成?!显然是乔先生弄错时代背景之后所杜撰的阴差阳错的故事。

二、不该拒收儿子已带回的竹躺椅

谌容的获奖小说《人到中年》中塑造了一位左得可爱的马列主义老太太,凡事都爱上纲上线。老乔的《妈妈》在处理儿子给她买的竹躺椅事件上颇有点马列主义老太太的遗风。

作者写道:"一次,儿子捎回来一张竹子做的躺椅,她看了很不高兴,说:'买个这干啥?'儿子表白道:'你上岁数了,有时候累了坐坐躺躺方便些。'她说:'我不要,想坐了有小椅,想躺了有床,你拿走!'儿子很为难,解释说这是最低档次的东西,不算个什么。她说:'别看左邻右舍只隔个山墙,我只要躺下去大腿往二腿上一跷,马上就变成十里八里远了,谁还和咱来往?!'在她的坚持下,儿子只好把躺椅又拿走了。"

作者选择这个典型事例意在说明妈妈一时一刻也不脱离群众,儿子越是做官了,她越是注意这一点。不过真理超过一分便是谬误,这里就有点弄巧成拙之憾。众所周知,近些年来人们的物质生活水平普遍提高了。作为吃食堂饭时就显露过身手,后教子有方,儿女们都工作了、当官了,一齐孝敬她的好妈妈,又遇上了该是大有用武之地的年月,恐是早已脱离了温饱型变成小康之家了。现在家中添了张竹躺椅,犯不着"很不高兴"。别说一张档次不高的躺椅,就是电视机之类的现代化用品也早已走进了寻常百姓家,何脱离群众之有?再说,妈妈即使不习惯,既是儿子用心用意给捎回来了,可以放起不用,但不必定要威逼着儿子再拿走啊!竹躺椅不同小件物品,这么笨重的家什,妈妈怎肯让儿子再操返运之劳呢?她可以劝儿子今后别再枉花钱买这些不适用的家什了,但既已买回也只好作罢。待儿子再次回来询问妈妈为何不用躺椅时,她再语重心长地解释用了会脱离群众的道理。这样,不仅使儿子更感到妈妈的可敬可爱,从中受到更深层次的濡染教育,也使妈妈的优秀品质得到进一步的拓展。既能表现妈妈海一样宽广的胸怀,富有远见卓识的道德风貌,也可揭示儿子尊老敬贤的美德。而作者非让妈妈威逼儿子拿走这笨重家什的言行委实悖情悖理,不可思议。她给读者留下的是固执、疙瘩、不近人情的不良印象。这与作者本想歌颂妈妈的初衷大概是背道而驰的吧!

三、三道"金牌"招子辞官令人费解

"望子成龙"即想叫孩子有点作为,这大概是做父母的普遍心理。老乔的"妈妈""用奶水汗水泪水养育大"了几个孩子,却是另一种心态。当人们给她报喜,说县里开人代会她儿子选上县长了,她没喜,心里倒像突然塞了块石头,竟然"一天里捎了三趟信叫儿子回来"。儿子以为出了什么事,散会后半夜赶回家里。原来是动员他辞官的。

其实,我们稍加剖析,便不难看出这话虚假得可以。可以肯定,县城离她家很近,要不山高皇帝远的一天该有几个进城办事之人能顺便捎去三趟信呢?明理的妈妈就不怕耽误儿子的工作吗?既是相距不远,就不该频频传唤当大官的儿子。从许多人进城办事很便当的情况分析,交通也很便利,妈妈有话要告诉儿子怎么就不会自己去一趟?!要不然等儿子得便探家时再叮咛他辞职不是比较合乎情理一些吗?!一天三趟传话催儿子回来训示之举大谬不然。儿子既已干到这个职位,一个农村老太太管得了这等事吗?已是什么时代了?妈妈有那个权威性吗?她比不得杨家将中的那个佘太君,更比不得《红楼梦》中的那个老祖宗,作者赋予妈妈遥控儿子的壮举可以解释为时代之错误。

反过来说,儿子当县长妈妈应在意料之中。因为儿子在妈妈的关照教养下,知书达理,妈妈对他的表现了如指掌才对。儿子当选县长之前最低也是科局级干部,或者是副县级,而且是政绩卓著的好干部。如今不过是升了一级半级而已,怎么就使得妈妈觉也睡不着,一天三趟捎信传儿子回来要他辞官呢?!她对儿子以往的能力和表现若是不存异议的话,怎么突然一反常态无端地怀疑起儿子来了呢?据此,无论从哪个角度来说,一天三道"金牌"招儿子回家的描写都是欺人之谈。一般来说,一个农村老太太对官至县长的儿子只有听儿子的安排,没有安排儿子干预儿子的道理。这种连连传唤儿子回来命其辞职之举不是显得多管闲事和缺乏自知之明了吗?为了颂扬妈妈教子有方却实则只能往妈妈脸上抹黑的效果恐怕也是违背作者写作之初衷的吧!

四、佳作举隅

笔者对老乔一向是佩服的,但唯有读及这一些虚假内容的创作总觉别扭。若说《妈妈》是老乔一时的粗疏,则他多年间发表的一系列作品,其虚假性如同一团迷雾不时地向读者袭来,首先在我的脑海里就极难抹去。君若不信,不妨再举一典型例子,看这是否老乔创作的小纰漏。兹举其《不倒的树》(《南阳文艺》1979年第3期)中的几个细节描写,便可见端倪。

小说描写县委书记石坚,路遇老五保李大娘等农民卖生桃生杏,回机关后立即让司务长用他的工资,不够时让扣下个月的工资,将群众卖的生桃生杏统统买来,一个也不许剩,分给县委大院的干部们。那年月,干部们的工资普遍不高,石坚的老婆还是个没有工作的小脚女人,他的工资买生桃生杏,让他的老婆孩子喝西北风?!这是解决问题的办法吗?根本不能令人信服!这显然是作者瞎编的假动作。还有下边一段描写也只能蒙骗没有参加过"文化大革命"的后来人。

请看这段荒唐的描写:"恩情如山,海枯石烂也不会忘了啊!九年前,一个能烤焦树叶的大热天,一群牛头马面押着石坚夫妇,去到石坚蹲过点的小王庄搞现场斗争,从早斗到半下午。石坚老两口在毒热的阳光下晒着,不准他们喝一口水、吃一嘴东西。他们头上脸上的汗水哗哗直流,再加上胸前挂着沉重的牌子,老两口东倒西歪站不稳,晕倒了被抓起来又斗。群众揪心一样的疼痛,不少人流下了眼泪。可是,又有什么办法呢?这时,正在会场卖桃的李大娘突然大叫一声:'我揭发石坚!'

那群牛头马面斗了一天,当地的人没一个附和,正恨群众落后哩,见这个老太婆要揭发,真是喜出望外,忙把李大娘扶上台。李大娘走到老石夫妇面前,把眼泪咽到肚里,强忍着怒气,揭发道:'他,他,他看我是个五保户,成年没有零花钱,缺油少盐怪困难,就收买拉拢我。他不是给我送去这思想那主义,他扛着一捆子树苗去给我说:老婆子,我给你栽几棵摇钱树吧!他又挖窝又担水……'

那伙人插话道:'大家听听,走资派就会用小恩小惠拉拢人,腐蚀人的灵魂,把人引向资本主义道路,这是糖衣炮弹!'

'对!'李大娘气得咬牙切齿,从篮里拿出几个红艳艳的蜜桃,说:'看,这就是你给我栽的树上结的糖衣炮弹!'她把几个桃子硬塞给石坚夫妇,命令道:'现在我觉悟了,你们得把这些糖衣炮弹吃下去!'台下的群众活跃了,纷纷大声呼叫道:'吃呀!吃呀!不把糖衣炮弹吃下去,坚决不答应!'

李大娘看着石坚夫妇吃下解渴当饥的蜜桃,不由笑着流下了眼泪……"

那是个造反派横行霸道的时代。那些揪斗县委书记石坚的一群人能眼睁睁地看着五保户李大娘将"红艳艳的蜜桃""硬塞给石坚夫妇"让他们吃下去吗?怎能等到他们将这些又解渴又当饥的蜜桃吃完之后,造反派们才忽然发觉上当了呢?"文化大革命"假若真的是那么个情况的话,也实在是没了火药味了。李大娘的"斗争艺术"堪称石破天惊,千古绝唱。

不需要浪费文字语言过多地剖析,五保老太太在斗争会场上让"走资派"吃蜜桃的细节不过是老乔信手拈来的文字游戏而已。诚如是,造反派们也太"温良恭让"了。他们怎能眼睁睁地让被揪斗的对象吃大人小孩儿都喜爱的红艳艳的蜜桃呢?笔者当年即为"老三届"中的一员,天南海北都转过,大小批斗场面见过的不少,唯独没听见说过有叫"当权派"在批斗会上挨整吃蜜桃的新闻!若是这种不合实际的瞎编也叫创作的话,怎不叫人啼笑皆非!

类似这种只能取悦于一部分读者的虚假小说在乔作中占有不小的比例。限于篇幅,就不再一一列举了。

五、结束语

乔典运同志为我们塑造的这位妈妈形象,猛一看很有特点个性,也有多种优点,连缀一起分析,发现有不少互相抵牾之处。有时看她很胆大,如不按干部的旨意打饭,甚至当面质问干部;有时又极胆小,如听说儿子选上了县长,心里像塞了块石头,睡不着觉,生怕儿子干不好犯错误挨骂名,甚至连个竹躺椅都看成是脱离群众的物品,等等。若说她一向严格要求儿子的话,儿子的每一个进步她该高兴,该支持他干好工作,她却令其辞职。若说不相信儿子,为什么儿子选上县长后才给他敲警钟?以前干上科局长或副县长时也是让他辞官不干的吗?……综前所述,她掌勺叉那时办事公道敢同歪风邪气作斗争,是李双双式的人物;她把坐竹躺椅看成严重脱离群众立逼儿子拿走且爱上纲上线的言行酷似《人到中年》中那位左得出奇的马列主义老太太;一天三趟捎信让当上县长的儿子回家受教化的举动俨然一位有杀伐决断的封建时代的有身份地位的老家长;没当过官却挨过批斗只该认作一个身遭厄运的窝囊废老鳖一。由此看来,该篇的夸饰和人物性格的多变或许可以借用鲁迅先生在《我怎么做起小说来》中所说过的几句写作谈作解:"所写的事迹,大抵有一点见过或听到过的缘由,但决不全用这事实,只是采取一端,加以改造,或生发开去,到足以几乎完全发表我的意思为止。人物的模特儿也一样,没有专用过一个人,往往嘴在浙江,脸在北京,衣服在山西,是一个拼凑起来的角色。"她既是"一个拼凑起来的角色",就应摒《妈妈》于散文之外,纳入小说的范畴;更由于她的一系列言行多有悖谬,所以似乎还应在小说前面冠之以"荒诞"来限定。

乔先生是位有成就的名作家,过去听到的多是赞歌。鄙人却对他的作品大不敬,特意把《妈妈》和《砍不倒的树》作为例证,做了如此尖刻的批评,但绝不是为了标新立异、故弄玄虚,更不是为了贬低乔先生、诋毁他的功名。真的想通过这少数作品的解析指出其不足之处——窃以为是带有通病的东西,只是虚假程度的轻重而已,以引起他的注意,以便使他在今后的创作中力戒此弊,创作出更加完美、更臻成熟、更加无愧于时代的优秀作品。诚如是,本文所使用的语言即便刻薄了点儿,只要果真能达到上述目的,还是比不痛不痒地说一通折中公允的评论有实际价值一些。不知乔先生和读者诸君以为然否!?

原载《南阳师专学报》1993年第4期

民主何以难坏了三爷
——读乔典运的《问天》

雷 达

果戈理的一出喜剧临闭幕时,人们笑得前仰后合,不料剧中人忽然转身对台下的观众说,你们笑什么,你们笑你们自己!弄得绅士淑女们一时哑然,都有些脸红耳热。我读乔典运的短篇《问天》,起先也是忍不住发笑,后来就有些笑不下去了,居然也有点含泪的喜剧的味道。

笑什么呢?笑作品中的主角,我们可爱复可悲的三爷,虽然只是个普通公民,却在选谁当村长的问题上左右为难,寝食不安,受了大罪,苦思冥想以至脑袋瓜疼。他把硬币抛向天空占卜,结果无效,专程到村支书那里"摸底",碰了钉子,于是"生气"、"发火"、"骂娘",闹得不亦乐乎。为什么脾气很好、一向平静度日的三爷,不搞民主选举时倒也相安无事,一旦叫他"想选谁就选谁"的时候,竟会陷入极大的窘境?原来三爷有他的逻辑,那就是:你们吃着皇粮都怕想,干嘛让老百姓来想?你们想叫谁当就叫谁当,为啥叫老百姓受这号洋罪?派款派捐我们都出了,没啥派了又派头痛,我痛得起吗?看来,三爷的思路确乎有点怪,要晓之以理不那么容易,只能对之苦笑。然而,若往深处想,又会觉得,可笑的决不止三爷一个人,遇到类似的情景,抱着比三爷高明不了多少的矛盾心态的人,恐怕大有人在,而且,究竟是什么原因致三爷于困境,造就了三爷式的心态,怎样才能使三爷由偏执归于正常,不再逃避民主,则是更值得深思的问题了。我想,乔典运创作《问天》,不是拿三爷寻开心,也不是嘲笑三爷不觉悟,而是以善意的讽刺,从一独特角度探究民族文化心理的严肃追求。

我们或许会认为,这次搞差额选举,难度不是很大,而且要求"两人选一"并非单独对三爷一个人的苛求,三爷没有必要这样如临大敌、惶惶不可终日嘛!可这就有点太不理解、太不体贴三爷了(三爷知道会发火的)。在作者笔下,三爷是个诚实、怯懦、谨小慎微的人,对这个特定的人来说,选村长的事落到头上(尽管不是落到他一个人头上),倒也确实棘手得很哪。首先是,"只能选一个,选两个作废"的办法,在他看来无异于"一个闺女许给两个男人,叫两个男人去争一个闺女,能不头痛吗"。显然,三爷尚停留在不知民主为何物的状态,缺乏起码的民主文化意识,于是"选"出自己信任的、能为人民办好事的人的神圣权利,在三爷那里就变成多余的负累了。但是,倘若设身处地替三爷着想,就又觉得情有可原。因为既然要"选",就要"想",而这种"想"对三爷是不堪承受的重负。是三爷太懒惰了吗?不,三爷很勤劳,好不容易整治得家业兴旺、儿孙满堂。问题在于,"想"意味着独立思考,自己给自己做主,而三爷多年来则是不愿"想"、不会"想",以至不能"想"了,现在突然要他在极短的时间学会"想",作出抉择,他能不憋出病来吗?正像小说写的,三爷作为一个尚未摆脱愚昧和麻木的老农,"他的头没有用过,就是用过也是小用,没有大用过","他的头娇生惯养年代久了,就不会想了,一想就痛,又是大用大想,就痛得更狠了"。那么,平时遇事他不想,谁替他想呢?上级、领导,具体地说,就是王支书。三爷说:"抬出我和王支书抗膀子,我可担当不起。"尽管村里的年轻人很看不起三爷的畏首畏尾,但三爷的"只听不想"的哲学未必没有市场。上点岁数的人都服三爷,说:"跟着三爷走,四季保平安。"在这里,作者委婉而颇含深意地指出,三爷之所以面对民主选举手忙脚乱,其源盖在于"唯上"的奴化心理作怪,自我意识和民主意识的酣睡。这貌似滑稽,其实是并不鲜见的事情。那些把普选证丢在不知什么角落里的人,比之三爷又能高出多少呢?

我想,单单指出三爷的抉择之难,怕得罪人,怕动脑筋,唯上是听,还不是他缺乏民主文化意识的全部,只有在正面写到三爷的选举心态和选举标准时,才见出了一点深度,也才见出了三爷的不懂民主和不会使用民主的窘迫。三爷何以在张文和李武二人中举棋不定,反复无常呢?是掂量谁更能为群众办好事,谁更具有改革精神吗?不是。三爷的标准是,一看支书对谁好,二看谁对自己好,除了"唯上"就是"报恩"。其实唯上也与报恩有关——当年王支书曾经手下留情,没有割他的资本主义尾巴,近来又帮他当了养鸡专业户,此恩不能不报。而张文和李武又各有恩于他,这就不能不难坏了三爷。说穿了,让三爷为难的并非民主,而是他自己的择人标准在民主面前的无法实施,他只好迁怒于民主罢了。在小说的调侃笔调中,张文、李武二人并非不能分出高下:张文是个善于察言观色、投其所好的机灵鬼,拍马屁而不留痕迹,颇得王支书的欢心;李武则是磊落、耿直、不顾情面、富有改革精神的人,幸好王支书还不糊涂,使他也得以跻身候选人之列。可惜,由于三爷苦苦追究的是王支书的好恶和他们二人对自己的恩大恩小,真正的优劣反被放过,民主的真意丧失殆尽,选举的初衷便被弃置一旁。这才是民主所遭遇的悲哀呢。我们尽可以笑话三爷,但也不妨扪心自问,我们的择人标准,隐秘的出发点比之三爷又高明多少呢?也许你有堂而皇之的外表,你有高深的文化,你可以滔滔不绝地讲述民主的来由和定义,但你的西装后面藏着的一颗私心呢,大约并不比三爷光亮多少。

还有一点需要注意,就是三爷的窝火,恼羞成怒,含有这样的委屈心理:你们把我塑造成这样,到了遇上事情,就又不管我了,叫我怎么办?不能说三爷的愤慨全无道理,也不能说三爷性格之形成没有极悠久、极深刻的历史文化原因。

我们无须详细罗列文化积淀之类谁都知道的道理,三爷的人格萎缩至此,当然冰冻三尺非一日之寒,可以说他在选举面前的惶惧,背后有整个庞大的传统文化的阴影。但太古老的不说,近因有没有呢? 也有。比如几十年的大风大浪,年年都有人挨批挨斗,而三爷居然落得一身清白、平安无恙,不能不说他是善于总结经验的。三爷的唯上是从、唯上是听,也未必不是一种省事和省力的智慧。这是不能全怪三爷的。就拿王支书来说,这一回他是守口如瓶,死活不肯透露他心目中的村长是谁,算是坚持了一回民主,可是平时呢,过去呢,还是今朝有酒今朝醉,所以被李武斥为"酒党"。可见,三爷的惧怕民主,逃避民主,视束缚为正常,视民主为灾殃,固然比较极端,是站惯了不敢就座的表现,而村里其他人的民主也还停留在口头和形式上,大有提高之必要。所以,三爷的精神能否解放,民主观念能否树立,确乎不可能单独完成,有待于整个文化环境的改善。就这个意义上看,三爷的牢骚不无道理。

三爷在向支书摸底碰壁以后,大为光火,骂道:"你不给老百姓做主,老百姓也不给你做主,咱看看谁日哄过谁?"他采取的绝招是,金蝉脱壳,逃之夭夭,在选举的当天,天不亮就率领全家上山挖野菜去了。这可真是:民主来了,三爷跑了;民主下乡了,三爷上山了,令人又一次忍俊不禁,只有苦笑的份儿。不过,仅仅把三爷的此举视为胆怯,未免太简单了,三爷终究不是等闲之辈,这一决策也自有其智谋,其要害在于回避矛盾。这一战法也不是三爷的发明,在我们民族的古旧簿子里早有记载,鲁迅先生也早就慨叹过,中国的好多事情包括改革,无不坏在这种不争、贵柔、回避、敷衍之中。

关于三爷的行止,我们大概只能说这么多。《问天》是一篇政治文化意识比较浓厚的、带喜剧味儿的小说,这也是作家乔典运一贯的风格。他的获全国短篇小说奖的《满票》,与《问天》可谓姊妹篇。我更感兴趣的是作者的眼光和表现的手段。如果仅从表层看,这小说比较直白,若放进广阔的社会生活,你会觉得它是小人物、小悲欢、大主题、广意蕴,整篇小说甚至可看作一个寓言。作家把习焉不察的、人人心中有的东西,加以集中,赋予诙谐的笔调,是经过一番提炼和深思的。它滑稽、好笑,却并无夸张。讽刺的生命是真实的,作者是牢牢把握住的。作者之于三爷,既无冷嘲,也无热讽,甚至"哀其不幸,怒其不争"的态度也不明显,更多的是同情、理解、善意的揶揄,就像农村的老伙计们互相开玩笑似的。这大概与乔典运多年的农民身份有关。

三爷,您老受累了,但你睡得太久,也该醒来睁大眼看看这热闹的世界了吧。

1992 年 12 月 10 日
原载《文学世界》1993 年第 1 期

乔典运:随时提醒自己不要忘记

刘思谦

偶尔读到老乔的一篇短文,写他自己经历的一件小事,题目是《不要忘了自己》,大意是说他这几年沾了"知识分子也是工人阶级的一部分"的光,当了一个单位的副主任,很高兴。有次一位领导通知他去县医院检查身体,说是给领导检查,还说他也是领导,他便喜上心来飘飘然忘了自己是谁了。不料一位具体负责人睁大眼睛板着脸孔冷冷地说:"今天是领导们检查身体,你来干什么?"他的头"嗡"一下炸了。他把目光转向那位让他来的领导,希望这个具体负责人的话会得到纠正,谁知那位领导什么也没说。满屋子人盯住他看,他无语地低下头尴尬地离开了。老乔由此得到启发:"人,什么都可以忘记,但千万别忘了自己有几斤几两,忘了就会自找没趣,自讨苦吃。"老乔后来告诉我这篇文章的第一句和最后一句话,被好心的编辑删去了。它们是,"我曾经以为自己是个人了"、"原来我还不是个人"①。我想,只要是"文革"年代被打入另册、饱尝过不是人的屈辱的人都能够明白他说出和没有说出的话,能够读出其中作为人的渴望和苦涩。老乔还说他这几年别的没学会,学会了"忆苦思甜",苦味很浓很悠长而甜味却淡淡的。他要随时提醒自己别忘了人尽管渴望作为一个人活着然而却很难很难。

乔典运写小说已经有40来年了。80年代以来,他开始把目光盯住了专制与贫穷双重挤压下人的精神愚昧,盯住了芸芸众生苟活自欺的心理和卑琐的灵魂。那篇短文被删去的两个短语所构成的人的悖论,恰恰是乔典运小说的一个隐藏的"文眼":人之为人的理想和人之非人的现实。他越来越像一个心理学家那样观察思考人的心理现象。这是最坚固、最厚重、最顽强的现实,是一面任你千声呐喊万声呼叫也难以撼动的冰冷的墙。对这座心理墙堡的冷静透视和叩问,使乔典运在当代文坛上成为一个执着和清醒的现实主义者,也使他的创作超越了农民、超越了题材而具有了某种形而上学的普遍的人文意义。他相信只要在中国这片土地上还有贫穷和愚昧,文学的人文主义价值目标就不会消解。

老乔在默默守护着文学的魂。这在当今似乎是一件显得有些古老的工作。

---

① 见《河南民生》1993年第7期。

半个心理学家

他的小说人物身份多为农民,说的是地道的豫西南口语,其叙事方式也一直沿用传统的故事结构,有头有尾,有根有梢,常以一个日常生活细节作为故事关键情节枢纽,牵扯出几个人物来,发生一些不无夸张的小纠葛小波折,像是一个随意拽出的线头扯出一个小小的线团来。总之,他把小说的外形打磨得很俗很土,搞了一个土包装,就像他口口声声人前人后不忘声称自己是"山野之民"、"草民百姓"一样。

然而其内里却有一束现代理性之光,光的聚焦点是社会病态心理。小说的框架全凭人物的心理逻辑来支撑。他的大部分小说其实是心理寓言小说,即采用寓言这一古老的叙事方式,取之近譬而有深意藏焉。评论家阎纲说他"大俗成雅",这雅就老乔而言,我理解绝非超凡脱俗闲适幽雅的雅,而是出于俗又高于俗的现代理性意识,是对于作为社会动物的人内心世界的洞察和了悟。

他已经写出了一个小说人物系列,揭示了几种社会病态心理类型,可是却从不在人物的名字上花费心思。男的都叫何老五、王老五、陈老汉、王老汉之类,女的都是什么花什么芳。在他看来,叫什么名字无所谓,它们不过是与某种心理共名的符号,这也正是寓言小说人物的一个特征。

下面对乔典运小说人物的几种心理类型进行解读。

惊恐型

代老大(《雪夜奇事》)、何老五(《笑语满场》)、于光宗(《人和路》)、李玉娥(《小猫不知人间事》)及王老五、王五婆(《冷惊》)

惊恐已成为他们的常规心态。他们总是怕。走路怕踩死蚂蚁,树叶掉下来怕砸破头,前怕狼后怕虎,提心吊胆过日子。迈一步之前就经过了左顾右盼,迈过去之后又一步三回头,总怕给自己招灾惹祸。当预感到大祸就要临头,心理恐惧成为生理痛苦:"想起下台的刘支书整人的样子,不由得头皮就麻了。""事事疑神疑鬼,像得了小儿惊风,一惊一乍的。屋里墙上的喇叭响了,他紧张得不得了。"(《冷惊》)。此种心态心理学谓之"精神负重",俗话说的"惊弓之鸟"、"一朝被蛇咬,十年怕井绳"。

惊恐作为心理现象,是感觉、情绪、思想等心理功能的综合表现,久而久之往往能呈现为观念化、性格化。"平安就是福"、"是福不是祸,是祸躲不过"、"躲过初一躲不过十五"、"在劫难逃"等格言式观念烙印于心,并指使着他们的行动,表现为谨小慎微、怯懦驯顺的性格和低眉顺眼、唯唯诺诺的举止神态。

趋安避祸是人的生存本能,人都有躲避惩罚灾难的心理机制,面对可能会给自己带来损害和痛苦的东西,会引起本能的躲避反应。那么在这几个人物心理上引起躲避反应的是什么?我想是权力畏惧和社会伤害。

在他们心目中,权力的代表是干部。这里需要作一点具体分析而不能简单化地归之于奴性心理和封建传统观念了事。活生生的事实毕竟比几十辈子之前的传统更有力量,对人的心理影响更大。如果现实环境中不再发生足以印证传统的事情,传统也就不再是一种可怕的力量了。难道不是生活中总是出现刘支书、于占山那样依仗权力作威作福的干部,王老五、何老五们才知道了权力的厉害吗?何老五开导儿子说:"人家不是好惹的,就凭几个平头百姓,能放倒人家这棵大树了?到底还不是打不住黄鼠狼惹一身臊气!"他认定选举是"上级选人百姓举手",你想不选也是白不选。何老五的权力恐惧已经观念化了:"人家就是老天爷,你就是有天大的本事也逃不出人家的手心。"(《笑语满场》)可见权力在何老五心理上引起恐惧,是因为现实生活中的于占山们之所作所为遏制着他们的平民意识、民主意识,迫使他们匍匐于权利的淫威,把他们作为人的自尊自重和平等权利、民主权利的要求禁锢于无意识深处,你是人我也是人的意识还在他们心中沉睡。

社会伤害说白了就是整人,无论自己是直接挨整还是间接挨整,都会在心理上留下记忆犹新的可怕印象和刻骨铭心的痛苦体验。这种印象和体验像放射性元素深埋心底,一遇时机便释放出心理能量,出现惊悸心理反应。王老五得知自己无意中骂了支书老婆,吓得惊恐万状,预感将大祸临头。他害的妄想症,是整人这一社会伤害的噩梦留给幸存者的后遗症,是昔日的痛苦记忆带来的心里痉挛。可以断定当今50岁以上的中国人大都患有程度不同的挨整恐惧症,有类似王老五那种朝不保夕、战战兢兢的心理现象。冯骥才的《啊!》、林斤澜的《哆嗦》对此有过真实的描写。

现代心理学各派一般都承认人的行动是由心理(弗洛伊德:"心理是包括各种感觉、思想和愿望的一个过程。")支配的。而心理又是怎样形成的呢?回答就不尽一样了。弗洛姆把弗洛伊德的"潜抑"、"压抑"说发展改造为"社会压抑"、"社会无意识"说,苏利文认为个人心理是由他出生后所接触的人及社会逐渐塑模而成,两人都把社会力量对心理的形成放到了重要地位。可以看出,强大的社会压力是何老五、王老五们惊恐心理的塑造者,或曰社会压抑的心理化。他们害怕"穿小鞋"、害怕挨批斗、害怕"入另册",因为这一切意味着生存的基本权利被剥夺,意味着被社会歧视和孤立。种种害怕加深了命运的不可知感,生死祸福仿佛被一只无形的巨掌攥在了手心,人格的自卑感便更加深入骨髓,只有那大智大勇者方能不被这恐惧的乌云所吞没而无畏地挺立于天地之间。

偏执型

张老七(《村魂》)、何老十(《满票》)、刘老大(《刘王村》)、牛二(《山妖》)、陈老汉(《从早到晚》)、四叔(《借笑》)、"火眼左三"(《气球》)、《笑城》的公民们和《无字碑》里的村民们

这些人目光呆滞表情死板,看起来有点憨有点倔,类似戏曲舞台上的"过于执"。他们恪守一种刻板的行为模式和一成不变的观念,其性格也可以说是认真严谨一丝不苟,也可以说是固执乖戾刚愎自用,得具体看是什么人什么事。他们共同的心理特征是执迷于某些过时的观念形成偏见,在心理上郁结成一个化不开的团。偏见比无知更可怕可笑,他们则是二者兼而有之,心理那块板结的观念团便像是一棵铁树长在心上了。那么人的品质好坏一点区别也没有了吗?有的。例如同为固执,在张老七、陈老汉身上表现为愚昧,而在"火眼左三"和四叔身上便是专横。然而我并不认为这样的区别是一次性的一劳永逸的。善良的偏执与邪恶的偏执之间并非不可逾越,一旦条件发生变化,张老七、陈老汉又何尝不会变成"火眼左三"式的人物呢?

他们都执迷于哪些观念呢?

无条件相信上级,绝对听上级的话。这是张老七式愚忠者做人的魂。他明知干部老王说话有水分有折扣,可他硬是一点折扣也不打,叫砸多大的石子便砸多大。他这样做的时候,心里有一种独立支撑的高大感。张小亮开导他:"信不信不是目的,目的是修好公路。"可张老七的问题恰恰是把信不信上级的话当作目的,目的里还包含另一层目的——满足自己在道德上众人皆奸唯我独忠的虚荣心。

居恩图报与知恩必报。这是刘王村这个讲良心的村子的精神纽带。刘老大自从给村子找到了刘秀当年饮过马的饮马坑的水,村民们便把他当神孝敬,给他吟唱了30多年的赞美诗。这是刘老大的精神享受。他认为自己当之无愧,认为这个村子的人喝了他找到的水他们的心也就姓刘了。王三赖打出了比饮马坑的水好喝得多的水,村民们开始去那里打水喝。刘老大心里老大不高兴,认为这是忘恩负义,是身在福中不知福,是想姓王不姓刘了。他气坏了,气病了,刘王村人又突然觉得是自己背了良心而纷纷谴责自己。恩在这里转化为刘老大的绝对权力,良心转化为村民们的精神锁链。这种转化之所以能成为现实,是因为双方都有深厚的心理基础,有村民们温柔敦厚的良心和刘老大对这良心的享用。

天赋特权。这是权力崇拜的观念化,也是权力恐惧的一个变种。泼皮牛二仗着支书让他护林这一点点权力,便抖尽了威风要尽了厉害。他其实是认为有权就应该特殊,不特殊不算有权(《山妖》)。村里有的干部搞世袭,有人愤愤不

平,而陈老汉却说:"凭啥不叫人家的儿接着干?"有的干部在别人的老婆身上占便宜,陈老汉说:"这能都怨支书?谁叫他娶那么好的老婆?"真是天经地义。由此可以预见有朝一日陈老汉如果有了权,他也会这样做的(《从早到晚》)。

他们也不是没有思维,只是思维还停留在哲学上称为本能思维的阶段,由此带来了观念的盲目性。"火眼左三"断定一只飘来的气象气球是帝修反打过来的等等,都是因果倒置的思维。这并非语法上的倒装句,而是反逻辑反科学的演绎,即断定一个结论是以某种假想的或先验的观念作前提来支撑的。"不错!里边准是个大家伙,准不是好东西,准是个大官,准是个走资派!要是个小家伙,要是个好东西,要是个小百姓,能埋这么大的坟?"(《无字碑》)这便是这种思维方式的原型语式。这种三段论演绎形式上是因果倒置,但有一个臆想的大前提即只有大家伙和坏人才埋在大坟里被省略了。我们中国人所十分熟悉并深受其害的先上纲定性再深文周纳、罗织罪名便是这样的思维。《笑城》绝不只是对不正之风的讽刺,而是以真假难辨的寓言故事载体负载了一种偏执的思维模式即经验主义思维。以封闭、保守为特征的小农意识有其务实的讲求实际的一面,但这一面就其思维特点而言是狭隘经验主义的。其思维品级尚处于自发的本能思维阶段,他们的理想王国还是一片混沌未开的不毛之地,他们是尚未从蒙昧荒蛮的思维沼泽走出来的人。

语言是思维的直接现实,也是心理的直接现实。偏执症患者的常规语言和他们的常规心态是一致的,那种不要任何事实根据和不经过任何科学习证的"准是"、"一定是"什么什么的习惯语态表现了一种妄自尊大、一意孤行的心态和性格。耐人寻味的是他们的常用语词常常是一些堂而皇之的最革命的语词。这有点像弗洛姆所说的"语言拜物教",即这些语词和它们所代习的内容相分裂,成为空洞的物质外壳,人匍匐于这些物质外壳下面,物质外壳成为人的最高主宰。"火眼左三"以革命的名义抓"里通外国的特务"时精神抖擞,"阶级觉悟高"、"革命警惕性强"等等红色语词把他的自我形象吹成了一个五颜六色的大气球,立功受奖的幻觉使他飘飘然如醉如痴。我联想到了"文革"那不断升级不断膨胀的革命语言的"红海洋",窒息了民族的良知,吞没了无数无辜的生命,而一些在"红海洋"的波涛里如鱼得水的"左三"们意气风发地抡着红色语言的大棒,其中自然也不乏由此而谋得了一劳永逸的既得利益者。

骚乱型

作家老王(《从早到晚》)、梨花(《女儿血》)、芳芳(《美人儿》)、何草(《怪梦》)他们烦躁,厌倦,心神不宁,恍然若失。

骚乱是失去了心理平衡时的心理现象。相对静止的平静被打破了,原先潜伏的内心矛盾表现为尖锐的内心冲突,使人坐卧不安、乱了方寸。如作家老王在一个小城生活了几十年,突然在一个和过去没有什么区别的普通一天里感到莫名的烦恼不安,觉得自己像是一片在潮水里随波逐流的树叶,心头一阵悲哀(《从早到晚》)。

这是自我意识觉醒过程中心理的阵痛,是理性曙光喷薄欲出时内心的风暴。一潭死水的、浑浑噩噩的、半死不活的平静打破了,内心世界像是骤然掀起了波涛的江河。从人类心理发展的漫漫长途来看,这种骚动不安的心态是人类达到自我完善自我实现境界的一个痛苦的阶梯。我们不应忽略自我意识对心理发展的积极能动作用。自我意识的觉醒是心理趋向健康成熟的表现。当你从无意识的黑夜走向意识的白昼,耀眼的阳光把原来朦朦胧胧的我和我所生存的世界照个透亮。于是你感觉到生命中勃发着澎湃的创造欲望,你再也不能对生命无谓的消耗无动于衷,原来安之若素的灰色平庸的生活突然变得不堪忍受,原来的自满自足突然变成自审自责。作家老王开始把自己作为一个客体以理性的尺度审视,发现"成天过的没啥意思"。这说明他心里正躁动着一种新的价值观念——一个人之所以为人的理想的人生价值。他的"树叶"感和《美人儿》里的芳芳对于美的困惑,正表达了新旧价值观念交错更替中自我价值不能确定的痛苦。

骚动心态的另一个方面是对客观环境产生了严重的不适应。人作为社会动物无可逃遁地处于交织着多重关系的网络之中,多重关系决定了人的多重角色,也决定了人的自我意识包含了对他人和对环境的认知。"我和我的环境的关系是我的意识。"(马克思)作家老王的心理骚乱表现了他对这种关系的不适应。当他睁开了理性的眼睛,过去种种司空见惯的人和事突然显得那样无聊那样丑陋。这时他也许会觉得自己同时也是漂浮在污水里的一滴油:油难溶于水而又跳不出水。置身于这样的水流之中,他该怎样不被消融而向着自己的理想目标努力呢?

心理学家和小说家毕竟有所不同。如果这些心理症患者向乔典运求医,作为心理学家的乔典运可能会告诉病人要现实地对待环境并调节自己的心理以适应环境。可作为小说家的乔典运,我想他不会告诉他们对不合理不完美的社会现实无条件认同,告诉他们"好死不如赖活着"这种苟活者的人生哲学。所以我说他是半个心理学家,另一半则是一个社会意识很强的小说家。他的心理寓言小说致力于社会心理病灶的呈现和剖析,乃是基于对病态社会畸形心理疗救的热忱。他寄希望于社会变革社会进步,寄希望于人的文化素质心理素质的提高,这便和文学将人提高这一人文主义价值目标不谋而合了。

这里有老乔作为小说家的拳拳之心。

难得告别昨天

上述小说人物如张老七、何老五、四叔等的结局是得到了一个虚假的胜利虚假的满足,并在这心造的胜利的陶醉中心满意足地死去。这样的故事结局表明作者对他的人物的历史评价,他认为何老七们是属于昨天的人物,希望以后不再看见他们。他在《别了,昨天》这篇《村魂》和《满票》的代自序中说"愚昧者的真诚是可怕的,比见风使舵的人更可怕",并要和这些"可怜的朋友们"告别,和昨天告别。然而,昨天却难得告别,昨天的朋友也难得告别。昨天和今天的辩证法在人的心理这个最广阔最深奥的领域体现得最为充分。今天是昨天的延续和变革,而变革是相对的、缓慢的,延续则是绝对的、恒常的。在乔典运晚近的小说人物身上,昨天的阴影挥之不去告而不别,无论年龄老少和身在城市农村,心理上仍然纠缠着昨天的幽灵,他们的衣着打扮也许添了几件时髦新衣,言谈举止也许学了个把新名词,然而其内心却基本上未变,依然故我。今天与昨天之于他们,其区别主要体现于那墙上的挂历。这是为什么?看来老乔的乐观主义历史观、他的告别昨天的热忱难以在他最感兴趣也最为倾心的心理世界得到兑现。他大概已经明白文化心理积淀是文化传统中生命力最为顽强的部分,明白社会心理的变革是不能像增加多少商品、耸起几座高楼那样以数字计的。他又有些悲观了,于原先的悲悯之中又多了些许感慨。悲悯和感慨的焦点,仍然落在人身上,落在人所面临的许多精神困境上,其思路基本上沿着过去的路子延伸,但广度和深度有所拓展。

美的毁灭和善的尴尬。有论者指出:"认识上审非,美学上审丑,人格上审恶,构成了他的全部创作重心。"①是这样。不过老乔也不是绝对不写真善美,只是难得去写。他肯定是在心灵深处垒起了一个真善美的祭坛,不愿意轻易触动内心的伤痛,尤其不愿意去臆造伪善伪美,并为之吟唱轻薄的赞歌,以免亵渎了他珍藏于心的圣洁的偶像。前些年的《美妻》、《美人泪》、《女儿血》触及了美和穷、恶的关系,初步表达了他的美学观。他认为面对金钱和邪恶,美是脆弱的,美无力保护自己,无力保护爱美的人,在对于美的占有欲和忌恨心包围中,美反倒成为过错,成为原罪。春姐不得不自戕自毁,用自己的手将自己摧残成一个丑八怪,"村里像除了一大祸害,从此相安无事了"(《美妻》)。近作《小城今天有话说》,再次写了美,还写了善。作者让美和善一道在假恶丑中经受磨难,让它们陷入泥潭拔不出脚来,让它们走投无路,无声地毁灭畸变便是他们的宿命。

---

① 王鸿生:《乔典运和他的文化寓言》,《上海文学》1988年第3期。

畸变其实也是一种毁灭,是缓慢的不易察觉的毁灭。或者弃善从流改弦更张,使自己畸变为恶或助恶的一部分;或者自我谴责自我愧疚,产生美的自卑感,在丑面前竟然抬不起头挺不起胸,慢慢变得精神猥琐心灵荒芜,美无声地凋谢了。作者把善的石县长和美的弯月放在同一个小城里的猜疑忌恨、明争暗斗之中,石县长任何一件真诚的善举都使自己陷入进退维谷的尴尬局面,而弯月却被贬到深山老林中去背她美的十字架,以自己的变老变丑充当了小城人茶余饭后快意的谈资。这里集中表述了老乔的人文主义悲剧意识。这种悲剧意识深植于现实关系之中,基于他对现实人性和现实社会的观察体悟之上。看来,他并非不想乐观,而是乐观不起来。他的结论是:"难,活人难!长得好了难,干得好了更难!"这样他所反复感叹的人活着不容易,便是有明确的精神和人格限定的,那些浑浑噩噩得过且过地活着甚至为了自己活着而损害别人活着的显然不包括在内。他们不存在难不难的问题。

在物欲横流中

置身于当今实用主义和拜金主义思潮中,老乔开始思考金钱问题了。《钱》、《黑洞》便是这一思考的结晶。《黑洞》则堪称面对物欲诱惑社会上并不少见的一种人心理的画像。《钱》写的是长期一贫如洗一无所有的生活形成了对金钱极端脆弱的心理,反映了金钱逐渐成为价值尺度的过程中人的心理的失重。主人公王大爷无意间以有钱的假象赢得了村人的羡慕、尊敬,一旦真正有了钱而且是很多钱,他的心理承受不起了,疯了。这一夸张化的寓言故事暗示的是面对金钱的疯狂心理。一些暴发户反常的挥霍大度挥金如土也应作如是观。《黑洞》以主人公大花突发外财不知所措暗喻了人在多种欲望诱惑下价值心理的混乱,不知道该怎么活人了。大花正想发财时突然发了一笔外财,她不知如何是好。请教二大爷,二大爷让她按昨天的标准凭良心办事,把钱交公;请教三娃,三娃叫她按今天的标准胆子要大把钱留下。她既想不背良心又想有钱,既想图名又想发财,便将二大爷和三娃的主意合二为一:一人听一半,把钱交一半留一半,来个金钱、功名两不误,商场、官场都捞一把,不料想到头来两头落空。事情的复杂性还在于,大花交上去的两千块钱换来了表扬,却受到了人们的奚落,说她傻:"公家的钱不花白不花,花了白花,这背个啥良心?""你再没人一条心了,去和公家一条心!"这话从社会心理的天平上透露出对"公家"这一概念价值的颠覆和内涵的转换。不过,说这话的人没想到大花把钱交公并非"和公家一条心"而是另有所图,想以此换来丈夫的提干入党,在"大公无私"背后,有她自己精细的小算盘。《黑洞》的隐喻意义是多层次的。它暴露了二大爷所代表的良心、道德有其虚伪的图虚名的一面,也暴露了大花式的价值心理失衡背后的投机心理。《黑洞》的题义即欲望是个无底洞,这欲望既指金钱也指虚荣心,不加约束节制完全被欲望牵着走会被黑洞所吞没。大花所面对的是金钱和功名的双重诱惑,是商场与官场这两条船。与其说她把自己撕成两半,一半听从昨天的标准一半听从今天的标准,不如说她在昨天与今天的交接处,脚踩两只船,希望名利双收功德富贵两全其美。结果是弄巧成拙鸡飞蛋打两头落空丢怪献丑。由此看来老乔还是未免乐观,至少说明他对这类人的心理能量估计不足。其实,当今商品经济大潮的弄潮儿中,实在不乏商场官场(也许还应加上情场)都混得不错如鱼得水的人。这当然也是要付出代价的,那便是把自己撕碎,撕碎了再拼贴,拼贴成一个四面取巧八面玲珑的多面人多重人,一个连自己也不认识自己的人。

家庭这个互动组

在我的印象中,老乔不爱写家庭,只有在《从早到晚》里写了一点家庭生活片段,还看不出他对家庭的看法。近作《多了一笑》则专就家庭而写,表达了他的内心矛盾和他的家庭观。他在这部中篇小说创作谈里,十分欣赏家庭是个互助组这一说法,并加以发挥大谈这互助组得以维系下去的体验,好像是在介绍自己的经验,字里行间却流露出苦涩和凄凉。一般认为家庭是社会的细胞,家庭稳定是社会稳定的前提,而老乔却说出了这稳定后面的无奈,说出了家庭的无奈是现实的无奈中最无奈的。《从早到晚》是从家庭成员个体的角度看人在家庭之中,《多了一笑》则是从家庭成员之间的关系看家庭中的个人。家庭关系也是一张人际关系网,是基于血缘亲情而织成的更为亲密和牢固的人际关系网。中国是最注重人际关系的国家,中国人的处世哲学其实是人际关系学。《多了一笑》写的便是家庭人际关系心理学。儿子小林漫不经心一笑,惹出了一连串似乎是无事生非的麻烦事,调动起上上下下老老少少全体家庭成员,费尽了心机才哄得因为儿子这一笑而生气的妈心里高兴不再生气,才使得家庭恢复了和谐康乐皆大欢喜。这便暴露出了家庭这个互助组得以维持的奥秘之一,便是互相瞒哄。老乔说出了不大招人喜欢的真理:"家庭成员也是人,是人就不仅需要真诚,也太需要虚伪了。"[1]他说出了虚伪正大摇大摆或羞羞答答地渗透到

---

[1] 乔典运:《互动组》,《中篇小说选刊》1992年第3期。

家庭亲情关系之中,说出了真实(真诚)的软弱无能和虚假(虚伪)的所向披靡,并为此而感到心里不是滋味,"有一种凄凉悲伤的感觉"①。这里不仅基于事实也基于他对人心人性的理解。他看出了人心并非天然地处处时时都向着真实(真诚)。真有它可爱的一面,也有它不招人喜欢使人承受不起的一面。为了和谐为了稳定为了平安无事长治久安,真有时需要藏匿需要让位需要让假来登堂入室。

这里还有他对家庭与爱情的关系的看法,有他对"恩爱夫妻"这一概念的独特理解。小林的父母之间哪有爱情的踪影?他们全靠身在一个互助组这一共生关系来维系。这后面还有一条心理纽带,那便是不能忘恩负义不能背良心。所以他认为恩爱夫妻其实是爱恩夫妻,恩超越了爱、主宰了爱、消解了爱,成为拼接家庭裂缝的"万能胶","就是没有爱也要永远爱下去"②。这其中有老乔自己难言的苦衷。

在我看来,老乔对家庭对爱情的思考还有待深入。从根本上说,这是一个家庭本位与个体本位的问题。中国有家庭本位、社会本位的悠久传统,家庭成员作为独立个体的感情、意愿历来被漠视被压抑,所以才有旨在维系这个高于一切的"本位"的稳定和谐的关系学、心理学,所以老乔才悟出了"对亲人也得玩这个"的道理。不过,他没有如有的小说那样在家庭中根本放逐爱情,而是面对爱情向往爱情却不得不躲避爱情,把爱情暂且"搁置"起来。他相信世界上还是有爱情的。这对于一个年过花甲历经坎坷很有可能万念俱灰的人来说,已属难能可贵。

选举里面的学问

选举这一全国人民民主生活里的大事,老乔早就反复琢磨过了。他的体会是:"这里面学问深着哩!"《笑话满场》、《满票》及近作《你不能这样》、《问天》都是他对这门很深很深的学问的钻研体会。他透过选举行为方式(如丢豆儿、举手、投票)琢磨选举人或被选举人的心理奥秘,琢磨当事人在选谁、不选谁、选了怎样、不选又怎样等行为动机、行为后果方面所动的脑筋花费的心思,其精细微妙可谓够得上半本当代选举心理学。

《问天》是这一组作品之集大成者。主人公三爷的前身是《笑话满场》里的

---

① 乔典运:《互动组》,《中篇小说选刊》1992年第3期。
② 乔典运:《互动组》,《中篇小说选刊》1992年第3期。

何老五,但比何老五精明老练多了。他的心理类型也是惊恐型,但是已经被惊恐磨炼成熟了。他被吓怕了,也吓精了,较之何老五,他是曾经沧海难为水,万无一失,无论在何种情况下都不会上当受骗了。例如年轻人跟他开玩笑,问他今年天旱不旱,他必定要反问一句王支书是咋说的。他知道年轻人是玩他的,可万一不是玩的呢?"谁知哪一回是玩的,哪一回不是玩的?可得回回当成真的。"

三爷的选举学问主要在他的选举思维上。他是很认真地对待自己这神圣的一票的。张文、李武两个候选人选一个,差额选举,"叫谁当不叫谁当由大家做主"。三爷开始认认真真地想了。他顺着一条清晰完整的思维逻辑层层深入地想,一步一步逼近了实质性问题,也一步比一步深奥一步比一步难,最后决定全家上山溜之大吉。三爷的学问全在这想的过程之中和最后的决策上,可概括为由谁对咱好就选谁,到猜王支书对谁好、谁对王支书好就选谁,再到探问王支书投谁的票就选谁,直到最后恍然大悟躲为上策了事。这由想到猜到问到躲的四部曲,最难的是猜透王支书的心思,选举的学问变成了揣摩上级心思的学问。可这学问高深莫测、密不透风,怪不得把三爷的头都想痛了:"派款派捐派费还派头痛……老百姓能痛得起吗?吃药得花钱呀!"

四部曲里没有一部能挨得上选举人作为主体的民主意识。他的主体意识民主意识统统等于零。他早把自己作为人的思想的权利拱手交公了:"一个老百姓用头干啥呢?""上级都替你想了,你别说不会想,想得再美也是白想,想多了还犯王法。"

哀莫大于心死,哀莫大于心不死。屈原写《天问》,老乔写《问天》,可见老乔还是心不死,所以才能对心死感到了哀。有智者言,人被宣称为应当是不断探索他自身的存在物——一个在他生存的每时每刻都必须查问和审视他生存状况的存在物。人类生活的真正价值,恰恰就存在于这种审视中,存在于这种对人类生活的批评之中。联想到文学对精神愚昧心灵麻木的遗忘,联想到当今文坛正弥漫着一股世纪末的冷漠和颓废,乔典运对人的生存状况的审视和批评,以及他这"问天"的勇气,都是值得称道的。

原载《当代作家评论》1994 年第 1 期

心灵的透视　人性的呼唤
——乔典运小说集《问天》的文化意蕴

张中坡

伏牛山有一口属于乔典运所独有的小井，那口小井是一个完整社会的高度浓缩，澄澈的井水中投射出一个个病态、畸形、人性扭曲的人物形象。这些人物好像是被作者放置在高倍显微镜下，呈现给读者一系列长着落满层层灰尘、结满厚厚垢痂的心灵的丑恶形态的清晰显影。这是我对乔典运中短篇小说集《问天》（中原农民出版社，1994年）的文化内蕴的初步概括。

进入乔典运的文本序列，我就觉得有一种沉重的压抑感和窒息感。作者在这部小说集中首先向我们讲述了一个个在现代之光折射下的荒诞不经的故事。这些故事吸引人的关键原因在于作者用他那凝重、犀利的笔触对他小说中的人物灵魂进行深层的剖析，来表现他对人生社会、过去生活的深刻思考和认知，这包括其中的《问天》、《没事》、《钱》、《欢天喜地》、《多了一笑》、《挽联》等。在这些作品中，作者对人物灵魂的刻画是不动声色地运用客观、冷峻、严酷甚至残忍的笔法来进行描述的，这些人物灵魂中沉淀着长期以来传统文化中丑恶的、令人可为之悲叹又不禁为之笑（这种笑对每一个国民来说都可能很艰难很辛酸）的东西。这些东西阻碍着人性的完美、完善发展，也使社会上人与人之间的关系呈现出不是和谐的而是扭曲的、不是温暖的而是冷漠的状态。

作者通过作品人物自身的内心独白和作者（叙述人）对人物的叙述分析来推动故事情节的发展，把人物灵魂的外壳一层层地剥落，从而直观地、赤裸裸地展示出人物的内心世界和思想意识的真实。《问天》展示的是一个对国人来说还是个新生事物的"民主"在农村被愚昧的农民所误解和践踏的故事。三爷选村长的标准不是唯贤唯才，而是先看谁对自己好，不行又看谁对王支书好，再不行又用抓阄这样荒唐的办法，最后当向权威求结果未果时便带领全家放弃了这一民主权利。这种"民主"已不是民主，而成了小生产者宣泄私欲、好恶的工具。《没事》中的何老六与契诃夫笔下的小公务员有异曲同工之妙，这个被社会压扁的小人物被小王支书碰伤了脑袋，他却认为是自己的脑袋碰着小王支书的小椅子，并且把小椅子上的血迹洗得干干净净后，把小椅子给小王支书送去，以此表明他并没有生气，也以此表明他是讲良心的，并没有忘记报答小王支书让他这个窝窝囊囊的人过了稀罕物——汽车之瘾的恩典。

　　作者这几个故事反映了几千年封建传统文化和封建意识在国民心头的烙印和重压。在我们这个封建氛围浓厚的国家的二十世纪末,小生产者的私欲和弱小国民仍然对权利、权威的恐惧、迷信、崇拜甚至渴望"皇帝哪天轮到咱家"的心态被作者表现得淋漓尽致。

　　作者除了对每篇小说中的主要人物进行浓墨重彩的刻画外,对主要人物周围及其生存环境中的次要人物也进行了淡墨粗线而有力的刻画,这突出表现在《钱》、《欢天喜地》等篇什中。《钱》中的王大爷年轻时挖煤砸伤了腿返回村里,却被人们以讹传讹很有钱,于是有人争着把女儿往福窝里送——给他做老婆,他的老婆也一辈子把他伺候得舒舒服服。《欢天喜地》中的老木得了奖,周围的人的反应比他本人还要强烈,喜的有,叫他请客;骂的有,有的造谣说他的婆娘娃子中毒了,有的说他叫他姐害死了。但作者并不是一味地浸淫在展现这些国民的病态心理机制之中,虽然创作主体具有浓厚的审恶、审丑情结,虽然他的小说具有文化寓言的特质是为众多评论家所肯定的,但我认为他也一如鲁迅当年塑造的卑劣国民形象如阿Q、孔乙己等一样,试图通过对丑恶的展现,以期引起人们疗救的注意,以期重建这些破碎、失修的灵魂和修复这些被压扁了的卑劣人性。他也着力刻画了一些人性比较完善的人物,如《遗风》中的关老二,他不满足陈旧的生活模式而渴望打破那看似文明实则落后的生活规范,去创造新的文明生活;《香与香》中的爱社,他不满父辈的怯懦和卑微,向权威展开了激烈的挑战;《黑洞》中的大花,她受着私欲和良心的双重煎熬,最终还是屈从了良心的召唤……

　　但就连这些人物似乎也并不健全,他们都多多少少有着这样那样的缺陷。再者,即使他们的人格很完善,在那样的人心叵测、人言可畏、道德沦落的社会环境中,谁能保证他们不会随波逐流甚至渐趋堕落呢?

　　乔典运对人物灵魂的揭露和重建成为他这部小说集的基本文化追求,也构成了他的小说的基本文化意蕴。完善人性重建的实现,不论是切近还是遥遥无期,对作家和文学来说似乎都不是太重要的话题……

原载《躬耕》1995 年第 4 期

乔典运:忏悔的另一重含义
——读乔典运的未完成遗作《命运》

摩 罗

去年冬天,郑州的一位朋友寄给我两本《莽原》杂志,其中1997年第5期那一本上有乔典运的未完成遗作《命运》。尽管编者按语对此作品盛加称赞,可我并未动心。在我的印象中,乔典运是五十年代开始写作的农民作家,我对这一代作家缺乏基本的信任,对其中的农民作家尤其不信任。可是,当我不经意间随手翻翻的时候,却被它深深吸引,禁不住一口气把它读完了。我终于承认,我因对作家不信任而看不到他的发展,纯属偏见和短视。《命运》所达到的高度,远不是"五十年代"的概念所能涵盖的。

诚如编者所言,作者"无保留地将自己亲历的灵魂的痛苦与欢乐、渴望与失落展示在读者面前"。所谓"无保留",我认为乃是指作者尽可能真实而全面地写出了自己的卑微、寒碜与渺小。他作为那个时代最底层最卑微的农民中的一员,是如何地渴望上进、渴望获得一点体面与尊严!这种愿望是值得我们每个人尊重的。可是时代的荒唐使得底层人的任何一点卑微的愿望都无法实现。乔典运的上进心和尊严要求,受到时代的残酷践踏与玩弄。

但乔典运并不是那种聪明而又世故的所谓智者,而是一个有诗性有热情的人。他不知道自己的时代是什么样的时代,因为他怎么也想象不出会有这样的时代。他千方百计迎合时代,在险境中祈求自保平安,祈求飞黄腾达;后来才有所醒悟,为逃脱迫害而远走异乡;直到行将就木,才大彻大悟,带着极大的屈辱和不安忏悔一生。

我们通常认为,忏悔乃是面对至高的存在,本着无害于世、无害于人的良知,检视自己的大过大错、大恶大罪。作为一个庸常善良的小人物,即便想有害于世、有害于人也无力为之,哪有什么可忏悔之处!可是,乔典运的绝命之作却凸显出忏悔的另一重含义。我们有理由假设,每个生命都应该要求自己活得体面一些、高尚一些,都应该要求自己做一个尊严、理性、创造、成功的人。人的生命过程,其实就是按着自己的愿望塑造自己、按着自己的价值信念赋予自己以生命意义的过程。我们的一言一行、一晨一昏都应该纳入到这个自我塑造、自我实现的意义过程之中。这是我们对于自我生命所负有的责任。如果让自己的生命形象过于卑微畏缩,离自己的愿望和意义不是越来越近而是越来越远,那就是没有尽到我们的责任,那就是我们人生的失败。我们不能把因为自己的懦弱卑微而没有做到的事,理解为人们本来就做不到的,否则就降低了我们内心所建构与期待的人的标准。乔典运的作品表明,一个人只要对自己的生命怀着不变的虔敬心和责任感,他就可能得到顿悟的机会,达到精神的升华。如果我们由于里里外外的种种原因,使自己的一生过得过于黯淡渺小,有愧于内心的自我想象自我期待,那么,临终的时候,一定要勇敢地面对自己的失败和惭愧,面对自己的怯弱与阴暗。这是一个人对自己的失败所能做的最后一次挽救,是他为了趋近自己的人格理想所做的最后一次祈祷,是他留给一切后来者的最真诚最光辉的呼告,当然,也是他最后一次顿悟与升华。我们如果不能从《命运》中得到这种启示,就会有负于乔典运先生一生的苦难和临终的反思。

《命运》式的忏悔,也就是对于卑微怯弱寒碜的忏悔,才是忏悔的最基本含义。他离我们一点也不遥远,因为每个人心中都会有那些阻碍自己朝理想人格迈进的因素。乔典运为了讨好上级,曾经打过别人的小报告,也曾经被迫上台亲自向公众"坦白"被官方所诬陷的种种罪行,诸般大耻大辱他都直陈不讳。当年巴金的《随想录》也曾披露自己面对穿衣镜悄悄练习低头弯腰的沉痛故事。这种忏悔需要极大的真诚与勇气。巴金因此种忏悔而得到举世景仰,一时成为文化英雄。乔典运的忏悔却是在默默无闻中进行的。他们对自我生命负责的态度则是同一的。我们不是要等到临终的时候再来反思自己,而是要在生活的每一个黄昏视察我们的内心,焕发起我们的全部良知、心力和潜能,虔敬地践履我们的生命责任。我不但敬重乔典运先生临终自醒的悟性,我也同样敬重他在一生的颠沛、迫害与磨难中为了活得体面些、尊严些所做出的全部挣扎与努力。

选自摩罗《耻辱者手记:一个民间思想者的生命体验》,
内蒙古教育出版社,1998年

乔典运现象一测

布 柯

乔典运在这一群落中并不是最典型的一个,举出他来为例,只是因为手头材料的限制,案头偶有乔典运发表在《莽原》上(1997年第5期),后经《中篇小说选刊》转载的遗作《命运》。所谓这一群落指的是四十年代后期开始创作,激情勃发不已,甚至即使到了六七十年代在令人咋舌的文学钢丝上仍然能气发丹田的农民作家们,我姑且以乔典运现象来称呼这一文坛奇观。这一现象曾经深深影响了我并吸引我思考下去。

幼年时期,我经常伴随着他们创造的一些文学形象进入梦乡,并在梦乡中继续与这些形象相处。是他们的作品启迪了我的想象力(尽管如此的苍白、单调甚至畸形)。可以说在我幼年的时候看他们的作品就像经历现实一样逼真,而目睹乞食、逃荒的场面竟像看魔术一样遥远、怪异。那确实是一个文学时代(生活在文学之中而对贫乏的现实视若无睹的时代)。这是我今天在回忆作为我幼年时期的七十年代初时仍然如此的一种感觉。我把这种感觉的获得部分归功(罪?)于乔典运们。正是这种因缘使我时时关注他们的创作,猜测是什么因素促使他们保持创作的激情。尽管如今的文学写作常被称作文学操作,并常被解说得跟马路边修鞋匠一针一线缝补旧鞋没多大区别,但这种对写作的猜测常使我停留在近期某些写作而没有滑向我幼年时期所阅读的作品的写作。在读《命运》之前,乔典运们的创作仍让我感到一丝神秘:到底是什么激发出他们澎湃不止的创作激情?当他们的作品抒写的那一段历史被教科书彻底否定以后,"上当、受骗"似乎是最常被抛给我的答案。当我长成大人以后就怎么也不能轻易相信。而"乌托邦的迷幻"这一舶来名词可能是受西风熏染的知识分子的流行病症,对于乔典运们未必合适。那么到底是什么原因呢?我终于读到了乔典运的未竟遗作《命运》,终于被乔典运提供的一种"文学史"说服了,我相信了他的话,也以为找到了他们创作激情勃发不已的原因。

乔典运本是一个农民,最初促使乔典运写作激情勃发的原因是他那农民式的好强与勤奋。乔典运身上具有许多农民的优良品质,其中之一是好强与勤奋。乔典运大概本希望在部队上好好干一场,不料一场肺结核使他复员回家。回家后捐出自己所有的复员费,希望能找到一个使自己的勤奋施展出来的机会。可是"捐钱的荣光劲、亲热劲"很快没有了,希望做教师也成了泡影。"人们见了我就远远躲开,我很孤独。"当乔典运因为肺结核使自己成了废人而遭村人冷落时,他感到十分痛苦,痛不欲生。他无法忍受自己勤奋资格的丧失,无法面对落于人后的尴尬。痛不欲生之中,他又一次翻开了从部队带回来的《钢铁是怎样炼成的》。写作的欲望在阅读中冉冉升起:"我就萌发了写东西的念头。"乔典运是一个聪颖的人,凭直觉他感到了时代给了他从事写作的可能性。除了聪颖,更重要的是他的好强勤奋的天性促使他在"有病做不了重活"的困境中选择了写作。

正是因为"好强勤奋"的天性,他写起了民歌。而编辑部对他的稿件的采用,使他惊喜万分。一方面,写作可以挣钱,"《河南文艺》发了我四句民歌,还给寄了三元稿费,这时才知道写稿还给钱"。稿费使乔典运抢回了因无钱医治而濒临死境的女儿的生命。另一方面写作的历史使他从一个废人的宣判中挣脱出来重新变成一个能人,重新获得村人们的尊敬,"原来不搭理我的人又争着给我说话了"。这使他的"好强心"更加高涨。他更加勤奋地写作,半夜里做梦想到一句民歌,他便一骨碌爬起找纸找笔写下来,即使寒冬腊月也赤条条顾不上穿衣服。正是靠了这样拼命的写作,乔典运渐渐浮上文坛。

在乔典运创作生涯中,保持他的创作激情旺盛不息的是他的农民式文学观。

尽管乔典运在文章中曾用知识分子指称自己,但我以为这基本上是偶然为之,一旦涉及责任思考时,乔典运更本能地用"大字不识几个"来命名自己,也就是说乔典运更喜欢把自己想象成粗识几个大字的农民以相应承担自己写作的责任。"农民"在中国字典里意味着什么呢?意味着"三十亩地一头牛,老婆孩子热炕头"。这是农民的本分,也是农民驰骋价值想象的极限。超出这些,再重大的事也不会对他构成价值冲击。由此,写作被乔典运理解得跟种地差不多。"有病做不了重活",便开始了写作。写作,就是轻量级的种地,就是要多打粮食(稿费),养家糊口,弄几个零花钱。写作换来稿费,是劳动收获的标志,是劳动能力卓越的证明,是乔典运幸福、快乐的源泉。从帮助村里工作组抄抄写写,到调到乡里、县里、区里,是土地面积的不断扩大、理想的不断实现。正是因了这种文学观,乔典运对于写什么怎么写不会有多大困惑,什么时兴"种"什么,怎么受时下欢迎怎么写。正是因为没有多少责任负担,也便没有多少想象障碍。所以在许多作家手足无措、不知如何书写时,乔典运会轻松地驰骋自己的想象。乔典运无法理解当时大批作家的写作困境,以至于他竟然说:"'高高山上一棵槐,姐妹两个采花来',现在看是上不了桌的,能够发表是当时整个社会有文化的人不多,写稿的人更少,我沾了这个光。"事实上五十年代有文化能写稿的人并不少,之所以让"高高山上一棵槐,姐妹两个采花来"脱颖而出,实际的理由是有文化而能把"高高山上一棵槐,姐妹两个采花来"写成作品的人并不多,这才玉成了乔典运。据我所知,有文化而不能写作此类作品的,如沈从文,愁苦欲死未遂后就改行研究中国服饰去了。也许正是这种不理解,才使乔典运对自己的写作价值充满自信,才使他保持了持久的写作激情。

  乔典运还有很浓的感恩意识,这使他有意无意地淡化了存在于文坛上的恐怖气氛。从积极方面讲,这使他部分地躲过了恐怖对创作的压迫而保持了创作的激情。感恩意识是一种功利而又反功利的意识。说它功利,是因为感恩来自对实在惠助的回应;说它反功利,是因为这回应是不计后果的。正如中国有句俗语"滴水之恩当涌泉相报",乔典运用"感恩"一类的词。"当时,来信署名都是编辑部,到今天我也不知道是哪位编辑发了我的四句民歌,感恩都找不到对象。""没冤枉煞了我,又登了我的稿,共产党真好,我感动高兴得差点哭了。"乔典运把编发自己稿件的事件,看成是有恩于自己,甚至无限上升这种恩典的意义以至上升到政治高度来理解这种恩典,因而写作便被他转换成报恩的行为。这种对写作意义的感恩化理解使他一方面对个人生命有一种庄严感;另一方面使他自觉不自觉地泯灭掉本来就稀薄的个人意识,使自己的写作完全变成对施恩者的亦步亦趋的模仿,甚至变成不顾一切的维护。在施恩者征求批评意见时,"自己没有不满,也不知道群众的不满,满眼都金光闪闪,挤到底一个字也没写"。面对严重问题成堆的局面而能做到满眼都金光闪闪,可见感恩意识的巨大魔力。

  这种成功地泯灭自己的方法一方面使他有效地淡化了当时存在于现实中的灾难,另一方面也使他有效地淡化了当时存在于文坛上的恐怖。"李文元的下场,一字之错毁了一生",是深深烙在乔典运大脑中的写作的恐怖。但是乔典运把这种恐怖作了改写。"一字之错毁了一生"的说法意味着灾祸起于李文元的肆意妄为,意味着对恐怖的部分默认。这样他就很容易地以"听党的,党说对就对,党说错就错,天下还有比党英明正确的?"为由取消了自己对当下发生的所有事件的反思责任。"对他们的意见就奉若圣旨,他们咋说就咋改。"正是因为感恩意识的作用,乔典运把当时文坛上的恐怖理解成应遵守的交通规则,因而毫无反感地接受文坛恐怖的指令,顺着文坛恐怖的指令勤奋地写作。至此乔典运便无形中把自己变成充满激情的传声筒。

  正是靠了这种农民式的好强勤奋、农民的文学观、农民式的感恩意识,乔典运成功地消化掉了当时存在于文坛上的各种抑制激情的因素,始终保持着澎湃的创作激情。直到"文革"风起彻底打掉了他手中的笔,他已无处书写,但是仍丝毫不减创作激情。这是乔典运的幸运之处,也是他的可悲之处。幸运的是乔典运在险象环生的当代文坛能够独自轻松地驰骋想象;可悲的是在一次次扭曲之后,乔典运已经异化成一种写作的工具,而驰骋想象所结的果实的营养也如此的贫乏。

原载《小说评论》1999年第2期

乔典运问天

李毓梅　蒋　晔

作家乔典运,是我们这次"中原文化名人独家采访系列"所推出的第六位主人公。

中国几千年的文化史抑或是文学史,灿若星河。这条长河,无疑是由众多的出类拔萃者所汇成,成为一道永恒的史学风景。乔典运作为这风景中的一点,他的现实主义精神和独特的风格,可说是"独辟蹊径"。

虽然他呼吸着田园气息,虽然他几十年来与农民为近邻,以他的话叫作生活在他的"小井"里,但他的星空决不限于他头顶的那片蓝天。他把农民作为创作的载体,也许是别无选择,而他的《问天》中所发出的呼唤、呐喊,缘起是农民,却直指我们民族的"国民性"!

他曾经说过,"国民性"是一个国家、一个民族、一个社会的基础。农民不觉醒,国民不觉醒,仅仅几个人清醒,没有用。不改造这个基础,不提高国民文化素质,说什么都是虚的,就是今天搞市场经济亦是如此。

因此,仅仅说乔典运是农民作家、乡土作家是不够的。

这次访谈中,乔典运谈得最多的就是我们这个民族的"国民性"。下面是我们对他历时两个半月的采访纪实。

呼唤出国民的灵魂

乔典运:我作为一位人大代表,我对农民有着深厚的感情。咱们国家,国民的绝大多数是农民,我们现在搞民主化建设为什么很难,这全在于人们的素质低。在乡村,你让农民去选举、去发挥民主,农民不但不要,还说共产党不操心了。他们不知道如何行使自己的民主权利。我们的一些群众倒还喜欢那些态度粗暴、横一点的领导,对民主式的领导方式不习惯,觉得不对劲,甘愿做顺民。说起摊派,农民个个反感,但是,上级领导去了,农民谁也不带头说了,倒对领导谄媚起来。

我下乡搞调查,进一个村一家一户去看,日子过得那么苦,他们不觉得苦,反而觉得怪美。大家冬天晒暖,村干部吸烟看报。你问他们为什么不出去搞点副业,挣点钱花花,他们说,现在生活怪美,为啥费那事。不知道提高生活水平是自己的事,反而认为你说的是怪话、是废话。觉得能填饱肚子,生活就美到边了。现在上厕所不用给生产队长请假了,就已经很自由了。我的家在豫西伏牛山里,千百年的贫穷使老百姓失去了学文化的权利。没有知识的人是可悲的,人们变得思想简单、性格憨厚。我写的人物,多是我的同代人。

我了解他们胜过了解我自己。我知道,他们的缺点和失误不是天生的,更不是他们内心滋生的,而是人为地被扭曲了的,仅仅责备他们是不公道的。

《村魂》、《满票》写了自己的感情,写了自己的眼泪,写了人的悲哀。一篇《问天》写得我心疼,滴血般的疼痛。有时啊,我真想放声痛哭,当然这绝不是哭我自己。

请你们看看这一段:"三爷的头没有用过,就是用过也是小用,没有大用过。一个老百姓用头干啥?地咋种、啥时种、种啥、啥时浇水、啥时施肥、啥时锄、啥时收,等等,上级都替你想了,你别说不会想,就是会想,想得再美也是白想,想多了还犯王法。三爷是老实百姓,老实百姓就只听不想。三爷的头娇生惯养年代久了,就不会想了,一想就痛。三爷痛极了,不由想跑了题,怪不得干部们吃香的喝辣的,看起来可得吃可得喝,他们又不是挖山抡镢头,他们得天天想事,要不把头脑保养得好好的,一想头就痛还咋工作哩?三爷想想过去对干部吃吃喝喝不满意,就觉得很对不起干部们,就很有点无地自容了……"

历史是有情的,它在不断造就自己需要的人;历史也是绝情的,它也在不断淘汰自己不需要的人。

如果我们的国民有相当数量的人,敢于用自己的头去思考问题,去树立独立的经济地位和独立人格,我们国家何愁发展不快呢?

关心乔典运的读者,要想较全面地了解乔典运,你必须了解他下面的几个问题。

不幸的遭遇给了我幸运

乔典运:我走上创作这条路是被逼出来的。当初我的文化程度根本就不是写作的料。我家的成分不好,我的身体也不好,我当时得了肺结核,比现在的癌症还厉害,人们都躲着我。我那个时候孤独得很,每天躺到麦地埂上晒太阳,不死不活,好苦闷啊!既然等死死不来,想死死不了,那么也不能天天睁着眼睛白活着,得干点事才好,我就找书读。当时我看了《钢铁是怎样炼成的》这本书,不知是哪一句打动了我、感染了我,于是我就试着写起东西来。我的第一篇作品是在《河南文艺》上发表的四句民歌,当时还寄来了3块钱稿费。这是我第一次知道写东西、发稿子还有稿费。我当时穷困潦倒,这几块钱稿费帮了我的大忙。

50年代初,能写点东西,并在报刊上发表文章的人很少,所以村里人就另眼看待我了。我也觉得写东西改变了我的地位,写起来也有劲了,生活有点奔头了,所以我就这样断断续续,一直写了下去。

如果当时不是复员回西峡,如果当时我没有肺结核病,如果当时我家里生活条件好,我可能走的根本就不是文学路。

搞创作这号事纯粹是一种偶然,也可以说是一种机遇,人生就是这些一连串儿的偶然和机遇串在一起的。

后来,写文章,在"文革"中又成了罪状,成天劳改、挨批斗,又限制我在晚上不准点灯看书写东西,灶房不准生火。我和家人有时就只好像原始人一样啃生红薯、生萝卜,连工分也不记。我被打倒了、搞臭了。30多年来,多数时间我处于生活的风风雨雨之中,因为我承包了全大队的一切打击。这种生活对我来说,有痛苦的一面,也有幸运的一面——这就是赐给我一个真正深入生活的良好机会。当人们都不把我当成一个人时,我才明白这世界上什么最可怕,那就是你想当人而别人不把你当人的时候。

不幸的遭遇给了我幸运,这幸运就是使我有机会认识了活生生的社会,认识了活生生的人。虽然,有很多年我被剥夺了一切权利,没有读过一本书,但却天天在读无字的书。

不幸的往事,经常缠绕着我,让我不得不写出来,不写出来心里憋得慌。没有这些不幸的境遇,我哪能写出这些作品呢?也正因为我的这些不幸全是在中国的最底层发生的,而且经常出现在我们身边,我见多了,而很多写文章的人没有我这些坎坷啊,所以,我的作品中往往是抑郁的地方多一些,目的是什么呢?还不是给今天的人们提个醒,希望那些不幸的遭遇今后不要再出现了,人们受不了。

别了,昨天

乔典运说:我一生的经历,同许多人一样不堪回首。我这辈子没有平平安安地过过,一辈子也没有走过平路,一直是坎坷。那时,我年轻,想写不让写,现在可叫写了,可我,这不,刚高兴了几天,却又得了癌症。看来天生我材必受罪了。过去的好时光太多了,太可惜了,怨谁去?怨运动,怨"左"倾思想。现在搞改革开放,人民刚过上好日子,人们担心再搞运动啊!千万不要再穷折腾了。基于这点,当人家都在写迎接新生活欢乐的时候,我却在写告别旧生活的痛苦。我们不能忘记昨天。我真诚地为未来的日子说一声:别了,昨天!

我不会忘记,那癫狂的岁月是如何颠倒人们的关系的。我有个朋友,在村里是个积极分子,人刚直无私。我曾经满腔热情地讴歌过他。他当上了模范,进北京和毛主席在一块儿喝过酒。在我贫困的时候,他曾一次又一次地帮助过我。我以他为至交,视他如兄弟。可是后来当大队把我打成反革命的时候,他是第一个支持者。然而我对他却怒不起来,火不起来。我太了解他了,他根本不是那种自私的人。他是为什么?连他自己都不明白。不仅仅是他,我自己也有过类似的英雄行为:在那饥饿的年代里,有一次我在外边吃饱了招待饭回到家里,见我老婆在偷吃一根玉米秆,我脑子一热就打了她,她连哭一声都没有就晕倒了。事情过去了多少年,心里总是窝着一块病:是什么力量驱使我那样野蛮,那样不近人情?

生活使我陷入了沉思,经过了多少年的思考,直到今天我终于明白了。愚昧者的真诚是可怕的,因为他们没有私心杂念,一旦被一种错误的思想支配,就会为这种错误勇敢献身,也不惜牺牲别人。因为这种疯狂的行为抹上了大公无私的色彩,更容易迷惑人,会被人们视为崇高,会被人们歌颂。假如说他没有错,那么是谁错了呢?是谁在导演这一出出悲剧?!

这些痛苦的经历像烙铁印一样,印在我的脑海之中,久久难以忘怀,忍不住要把它写出来。写出来是为了吐出那些憋在胸中的块垒,是为了永远地忘记。迎接新生活是欢乐的,告别旧生活也是欢乐的。为了今天和明天的欢乐,我们要告别昨天,真正地、不回头地远离那段可怕的历史。

让人间充满爱

乔典运:我这辈子看到的大多是好人,不像一些人讲的人心险恶、人心叵测。我这一生从来不伤害人。以前别人伤害过我,现在他们已经够可怜的了。我自己当时也很痛苦,现在好了,我不能再去报复人家,再去伤害别人;否则,这不是增加痛苦吗?只要能给别人办的好事,我尽力去办,不添坏话,不讲坏言。大家要相互理解、宽容一些,不要动不动就暴躁。现在好像每一个中国人都是一个汽油桶,一碰上火星就烧起来,太浮躁了,好像人人都有怨气。这不好,人与人之间应当多一点宽容、少一点怨气。现在搞打假,我认为打的假,不是假货、伪劣产品,而是假话。假话控制不住,任何假话都止不住。说假话、说谎话可以被提拔当官啊！我们要提倡真善美，真善是条件，美是结果。没有真、没有善，哪有美！我们的民族振兴，首先要讲真善，没有这两条，就永远振兴不了。社会上都说假话，社会会成什么？人的起码标准，就是诚实。我没有说过瞎话，我没有整过人。我的创作态度很简单，给读者带去的是真实的生活。我是在复印生活，是在抄生活，我要反映真实的生活。不说真话、实话，要丧良心。有些真话我不敢讲。我没有胆量讲出一些真话，这已经不好了，已经背良心了，已经不像个人了，我再说假话，就更不对了，就更不是人了。我可以当哑巴，但我不说假话。我要真实地做人，自自然然做人，而不去做作，不去作假。

生活是一部很厚的书，永远也抄不完。我们的创作不是没有生活，而是我们没有发现生活；不是没有素材，而是没有眼光。我们作家就像收音机，只有频道调好了，才能接收生活的信号。我多年来在文学上试验了一个遍，最后又回到现实中来，回到人中间来，回到真诚上来。文学、人生，都贵在真诚，真诚能产生友情、爱和力量。真正的文学产生于真诚。作家写到一定程度，就不只是写作技巧了，而是人格、文格的较量与呈现。

前面已经说过，采访乔典运，历经两个多月，面访、信谈、翻阅资料、电话询问。这期间，也有不少朋友通过我们，想了解乔典运先生的近况。下面是我们最近一次访谈对话。

笔者：请问，您人生最大的无奈是什么？

乔典运：人生天天都无奈，没有一天不无奈。

笔者：没有一天？

乔典运：对，没有一天。

笔者：您这一生最遗憾的呢？

乔典运：经常不被亲戚、朋友、社会所理解。

笔者：您感到心中最苦的是什么？

乔典运：最苦的是白活。不但白活，而且为白活付出沉重的代价。

笔者：您觉得人生的价值最重要，还是生命最重要？

乔典运：没有生命，就没有人生价值，生命最重要！没有生命，没有这个载体，那就没有价值。有了生命，才能创造价值。

笔者：大病过后，您悟出了哪些发人深省的东西？

乔典运：大病以后那种感觉是死亡不可怕，非常幸福。做手术共8个钟头，初醒时觉得愉快、轻松、无我，是一种大解脱。真正清醒后才真痛苦，才发觉，死去也是愉快；虽然活了，但是仍然痛苦。人说度日如年，我说度日如秒。上了插管，人简直不是人。这使我感到人健康真好，健康是最大的幸福。这些是生理上的，还有感情上的。我虽然痛苦，但我也真正体会到了，人间还有真情在。在这里,请你们多写一笔吧。害病以后,咱觉得无权、无钱、无面子,帮不了别人的忙,无东西可给人。然而,在我生病后,在南阳、郑州住院期间,县里、南阳市、郑州、北京、上海的那么多朋友、领导来看我,有些竟十次八次地跑、打电话、登门看望。你说,咱对人家有啥用处?

笔者:这是人性的真正体现,同时,这些朋友看重的是一种崇高的东西,这里不分贵贱、贫富。

乔典运:有位朋友,可以说是一位领导,竟多次来看我。他来时,每次病房里都有探访的人,他说:老乔,你活到这份儿上,也值啊!

笔者:这也说明您的人缘不错。

乔典运:我对人不玩虚。人贵真诚啊!做人也和写东西一样,把真心捧给读者,不加任何修饰。

笔者:您这一生最不能容忍哪种人、哪些事?

乔典运:不容欺骗。但是也不容忍伤害,不能容忍虚伪——咱们这国家好多事千奇百怪,根本上还是虚伪。但是,有时虚伪也比真诚好。比如人家心里对你恨之入骨,面上说假话,还能忍受。如果心里、面上都不好,你就格外难受。仅这一点,我宁可要虚伪,不要真诚——有时真诚、愚昧、野蛮比虚伪还可怕。

笔者:您对荣誉的理解是什么?

乔典运:荣誉算啥?不把荣誉看成荣誉。一个人有这荣誉、那荣誉,受到三五岁的孩子表扬也是荣誉,这也可以是一种最大的荣誉。我在放疗期间,候诊室有几十人上百人排队。有些人有权就想开后门不想排队。有位大夫让我先做,我不先做。要优待的话,应该优待那些三五岁的孩子,他们也得了癌症,还没有真正享受过人生,应当让给他们享受这种优待。孩子们说你好,我认为这才是真正的荣誉。后来孩子们见了我就说爷爷您真好,我听后真想哭。

笔者:一切荣誉都是过眼云烟,不加雕饰的东西才珍贵。

乔典运:对。

笔者:您的人性弱点?

乔典运:这一辈子到现在,人人都比我高贵。

笔者:您能说直到现在?

乔典运:是,直到现在,直到死。冷静下来想想,别人并不比我高贵。但在人面前不由得潜伏着这种心态。经过仔细分析,是自己站惯了,坐不下去了,不会坐了。

笔者:您在作品中揭露的"国民性"也包括自身的一些弱点,并对其深恶痛绝。就自身而言,您身上是否仍然存在着一些您很厌恶的习性?是什么原因使自己不能毫无顾忌地摒弃?

乔典运：因为大家都视若家珍。就好像高级西装,人家都有好几套,咱有一件,也不能把它扔掉。

笔者：您觉得这个问题谈透了?

乔典运：透了。

笔者：现在读者都非常关心您,您是否知道?

乔典运：我知道,想得到。我知道有一大批在这一生都可能无缘相见的朋友在关心着我,因为他们是在书中认识我的。见面不见面在我心中都是朋友。

笔者：您是否给热爱您的读者说几句话?

乔典运：正因为这些朋友关心我,我才更加珍惜这种情义。想到这些不认识的朋友,我出门在外对人格外亲切。我想,在芸芸众生中,我可能随时就会与我这些朋友相遇,我感谢这些朋友的理解。

笔者：在创作道路上,家庭对您最大的付出是什么?

乔典运：说起来话长,请允许我以后再谈。

笔者：您的幽默是不是用血和泪凝成的?我们觉得您的风趣、幽默包括神态都给人一种辛酸、沧桑的感觉,可说是含泪的、滴血的。请问形成的原因?

乔典运：幽默是饿出来的、气出来的、打出来的、骂出来的、憋出来的。

笔者：还有没有?

乔典运：还有,逼出来的。

笔者：您现在更注重创作,还是更注重阅读?

乔典运：读书。读社会学方面的书。

笔者：社会学的书?

乔典运：对,社会学的书。因为到现在我还是个傻子,想学能一点,聪明一点。

笔者：您总是说您不是当作家的料,没读多少书,慧眼的读者是不会相信的。请问您对二十四史也好、二十五史也好,体会最深的是什么?

乔典运：自古以来,到新中国成立以前,所有能当皇帝的人,靠的就是欺骗。包括陈胜、吴广、朱元璋,或者是洪秀全、李自成,都在欺骗。

笔者：您对您的作品在中国文化史上的定位,最自信的是哪些方面?

乔典运：这个问题不好回答。

笔者：您能不能说您在现实主义创作道路上独树一帜?不但留下自己的创作足迹,还留下了自己的位置。

乔典运：我觉得一不丑化生活,二也决不美化生活。这两条都要做到,才会有位置。我现在不背良心。虽然农民读书的不多,我觉得还有很多农民朋友在看我的书。为什么要看呢?就是因为写的是他们,这才是真正的地位。这还远远不够。我就亲耳听过这样的话:一次人代会期间,当官的在上面站着作报告,一个代表在下面坐着听。他心中很过意不去,认为不像话,说让领导坐着讲,咱站着听。啥时农民能心安理得地坐下来听当官的讲话了,那我的目的也达到了。

笔者:您在哪些方面超越了古人,我们是说包括历代忧国忧民的政治家也好,作家也好,仁人志士也好?

乔典运:古人是古人,我是我,我既然是我,我就超越了古人。

笔者:这些话是不是有些笼统?

乔典运:我觉得不笼统。我用我的笔写我心中想写的,我写我看到的、想到的,我就超越了古人。

1930年,美国作家路易斯在诺贝尔文学奖颁奖仪式上的答词中,向全世界昭示了《美国悲剧》的作者德莱塞在美国文学史上的功绩。作为获此殊荣的第一个美国作家,他认为德莱塞才是荣膺该奖的最佳人选。他说:"德莱塞常常得不到人们的赏识,有时还遭人嫉恨,但跟任何别的美国作家相比,他总是独辟蹊径,勇往直前。在美国小说领域里,为胆怯、斯文的风格转向忠实、大胆和生活的激情扫清了道路。没有他披荆斩棘的开拓功绩,就可能没有人敢把生活、美和恐怖统统描绘出来。"而德莱塞正是饱尝了人世间诸多的苦痛。

这位美国作家的话,使我们联想到了乔典运。

选自李毓梅、蒋晔《成功者访谈》,河南人民出版社,1999年

禅释乔典运

宋云奇

一、老乔"其人"

想着写老乔,还没有动笔,脑子里便浮现出一位满头黑白相间的半寸短发,满脸被岁月刀雕斧凿出的纵横交错的沟壑,常穿着一件黑布棉袄或深色中山装外套或对襟白布扣衬衫或圆领白夏衫,脚蹬一双黑布软底鞋,脸上常带着一种谦恭和善豁达睿智的微笑的老者的形象来,心底便油然升起一种由衷的仰慕与敬重。

这是我们南阳作家群的一面领军大旗啊!正是他以始终不向命运低头的精神和孜孜以求艰苦卓绝的耕耘所创造的非凡成就与为南阳赢得的无数荣誉及所产生的巨大影响力,才影响和带动了一大批有志于文学创作的南阳人凝聚于自己的周围,逐渐形成了一个在全省全国都很少见的较高水准的文学创作群体。假如没有老乔的影响和带动,我们南阳会出现这样一个作家群吗?

这是一位历尽人间苦痛的禅者和社会深层思索的哲人啊!正是由于他那禅者般的达观和哲人般的深思,才使得他的创作达到了社会哲学书一般的境界并赢得了社会的敬慕与爱戴。无论官员、同事、朋友,还是妇女和儿童,谁见了他都喊他"老乔"或"乔老爷",你一喊他就笑,他越笑人们就越喊,这一喊一笑越笑越喊,就把他和社会和生活和众生融在了一起,化在了一起。试问我们和我们之外的人们,能达到这样的境界吗?

老乔的确是一位哲人和禅者。但他的哲人和禅者的境界,却是在长期的生活磨难中修炼来的。当他刚刚走入社会走入生活之路的时候,也是和我们一样的凡人俗人。老乔常对朋友和文友们开玩笑说:咱这一辈子啥都不缺了,就缺三样:升官、发财、桃花运。这是他的调侃和反讽,但也是实实在在的大实话。这三样东西都是凡人俗人终生追求的目标。既然老乔当初也是和我们一样的凡夫俗子,他当年就没有这些美好的人生愿望吗?有的,当然是有的。

老乔的一生都是在积极要求进步的。他青年时期踊跃投身解放军这个革命的大熔炉中,就没有去部队混个一官半职,进而光宗耀祖的想法?但是命运之神却不照顾这个志向远大的年轻人,一场严重的肺结核病将他残酷地打回到了他曾经兴高采烈走出去的家乡。在痛苦绝望中,为了继续进步,他甚至捐献出他的一千元复员费和治疗费中的八百元用于村里兴修水利,为此他受到了上级的表扬,并很荣光了一阵子。然而表扬和荣光之后,他的生活环境并没有丝毫改善。因为羸弱的病体使他手不能提肩不能挑,根本无法用劳动来养活自己和老婆。曾经上过简师并在部队当过文化教员的老乔就提出到小学当老师,但他这个可怜的愿望也以怕传染给下一代肺结核为由被无情地拒绝了。

在痛苦绝望和无法消解的困顿中,一本从部队带回来的《钢铁是怎样炼成的》使老乔萌发了用文学创作改变生存状况的念头。也是老乔命不当绝,他有四句民歌居然被《河南文艺》发表了。这一偶然的成功如一支强心剂,使他更坚定了文学创作的信心。之后,他在文学道路上艰难跋涉,先后有多篇作品被《河南文艺》、《长江文艺》等刊物发表,还被吸收为武汉作家协会会员。此外,他还有两篇小说被珠江电影制片厂改为电影剧本。

正当老乔在文学之路上踌躇满志前景看好时,一场政治和文化浩劫铺天盖地而来,因为出身不好和能写文章的双重原因,他从此被打入十八层地狱。无休止的揪斗、批判、坦白、游乡紧紧攫住了他。他曾经逃跑躲避过,向上边反映抗争过,但最终都重新落入"老天"的魔掌。他最后彻底绝望了、心死了,从此之后便一切顺其自然,默默地承受一切屈辱与苦难。他几乎承包了全大队的一切打击,完全成了一个没有性格没有尊严没有自我没有思维的"干活机器"。在人们的眼里,他已经不是一个"人"了,人们可以当着他的面商量如何盗窃集体,如何整治某人,如何对抗上级,如何破坏斗争会,甚至是如何将他整到死地。"好人和坏人都不背我,把我当成了没有知觉的一块石头或一棵小草。野蛮和善良、愚昧和聪明、愤怒和欢乐、失望和希望,这一切都赤裸裸地展示在我面前。不幸的遭遇给了我幸,这幸就是使我有机会认识了活生生的社会,认识了活生生的人。"(乔典运《问天》代序)正是这一段非人的地狱般的屈辱经历,使老乔重新认识了生活认识了人。正是这一场漫天大火,将老乔由凡人俗人烧铸成了哲人。

浩劫过后,老乔复出。重新步入文坛的老乔将他被压抑了十年的激情和着十年地狱生活所观察到的人间善恶美丑喜悲暖凉以及对于生活的重新认识和思考,迅速凝聚为一篇篇犀利老辣尖刻深邃的小说作品。这些作品像一颗颗重磅炸弹,接二连三地在全国各地报刊连续"引爆",使老乔很快成了名人成了"大家",也成了新闻媒体关注的热点人物。于是,他开始在报刊和电视上频频露面,各种各样的"封号"和"桂冠"连连飞来,将他"捧"成了社会上妇孺皆知的"人物"。

面对这样的辉煌,老乔总该笑了吧,总该大笑特笑一场了吧!但是他没有,此时的老乔已经不会大喜大笑了。他的心态经过大痛大悲的铸炼已经超越了荣辱哀乐,他成了一位心如止水的禅者。尤其是他的小说获得全国评奖状元之后,领导同事朋友亲戚见了无不打趣恭维,说老乔如今真成了名人了,是鲁迅之后的又一位"国民灵魂诊断师"了。有人还对他说,报刊上都在说"乔典运现象"哩!老乔听罢摇摇头,说那都是吹嘘的,咱能吃几碗干饭自己知道。咱过去吃的苦多,写的都是人生体验,所以才有些反响,其实就那么回事儿,不过是文友们抬举罢了。说罢拱手抱拳连声说谢,好像做了什么亏心事似的,弄得恭维者们倒先不好意思了。

老乔成功了。他年轻时想升官发财交桃花运没能弄成,如今总该实现了吧!但是成功之后的老乔却没有了这方面的欲望。十年浩劫所目睹的官场起落人间冷暖使他冷了这方面的心。文友们都说,老乔后来没有升官发财交上桃花运,是他自己不想,若是想,早就又升又发又交了。此话不假。先说升官,省里市里都曾争着调他,他却一再推辞不去。朋友问他为啥不去,他说官场像赌场,咱草木之人没有那个心劲也没有那个本事。再说发财,老乔能发财的条件很多。不讲别的,就凭他的名气和一支笔杆儿,去哪个公司挂个顾问或者替哪个老板捧捧吹吹,腰里的票子不就大大的了?许多公司老板都发出过这样的邀请,可老乔拒绝了,说钱挣多少是个够?每月有工资花着就够美了,这不比土里扒食的农民强多啦!最后说桃花运,据说成名之后,有不少五体投地崇拜他的青年女作者和成熟女性,愿意让他交交桃花运,但他都不去交。他说人家要是个已婚的,男人知道了岂不要闹生涩?人家要是个姑娘家,咱岂不是害了人家一辈子?这良心咱可坏不起!有文友打趣他,说他是有贼心无贼胆吧?一句话引逗得众文友哄堂大笑,老乔自己也笑了。

老乔成了名人,在外面却丝毫没有名人的架子。在街上见了哪个熟人,他都是笑着先下车子,然后跑过去使劲儿握手。也不管是谁,只要对他有过一点点的帮助,他都会念念不忘,千方百计给予报答。"文革"期间,他曾在一户姓郑的家里避过难。几十年来逢年过节,老乔都要亲自或让孩子们前去看望。后来郑家的孩子考上了师范怕被人挤掉,来托老乔摸底说情,他二话没说就答应了。校方问他是啥亲戚,他说不是亲戚胜似亲戚。对方明白事情根由后也很感动,当即表示:光凭老乔你这份真情,你只管放心回去啦!老乔患癌住院期间,医生护士仰慕他的文名,给了他许多特殊的照顾。老乔出院时感激不尽,专门到书店买了自己的作品集《美人泪》和《问天》相送,以表谢意。

老乔在外不摆名人的架子,在家也无半点的"家长"威风。全家人聚在一起说事,儿女们都敢跟他斗嘴说笑。老乔是作家,夫人却没有多少文化,之间的反差使原来贤淑的"乔夫人"不由自主地想在家里与老乔争个"高低",经常为一些小事争吵得面红耳赤。老婆一动劲儿吵,老乔就不吭声了,吵得狠了急了至多说句:"你别说了中不中,算我求你了!"两人争吵时,儿女们多站在老乔一边,对乔夫人说:妈,你还不知足哩,就你那个劲儿,我爹没跟你离婚就不错啦!直把乔夫人说得一赤一愣的。直到这时候,老乔才真恼了,虎起脸训斥他们道:这是啥话?你妈那个劲儿咋啦?你妈那个劲儿都把你们养活大啦!几句话就把他们训哑了。为了维护夫人的"地位",老乔每月领回工资都全部交给她,遇到家长里短的事儿,都叫她做主去办。老乔常说:人家跟咱几十年,没享着啥福,罪可是受了不少。咱欠人家的,怕是这一辈子都还不清哩!

老乔做人幽默随和,周围人缘极好。上级下级文友朋辈名家作者熟人同事,都和他处得极为和谐。老乔患癌治疗期间,不管是在西峡在南阳还是在郑州住院,身边总有一群文友相陪相伴。南阳的文友们不仅在精神上想方设法给他以安慰,而且还多次自发地捐款凑份子,给他以经济上的支援。老乔去世时,省、市、县二百多位领导作家朋友同事专门赶来为他送行,中国作家协会和省、市、县三级数十个单位的百余位生前好友发来唁电、敬献花圈。告别仪式上,吊者如云,哭声如雷,声声凄烈,滴滴烫人。"老乔走好——"的呼唤声震山野。这就是一个"草木之人"的丧礼!这就是老乔一生坎坷以心为人为文所赢得的崇敬与厚报!

二、老乔其"文"

有人把做人与为文的关系概括为八个字:文如其人,人如其文。这八个字说得精妙极了!做人与做文其实是一脉相通的。老乔的"人"做得好,"文"做得更好。他的做"文"和他的做"人"一样,也经历了一波三折的过程。

老乔的文学创作大致分为三个阶段,即"文革"前时期、"文革"后时期和新社会转型期。"文革"前时期指他在一九五五年至一九六四年这段时间的作品;"文革"后时期指他在七十年代末至一九八五年以前的作品;新社会转型期指一九八五年之后发表的作品。这三个时期存在着极大的跨越和递进关系。从老乔这三个时期的作品内容,我们可以看出他在人生和创作的道路上苦苦思索、追求、超越的不凡轨迹。

老乔"文革"前时期的小说,都是些浮漂在生活表层的歌功颂德式的作品。这是由他的年龄和对生活的认识以及当时的社会环境所决定的。那时的老乔还很天真,对上面让干的事情坚信不疑,即使有时因与良心相背而产生怀疑也不敢表示反对。此期发表的主要作品有《送地》、《和好》、《我家住在干河旁》、《西峡游记》、《山中之王》、《石青山》、《贫农代表》、《石家新史》等。这些作品在当时影响很大,但现在看来,除艺术上有一定可取之处外,内容立意上概念化倾向较重,没有多大的意思。

老乔"文革"后时期的作品与"文革"前时期相比,是一个巨大的质的跨越。他之所以能够实现这个跨越,根本原因在于,他由生活的表层被推入了生活的底层。在这一时期,他由"人"变成了"鬼"。"鬼"虽然为"人"所不齿不顾,但却能够躲在暗处冷静地观察"人间"的生死争斗、人情冷暖、是非颠倒、悲欢离合,能够看到真正的原汁原味的生活中的喜剧、悲剧、闹剧和正剧,真切地体味到当"人"所根本体味不到的东西。这些东西为他的创作注入了裂变活性巨大的"化学元素"。再加上浩劫过后文坛的解禁,以及老乔在中国文学讲习所学习的理论"催化",就使他的文学观念发生了翻天覆地的变化,也使他的创作发生了质的飞跃。老乔此期主要是以批判的态度或者是又爱又恨的态度,无情地鞭挞被极"左"路线扭曲了灵魂的奴化、异化了的各类小人物,沉重地批判那些在极"左"时期高高在上一呼百应、却在新生活中被群众无情抛弃了的"大"人物。此期的主要作品有《含泪的谎言》、《驴的喜剧》、《气球》、《旋风》、《笑语满场》、《借笑》、《还愿》、《灯》、《村魂》、《母子情》等。这些小说在艺术上已渐入化境,思想上也达到了很高的水准。其中小说《村魂》发表后先后被《小说选刊》和《作品与争鸣》选载,后来还被翻译介绍到国外,甚至被改编成电视剧在中央电视台播放,就是最有力的证明。

老乔新社会转型期的小说比他"文革"后时期的作品更进一步,虽然还是批判性的,但是批判的范围更广泛,批判的程度更深刻。促成他创作思想的这一递进变化的原因,是一次不同寻常的感受。一九八五年十月,应霍英东先生之邀,老乔有幸作为中国作家参观团的一员,赴广州、深圳、珠海、香港进行了一个月的参观访问。他看到那里的农民家庭装饰得比内地的高级宾馆还豪华,咋想咋别扭:这还像农民吗?内地的农民咋不是这个样子?这里的农民咋比干部还美哩?经过一番沉思之后,他发现自己过去错了,自己过去写的内地农民生活应该属于过去,他们完全应该也可以过上特区农民那样的生活。是什么原因使他们过不上特区农民那样的生活呢?老乔陷入了更深的思考。于是,他开始否定自己,全面调整自己的审视角度,对民族深层文化心理进行比较集中的发掘与透视。他跳出了农村与农民的局限,激切而尖刻地揭示和批判阻碍社会进步的旧文化因素和意识,热切地呼唤代表社会进步的新人物新力量。他常常从小题材、小人物、小格局入手,以小见大,以微见宏,曲径通幽地透射出大时代变革的批判精神。

这个时期是老乔创作的高峰。作品量最大,思想性艺术性最高,几乎是以集束式和喷涌式在全国各地报刊遍地开花。此时,大部分与他同时代的作家都被急剧变革的社会弄得晕头转向,陷入了"江郎才尽"的枯竭期。老乔却出人意料地焕发青春,进入高产稳产期。这种情形震动了文坛,被作家和评论家们惊呼为"乔典运现象"。这个时期老乔的主要作品有《无字碑》、《刘王村》、《怪梦》、《乡醉》、《满票》、《冷惊》、《定时炸弹之谜》、《黑洞》、《遗风》、《大喜》、《香与香》、《问天》、《小城今天有话说》等。这些作品除《满票》荣获河南省首届文学艺术优秀成果奖和一九八四至一九八六年全国优秀短篇小说奖第一名外,还有多篇作品被《小说选刊》、《小说月报》、《中篇小说选刊》、《新华文摘》和《全国优秀短篇小说集》选载,也有一些作品被译成英、法、德和阿拉伯文传播到世界各地。

老乔此生共发表中短篇小说和散文作品二百多篇,字数达三百余万。先后出版《小院恩仇》、《美人泪》、《问天》、《村魂》、《乔典运小说自选集》等多部中短篇小说集和两部长篇小说《命运》、《金斗纪事》。老乔的大多数作品在思想和艺术上都达到了很高的水准,其中的《村魂》、《满票》、《乡醉》、《无字碑》、《冷惊》、《问天》等作品,可以称得上中国当代短篇小说的经典之作。

三、老乔小说的深度与高度

老乔是专门玩小说的人,虽然"文革"前写过一些诗歌、散文、曲艺和电影剧本,但他倾注心血最多最大、玩得最熟最得心应手、思想性和艺术性最深和最高的,还是他的小说。老乔的小说究竟达到了怎样的深度和高度?有评论家称他是新中国成立以后继承鲁迅精神最得精髓最有实绩的一位,他的小说的主旨精神与艺术成就是继鲁迅之后的又一个高峰。我想这就是最好的定位。

鲁迅是中国新文化运动的旗手和主将。鲁迅最突出的文学成就是他的杂文和小说。他的小说的巨大价值就在于深刻地揭示和鞭挞了黑暗落后的旧中国那屈卑、麻木、冷漠、沉默的"国民魂灵"。其主旨是揭示形成这种"国民魂灵"的病因,以"引起疗救的注意"(鲁迅《我怎样做起小说来》)。他把"原来美好的东西的撕碎毁灭的过程,一览无余地展示给人看",以引起世人的同情与关注,给他们以热切的援手和"彻底"的解救。他的《呐喊》和《彷徨》两个小说集,都是围绕这一现实主义的创作主旨写成的。

老乔这位从社会最底层里走出来的哲人作家,更是以揭示和批判在极"左"路线重压下扭曲的"国民魂灵"为己任。他以其对浩劫时期及劫后的农民心态以至民族魂灵的深刻把握,"集中地针对人们精神中的奴性发难。他把深广的忧愤和犀利的思想锋芒掩蔽于平实老辣语带讥讽的叙述之中,所言极小,所指极大,笑谈中催人泪坠,幽默中伸出利刃,具有丰富强大的思想含量。旧的传统、'左'的思潮、阶级斗争扩大化与贫穷闭塞在长时期内严重地扭曲了人的灵魂,压抑了人的独立精神。奴性这一国民性的痼疾在当代条件下有了新的特征。善良而又愚昧的人们为了利害的计较而逢迎、拍马、顺从、讨好、欺软怕硬、弄虚作假、巧言令色等等小阴谋诡计,结果害人而不利己,转又自责自贱自卑。严重的是,这种奴性已成了一种无意识、一种自觉、一种习惯成自然、一种见怪不怪。老百姓本该如此!这就是老乔小说使我们看到的景象、感到的刺激、得到的震撼"(孙荪《故乡的诱惑》)。这震撼令我们警醒,催使我们对这种"民族魂灵"进行疗救。

老乔和鲁迅的小说,都是以对"下层社会中的小人物"的深爱为出发点的。鲁迅对他小说中的主人公阿Q、祥林嫂、孔乙己等,都是充满了挚爱的,字里行间无不透射出深切的同情与哀怜。老乔对他的小说中的人物爱得更深。"我写的人物,多是我的同代人,从没有离开过。几十年的共同生活,几十年的风风雨雨,在我们之间培养了友爱和互助……两小无猜的纯真友情长存在心中,我怎能不爱他们?"(乔典运《美人泪》代自序)他的《村魂》中的张老七、《满票》中的何老十、《冷惊》中的王老五、《问天》中的三爷等,都是有失误有缺点的人物,但老乔在剖解批评他们的时候,又都寄予了深深的同情和爱意。

老乔和鲁迅的小说的创作主旨与价值所在,是对特定历史时期"国民魂灵"的深刻开掘与剖析。但是他们这种开掘与剖析不是一般意义上的直接揭露,而是更高和更深意义上的积极的批判。鲁迅对他小说中的主人公是深爱和同情的,但又"哀其不幸,怒其不争",要给予痛切的鞭挞以"促其猛醒"。他尖锐地指出这种民族劣根性的根深蒂固与其深厚之社会根源,激切地呼唤人们奋起抗争,来打破这使人致疯的"铁笼子",砸烂这令人窒息的"闷屋子",彻底改变这"上流社会堕落和下层社会不幸"的社会现状。老乔对于"国民魂灵"的认识似乎更冷静更深刻更清晰。他指出:"他们的缺点和失误绝不是天生的,不是他们内心滋生的,而是历史造就的,是历史把他们扭曲了。"(乔典运《美人泪》代自序)老乔在寻找形成这种"国民魂灵"劣根性的原因时更清醒地指出:"愚昧者的真诚是可怕的,比见风使舵的人更可怕。因为他们没有私心杂念,一旦被一种错误的思想支配,就会为这种思想勇敢献身,不惜牺牲别人,也不惜牺牲自己,什么不通情达理的事情都干得出来,而且危害更大。因为这种疯狂的行为被抹上了大公无私的色彩,更容易迷惑人,会被人们视为崇高,会被人们歌颂。"这段话把对"国民魂灵"的认识提高到了超出常人的高度。这正是老乔比其他作家更深沉更高明的独到之处。

老乔和鲁迅开掘中国"国民魂灵"的小说,之所以能够超越同时代的作家的作品,以高屋建瓴的气度、厚重沉郁的涵盖、生动感人的具象、深邃恒远的哲思,在各自的时代,构建起不可逾越其右的文学长坝,最关键的因素,是他们能够超出常人,实现对小说人物和自我的双重超越和批判。鲁迅曾说:"要写出灵魂的深,作家就必须同时是伟大的审问者和伟大的犯人。挖掘灵魂的恶,透露灵魂的善,烛照幽微,写出灵魂的复杂。"(鲁迅《穷人》小引)鲁迅所说的作家必须"同时是伟大的审问者和伟大的犯人",指的就是这种"对人物和自我的双重超越与批判"。五十年代初期就露峥嵘于文坛的老乔,当时可能尚处于同他作品的人物"打成一片"的阶段。但是经历十年浩劫这场大火的铸炼,再加上新时期社会变革和新思潮的冲击催熔,老乔很快就完成了这种高层次的超越。"这种超越使他摆脱了农民文化视角和农民思维方式的束缚,从奴性意识和人格萎缩的网和壳中获得了解放,从而使他的视察角度和表现角度获得了一种优越地位:既能够君临众生又能够俯视自我,使他作为灵魂病理诊断师操起了一把双刃剑,在诊察和解剖农民灵魂的同时也诊察和解剖了自己的灵魂。"(孙荪《"龙"腾"虎"跃》)作为一个作家,他同农民的政治态度和审美态度由"打成一片"到拉开"距离",不再简单地同呼吸共命运爱其所爱恨其所恨,而是好像换了一副陌生的眼光来重新审视熟悉了的生活。于是,一种随手可取却被别人熟视无睹的创作源泉被发现了。从此,老乔的小说创作进入了成熟期,进入了"天马行空"、"游刃有余"的自由境界,进入了稳产高产的"丰收期",写出来令中国文坛和同代作家瞠目结舌的一大批厚重力作。

老乔的小说不仅全面继承了鲁迅先生的精髓,而且也深受契诃夫小说的影响。"文革"期间,他不能看书不能看报,只能接受批斗和劳动改造。一次偶然的机会,他得到一本《契诃夫短篇小说集》,便利用劳动之余没命地读起来,反反复复不知读了多少遍。其中的经典之作《小公务员之死》和《变色龙》等篇,他最少读了十遍以上。这种反反复复的阅读使他掌握了契诃夫小说的灵魂所在。解禁之后他的不少小说都在学习契诃夫。《笑语满堂》中的何老五、《问天》中的三爷、《冷惊》中的王老五、《借笑》中的四叔,不都带有契诃夫笔下小公务员和"变色龙"的影子吗?

老乔小说的主调是现实主义的,但他的现实主义是带有深刻批判性的。他的小说,让人读后能产生一种对于小说主人公的既爱又恨、既怜又痛、既叹又悲、可恼可气的感情。《村魂》中被社会长期玩弄而始终不能觉醒的张老七、《满票》中被曾经拥护过他的群众无情抛弃了的何老十、《刘王村》中对人有过一点贡献就希望终生获报恩的刘老大、《人和路》中为给刘少奇"泥胎"戴了一顶避雨的破草帽而担惊受怕了一辈子的于光宗,看后无不让人生出既爱又怜、又恨又气的情感来,让人恨不得走进小说里,对主人公狠狠猛拍一掌,让其幡然醒悟过来。

老乔的小说对于社会现实的开掘与批判也是尖刻的深刻的。这种开掘与批判又可分为对社会大众传统落后文化心理的无情抨击和对现代官场深存的懒馋散贪恶习以及唯我独尊逆我必除等阴暗心理的严厉鞭挞。这类作品中最突出的,属于前一类的有《香与香》和《无字碑》等,属于后一类的有《乡醉》和《定时炸弹之谜》等。《乡醉》写得尤其令人叫绝。小说中的主人公乡党委书记木易,为了叫乡干部们在大雪封山时都下去检查落实救灾解困这种本属其分内的工作,用正常的行政命令居然无人服从,最后不得不采取非常手段,装着喝醉酒的疯劲儿狠咒恶骂了一通,才将乡干部赶了下去。这样的构思和结局,看后不能不让人感到猛惊和震撼。

老乔小说的特点,一般都是正面切入展开批判的,但也同时融入了隐喻、荒诞、象征、寓言、意识流、黑色幽默等表现手法。他的《刘王村》就是他进行意识流写作的极品,《冷惊》、《问天》、《村魂》、《满票》等代表作品都具有明显的寓言和象征意义,《乡醉》、《黑洞》、《定时炸弹之谜》等小说则是荒诞和黑色幽默的精品。这些作品让人读着欲恨又笑、欲恼又乐,在轻松中领悟到深刻,在嬉笑里体味到沉重,在快乐中充分体验到小说艺术的无穷魅力。

至于说老乔和他的小说在中国当代文坛的位置,著名作家邓友梅曾说:"如果把全国著名作家排一位次,前五十名里就有乔典运。"(一九九三年全国文学创作笔会)这里边包括了新中国成立以来几十年的跨度和小说、散文、诗歌等多种体裁。如果单一列出"文革"之后社会转型时期的小说创作的名次,老乔能排第几呢?在全国文坛尚且如此,那么在河南呢?

四、关于老乔遗作《命运》的思考

老乔走了。他给我们留下三百多万字的小说精品和一部没有写完的长篇自传体纪实文学《命运》,悄无声息地走了。

在悼念老乔的日子里,我一遍又一遍地默读着他留下的半部《命运》,直感到有种热辣辣的东西在喉间滚动,鼻腔里一阵阵地悸颤发酸。这是为他所遭受的种种非人磨难,更是为他对自己的那种毫不留情的心灵审判而产生的巨大震撼。

这是一部奇书,也是一部真书。这部书是老乔一手揪着自己的心,一手蘸着自己的血和髓写成的。它再现了老乔为自己的追求所付出的沉重代价和惊醒之后回过头来对自己的所作所为的深刻批判。个人命运、历史变迁、悲欢离合、无尽恩怨、人生感悟、自我批判在文中自然贯通融会,具有极强的历史厚重感和巨大的情感震撼力。二月河评论此书可以"半部书稿传天下"。张宇看过此书之后说自己"欲哭无泪,欲写无字,只是心疼",并"相信千千万万读者会感动的"。这是真话。在南阳文友为老乔的《别无选择》(即后来的《命运》)召开的座谈会后,有位文友被感动得用手指练了三天三夜,写出手书"别无选择,滴血滴髓"八个大字。老乔在病床上看到这八个大字,竟被感动得痛哭不止,对着这八个大字连连作揖,足可见这部书在老乔心中的厚重分量和所蕴含的巨大情感。

捧着《命运》,我仿佛看见老乔为逃避非人的揪斗,在漆黑的夜里仓皇逃进深山,在布满尖石野刺、风吼、恐怖的山野间奔逃、滚爬、挣扎;仿佛看见他身背百十斤重的"刘少奇",在烈日下被人揪斗批判、推着游行,他疲惫痛苦地弓着身子,头上脸上的汗珠密如雨下;仿佛看到批判结束时,他被高高地架起双臂,飞一般被推下舞台;仿佛看到他被五花大绑,跪在尖利的石子上,膝盖上流出的鲜血,把石子都染红了;仿佛看到他瘦弱的肩膀上压着粗大的木杠,木杠上坠着石头,他的腰被压成了弓形,两腿不住地颤抖……这真是辱没斯文的暴行啊!更何况他还拖着羸弱的病体!我的双眼模糊了。

捧着《命运》,我似乎看见老乔为了进步,将自己从部队复员后的安家费和治疗费亲手交给了大队干部,用于集体兴修水利;似乎看见他为了积极,吃食堂时把老婆为了心疼他而私藏的半斗白面交给支书,还骂老婆不该有私心;似乎看见他为了表现,一边看着大炼钢铁使青山都变成了光秃秃的荒山心里疼得流泪,一边还真心真意地创作了一本歌颂大炼钢铁运动的小集子《西峡游记》;似乎看见他在西峡报社时,饿急了就和几个编辑一起到下面大队打牙祭,可是他一次回家,看见老婆在吃一根队里的玉米秆时,居然大发雷霆,又骂又打,把老婆打得晕头转向不知所措,只得无声地双眼流泪,无比哀怨和愤恨地瞪着他……这样的忠心赤胆,连石头也该被感化了!可是他却仍然逃脱不了被打倒批斗的厄运。我的心战栗了!

这是一部历经沧桑磨难之后的觉醒与感悟之作,字里行间浸浸着从坎坷生活里悟出来的老庄哲学。"经过重重磨难之后,我开始懂得了人:想平安,你就不如人;想找死,你就比人强。""哭的笑了,笑的哭了,世界变化可真快。命运可真会捉弄人。看来该忧的还是慢点忧好,该喜的还是慢点喜好,说不定眨眼工夫就变了,变了也不要忧也不要喜,谁敢保险明天就不会再变?""我懂得了如何生存……在漫长的人生路上,我夜里没做过上天的梦,白天连上树也没想过,高人自然比我高一头,见了侏儒我也要蹲下去让他比我高一头。因为想比别人高一头的人,最后一定会比别人低几头。""人不可去找别人的非,你去找别人的非,小心背后有人来找你的非,人还是老实本分一点好,让人忘了你才是活人的上策。"这些蘸着生活之泪凝成的人生格言,这些具有深刻老庄文化内涵的生活谶语,读之让人揪心,让人心痛,让人悲哀,让人激愤。这是被极"左"时期的动乱社会扭曲变形了的人生感悟。老乔小说中的许多人物都是这种生存文化的化身。可贵的是,老乔自己也清醒地意识到这种"人生"的沉痛与悲哀,解禁之后就立即开始了对这种奴性意识的猛烈批判。这种灵魂深处的警醒与决裂使他的小说摆脱了"文革"前写作的旧有桎梏,进入了一个全新的更高层次的境界。这部书是一柄锋利的对社会对自我的无情批判的双刃剑,句句字字迸射着凛冽的寒光和无所畏惧的勇气。这里也摘几段:"关于大跃进和大办钢铁的是非功过,自有公论,我没资格也没水平说三道四。我只想说说自己是个什么东西,这个东西扮演了什么角色。""直到如今我都怀疑,假如当时给我戴了红布条,我会不会为了表示积极去揭发别人?假如当时给我戴了个白布条,我会不会为了立功去出卖别人?我想我可能也会,也可能比别人更积极,因为我也是一个极普通的人,也想生存,必须要保护自己,何况我还是个不如人的弱者。""现在想想,我这个人也不是个人。不要说自己不敢为人民说话了,连听听人民的疾苦也不敢听。""自己出身不好,为了保护自己不被怀疑为反对革命,就时时事事都积极革命,天长日久养成了条件反射,碰上什么运动就自自然然狠狠革命一家伙,以此向人们显示自己不仅也革命还革命得很。"这些撕皮扯肉鲜血淋漓的对自己阴霾心灵灰暗心理的尖锐解剖以及对于那个动乱社会的无情批判,读之让人动情,让人震撼,让人敬佩之极,让人无地自容地联想到了自己在社会现实生活中的种种违心行为。老乔对于自己这些在动乱时期的违心行为是持坚决的批判态度的。正是这种清醒的自觉的积极的不断的自我批判和超越,才使得他的小说创作超出同时代人,达到了别人无法逾越的高峰。

这部书让我想起了鲁迅,想起了卢梭,想起了孤独冷傲的张承志。鲁迅先生是中国新文化运动的主将和公认的思想与文学大师,却敢于面对大众"榨出皮袍下面藏着的'小'来";卢梭是法国著名的思想家、文学家,却敢于将笔录自己一生隐私的《忏悔录》公之于世;张承志是当下中国最有思想和骨气的实力派作家,也敢于将自己的《心灵史》捧给读者,让读者直接"审判"他。这三位都是鹤立鸡群的佼佼者,是不同于芸芸众生的思想者,是境界高远阔大的大师或将能成为大师的人物。老乔是一个"草木之人"、"土作家",居然也敢于将记录自己人生际遇和感悟以及非常时期曾经露出过的"丑恶嘴脸"、"可憎言行"的《命运》奉献给读者,仅此就足以证明老乔也同鲁迅、卢梭等世界级大师一样胸襟阔远,一样伟岸高大。

　　这部书让我更清晰更全面地认识了老乔。我看到了悠远的中国传统文化在他身上的深厚积淀,也看到了现代文化思想在他脑中的巨量储存。他是一个新旧文化聚于一身的复合型作家。他纯朴中透着精明,谦恭中透着自醒,平淡中透着执着,和蔼中透着狡黠,木讷中透着睿智,愚钝中透着犀利,幽默中透着老辣,笑谈中充满机锋。他在一口生活"小井"里默默淘挖,居然挖出三百多万字的金子般的小说;他在滚滚红尘中悄无声息地勤苦笔耕,居然堆积起一座他人难以逾越的文学之峰。他的人生、他的苦难,都在这座文学巨峰中蕴涵;他的追求、他的价值,都在这座文学巨峰中体现。他是一个智者,一个哲人,一个随和而又深邃的禅者,一位平淡中透着无尽深刻的小说大师。这就是我所全面认识的老乔!

　　老乔虽然走了,但他的音容笑貌仍在,他的坚韧精神仍在,他写出的几百万字的小说精品仍在,他所影响和带动起来的南阳作家群仍在。他的精神和作品将激励着我们拒绝诱惑屏除干扰,在文学创作的道路上义无反顾地向前!

　　　　　　　选自王遂河《走近南阳作家群》,海燕出版社,2001年

"小井"中的洞天
——试论乔典运小说中的国民性批判主题

刘宏志

一

乔典运是以其文学创作而引起文坛瞩目的,但我们必须认识到,在农民作家乔典运之前,先有一个农民哲学家乔典运存在。乔典运对生活、人性深刻而透彻的思考,使他的作品具有了一种震撼人心的力量。

乔典运是一个农村知识分子,这个身份让他在极"左"时期大吃苦头。他曾描述过他当时的生存状态:"三十多年来,我一直在一个小村子里生活,与群众同欢乐共患难。多数时间里,我处于生活的最底层,比当时的四类分子的处境还要差得多……理所当然我成为打击的重点。我常说,全大队的四类分子应该感谢我,因为我承包了全大队的一切打击,才使他们得以幸免。"[1]这种生活给了乔典运无尽的苦难,苦难又加深了他对乡土生活的体验与感知,使他"有机会认识了活生生的社会,认识了活生生的人。虽然……没有读过一本纸印的书,但却天天在读无字的书"[2]。正是这"无字的书"使他形成了自己对世界的看法和对生活深刻而完整的理性洞见。农民哲学家乔典运紧紧抓住了国民性批判的主题,并以自己的创作构成新时期文坛耐人寻味的"乔典运现象"。

二

乔典运对国民性批判主题的选择经历了一个逐步深入的探索过程。从作家的创作轨迹来看,他是在对造成民族灾难的极"左"路线进行深层反思的过程

---

[1] 乔典运:《问天·序》,中原农民出版社,1994年。
[2] 乔典运:《问天·序》,中原农民出版社,1994年。

中逐步探寻到了这一主题的。极"左"路线的盛行给国家、民族带来了深重的灾难。这样荒谬的政策居然能在全国范围内推行并延续数十年之久,抛却政治因素,肯定有一些民族自身的弱点在里面推波助澜。在他探索的初期,乔典运把这些归因于个别坏人。他认为大多数群众都是好的,只是由于少数坏人上蹿下跳,"一个老鼠坏了一锅汤",才造成了极"左"路线的盛行。这些坏人多为以权谋私的基层干部和农村的流氓无赖等。此时作家笔下好与坏、善与恶、正与邪都是截然对立的,抨击坏人便成为他当然的创作指向。应该说,乔典运这时的创作思维模式还是以前思维模式的惯性滑动,作家虽然想尽力开掘主题,但由于没有找到一个合适的切入点,他只是在问题的答案面前划了一道浅浅的凹痕,却无法破解它。

短篇小说《驴的喜剧》就是这样典型的二元对立模式。小说中有三个反面人物——油嘴猫、国舅爷、队长,正面人物则是德成和其他社员。正是这三个反面人物借极"左"路线之势把持了生产队的一切。小说的线索是驴的归属及驴的命运,以德成得驴——失驴——复得驴的故事,涵盖了极"左"路线从盛行到消亡的过程。作家认为,极"左"路线能得以推行,显然与油嘴猫、国舅爷之类的农村无赖的推波助澜有很大关系,于是,作家便以犀利的笔锋来勾画这些人的丑态,对他们极尽嘲讽。由于对极"左"路线为何盛行及其所造成的危害的认识并不深刻,所以作家对问题的解决也持乐观态度。他把油嘴猫、国舅爷等农村无赖同极"左"路线画了等号,把二者的命运也看成同步的。作家怀着善良的愿望认为,没有农村无赖之类的坏人,极"左"路线便无力推行,而反过来随着极"左"路线的消亡,油嘴猫之类的害群之马也自然而然地会失去他们的统治地位,那么一切也就变好了。于是,在这一时期,作家创作的感情基调是明快的,对丑恶的讽刺也是嬉笑怒骂式的调侃,作品充满了对美好未来的展望。

三

随着探索的深入,乔典运发现,事情并非简单的善恶二元对立。极"左"路线的盛行,并非仅靠几个坏人上蹿下跳,普通群众的推波助澜才是其关键性原因,而其表现,又是一种集体无意识。清除了个把坏人,并不能从根本上改变群众的愚昧和自私,而"愚昧者的真诚是可怕的,比见风使舵的人更可怕,因为他们没有私心杂念,一旦为一种错误的思想所支配……什么不通情理的事都干得出来,而且危害更大"①。但作家又知道"他们的缺点和错误绝不是天生的,不是他们内心滋生的,而是历史造就的,是历史把他们扭曲了"②。这样,乔典运就改变了其创作重心与角度,他开始从历史文化视角来透析普通人的日常行为,对其进行解读,发掘国民劣根性的病灶。

美国文化人类学家克罗伯和科拉克洪认为:"文化存在于各种内隐和外显的模式之中,借助符号的运用得以学习和传播,并构成人类群体的特殊成就,这些成就包括他们制造物品的各种具体式样。文化的基本要素是传统(通过历史衍生的由选择得到的)思想观念和价值观,其中尤以价值观最为重要。"③这里,他们指出文化最重要的两条:传统性和价值观。事实上,文化是人类社会肌体的遗传基因,由于生存环境的影响,我们每个人都受到传统或精华或糟粕的文化的熏陶,成为传统文化的延续和载体。传统文化总是在适当的时候显出它们的力量,控制一个文化群体的人的行为,从而使一个文化群体的人的行为呈现为一种集体无意识。由于文化具有对人的本能、个性进行加工及改装的功能,乔典运从历史文化角度着眼,抛舍了纷繁、芜杂的生活具象,将批判的锋芒直接延伸到了国民灵魂的深处。乔典运由此入手进行的国民性批判大体可以分为两类:对封建残余意识和极"左"路线所造成的扭曲的灵魂的批判,对长期处于小私有者地位所造成的愚昧、自私心理的批判。

中国有着漫长的封建历程,这使封建意识成为国民灵魂中最根深蒂固的东西。封建统治者为了维护其特权地位,便于镇压统治劳动人民,就先从精神上奴役人民,扼杀自由民主思想。他们制造了一整套封建纲领,讲究地位尊卑,位高者尊,位低者卑,以愚弄人民。久而久之,就形成了"官本位"的思想意识,为官者可以享有特权,为民者则对官恭顺服从。随着封建专制的不断强化,民对官的恭顺被发展为奴性。后来,虽然封建社会作为一种制度被废除,但奴性——封建意识中最具特色的东西,由于意识形态的不好规范性,仍以集体无意识的方式谬种流传。在极"左"路线盛行期间,由于权力的滥用,对奴性有了强化,于是,原本潜伏在人们意识深处的奴性开始疯狂滋长,形成许多灵魂怪胎。乔典运从历史文化视角出发挖掘国民劣根性病灶,他认识到了封建残余意识对国民性的影响,进而敏锐地捕捉到了奴性在个中举足轻重的作用。于是,他以奴性为突破口,集中阐释了封建残余意识和极"左"路线的推行对普通人民灵魂所造成的扭曲和伤害。

---

① 乔典运:《美人泪·自序》,黄河文艺出版社,1989年。
② 乔典运:《美人泪·自序》,黄河文艺出版社,1989年。
③ 克罗伯,科拉克洪:《文学批评原理》,华中师范大学出版社,1999年。

《冷惊》是乔典运对造成农民灵魂扭曲的深层原因进行反思的一篇很有代表性的作品。农民王老五种的韭菜长得好,人见人夸,王老五也将之作为自己的骄傲。他60岁生日时,五婆要割一点韭菜包饺子,"他不,坚决不,红着脸说:'咱吃了算啥话?咱啥不能吃?咱吃了瞎了,吃可惜了,多好的韭菜叫咱之臭嘴吃了吃糟蹋了,叫人家有钱人吃了才是正吃。'"作为一个正当的劳动者,却说自己的嘴是臭嘴、吃自己生产的好东西就是糟蹋这些东西,显然,他并没有把自己摆放到主人翁的位置上。受封建意识的影响,他因自己不是官,没有钱,而自觉地把自己摆放到了低人一等的奴仆的位置上。这里,作者表现了封建意识对普通人民的灵魂的扭曲。后来王老五的韭菜被支书的老婆割走,王老五在不知情的情况下大骂小偷。在得知是支书的老婆所割时,感情又有了微妙变化:"王老五忽然升起了另一种感情,没有了对贼的气,没有了对贼的恨,亏心地埋怨道:'咦,她咋不言一声哩,她要言一声我给她割割送去嘛,我跑几步腿算啥,咋能叫她费事,真是!'"而后情节急转直下,王老五为无意中骂了支书的老婆而懊悔不已,一再要求支书整他。支书不整他,他又疑神疑鬼、几至神经。最后在支书"整"了他一顿后,疾病才霍然而愈。这时王老五的种种表现,显然已不仅仅是受封建残余意识影响的结果,它已呈现为一种病态的奴性。小说也给出了这种病态的奴性的来源:"王老五也坐了起来,想起下台的刘支书整人不眨眼的样子,不由得头皮都麻了,就说:'也真是哩,变成了蝎子要不蜇人还算个啥蝎子!'"从这里我们可以看出,王老五的这种病态的奴性主要源于怕,是一种对权力的恐惧。因为怕挨整,所以便怕有整人权力的人;因为怕有权力的人,便在这些人面前卑躬屈膝,表现出十足的奴性。久而久之,这种病态的奴性对他而言已成为一种习惯。一旦他自由民主了,不整他了,他反而不习惯了,不适应了。借助王老五这一人物,乔典运不仅告诉我们封建残余意识仍顽固地盘踞在人们的思想之中,也表达了他对滥用权力等扭曲农民性格的社会因素的警醒。

同一民族的文化在发展中具有普遍性或同质的一面,但由于生存环境、社会地位及生产方式等的差异,不同的社会群体又有其特殊性或异质的一面,从而形成一些亚文化群。农民作为一个群体,由于生产方式的限制,他们必须居住在远离作为社会政治、经济、文化中心的城市的农村,同时,由于在漫长的封建社会中,封建统治者们无一例外地采用愚民政策,这就造成了农民这个文化群体的愚昧。从社会地位上说,农民属于小私有者,他们有一定的私有财产,这就造成这个文化群体的另一个特性:自私。由于漫长的封建教化,愚昧和自私已作为一种集体无意识方式深深嵌入了农民这个文化群体的骨髓。在正确的政策的引导下,农民天性中淳朴、善良等善的一面会压制住这些恶的东西。但一旦政策出了偏差,农民失去了正确的引导,这些恶的东西就会发挥作用,使农民成为为恶势力推波助澜的力量。

在小说《无字碑》中,作家以群像的方式集中展示了国民劣根性的种种令人触目惊心的表现:为了自己不被整,村民就拼命去整别人;为了证明自己清白,村民就拼命说他人不清白,甚至不惜以邻为壑。但正是他们的愚昧和自私,既害了别人,又害了自己。作为个案,《从早到晚》中的陈老汉更值得剖析。陈老汉一开始是以正直的形象出现的。作为一个虔诚的"革命者",他当然知道在那个年代"反革命"意味着什么,知道和"反革命"接近意味着什么,但他还是毅然挺身而出,帮"反革命"老王解决了困难。而数年后,他却为村支书调戏妇女的丑恶行为作辩护:"这能都怨支书?怨谁?谁叫他们娶那么好的婆娘,老百姓嘛,为啥要找个漂亮婆娘,还能不招事……"陈老汉在危难时刻帮助老王是出自善良的人对处境悲惨者的怜悯,同时,我们也必须承认,他的赤贫的经济处境也使他无后顾之忧。他并没有什么可失去的,所以他可以凭良心行事。但后来不同了,当他有了一定私产,日子"要多美有多美"时,为了不失去"美极了"的生活,他便本能地与能打破他这种日子的力量对抗。于是,当面对任何一个善良的人都会为之愤怒的丑恶行径时,他却故意回避了正义、良心,而从传统的封建意识角度去理解它,从而让自己心安,也使自己沦为了一个恶势力的卫道士。由于愚昧,他并不知道,对恶势力的妥协、退让只能让恶势力更加嚣张,从而可能使他本身成为下一个受害者。通过陈老汉这个人物,乔典运实现了对农民深层文化心理的观照,表现了农民灵魂中历史因袭的重负。

四

真正成功的作家,总能发别人所未发,拿出富有自己特色的东西。在新文学史上,鲁迅第一个塑造了一批被虐杀了精神的悲剧的农民形象;赵树理首先塑造了新农民形象,描写了他们灵魂的觉醒和精神的解放;而乔典运则再次塑造了被扭曲了灵魂的农民形象。在这看似是表现了历史的倒退的人物塑造中,恰恰显示了乔典运对事物的过人的洞察力。由于中国经历封建社会时间太长,农民思想中的历史因袭重负根本不可能在短期内解除干净。赵树理时期的新农民形象也只是在特定时期,由于革命影响,被时代大潮挟裹前行的农民,他们思想中的封建因袭并没有真正去除干净。乔典运敏锐地发现了深藏于农民灵魂中的封建意识,实施了对国民劣根性的批判,表现了对扭曲国民性格的社会因素的警醒。在时隔半个世纪之后,他再次提出了改造国民灵魂、重塑民族性格的重要课题。

乔典运的小说在叙事模式上也颇具特色,它是立意为先,以意摄事。作品中的人物并非独立的、活生生的个体,他们的一切行为都是为了更好地表达作家的思想。如同巴尔扎克笔下的人物总是为某一种激情所燃烧一样,乔典运笔下的人物也总是摒弃了人性的复杂性,而为某一种国民劣根性所左右,并带有一种病态的疯狂的色彩,如王老五(《冷惊》)的奴性、刘老大(《刘王村》)的精神惰性、张老七(《村魂》)的盲目的真诚,等等。这种背离了人性复杂论的写法却恰恰使乔典运的小说超越了生活具象,从而具有了一种文化寓言的特征。这也有利于小说更好地表达作家的思想,将问题放大到足够让人警醒的地步。

遗憾的是,乔典运的小说语言却在某种程度上对这种文化寓言进行了解构。在作家尽力对深隐的国民劣根性揭露、批判时,他最需要一种极富穿透力的语言。但乔典运太执着于他的方言土语了,这固然使他的作品富有了生活气息和地方特色,可这种缺乏提炼和变化的语言浅白,繁复有余而穿透力不足,从而影响了作家思想的表达。这种语言的缺陷也影响了作品的整体艺术性,使作品在思想上和艺术上无法形成一种浑然天成的和谐。这种缺陷也成为乔典运作品中的白玉之瑕。

原载《平顶山师专学报》2002年第3期

乔典运的顿悟

牛青坡　张健莹

从某一角度论述创作与生活的关系,王国维是一言中的了,这就是"入乎其内"、"出乎其外"。"入乎其内,故能写之;出乎其外,故能观之。入乎其内,故有生气;出乎其外,固有高致。"

乔典运对于农村生活,可以说是"入乎其内"的。他出生在伏牛山区西峡县的一个小村庄里,除去他出外当兵的几年,几乎没有离开过家乡故里。他把自己这块熟悉的土地,自喻为一口"小井"。几十年往这口"小井"中储蓄着,几乎没有停歇。"小井"里储进了他贫困山村几十个冬夏的风雨,储进了他和他淳厚勤劳的乡邻们的爱和恨。他又用自己的瓢勺舀出"小井"里的水,奉献给社会,这就是他几十年的作品。

起初,他的那些作品,与新中国成立以来不少反映农村生活的作家们的作品一样,虽然常常题材狭窄、矛盾单一、人物扁平、粗浅直观,并有图解政策的不足,但其中也不乏对生活的真实记录,散发着生活气息,显示着"入乎其内"的某种生气。以至今天读来,仍然能从中窥见作家的乡亲们某些裸露的心底,寻求他们在那个历史时期内的一些思想轨迹。

当时代进入新的历史时期后,乔典运的作品也日见其新了。他的笔端呈现出他对生活的感受和发现。他用农民质朴的气质和眼光去发现、认识和评价生活,而比较突出的表现则是用鲜明的善恶是非观念和道德理想来衡量生活。基于此,他从小题材、小人物、小事件中见微知著,用活生生的人物来再现生活。《活鬼的故事》就是他在新时期文学的浪潮中的一个代表作品。县委书记在被打倒的时候,托他一手提拔的干部老金代买一瓶香油为儿子当药引子,老金却无情地回绝了。善良的木匠夫妇代为办理,并隐下真情。县委书记重新上任了,老金默认了香油是他送的,重新获得信任。作品鞭挞的是一个出卖灵魂的人,抨击了这丑恶的趋炎附势、见利忘义。作品运用了对比手法,用木匠夫妇的善良,反衬着老金的无耻。在当时的这类作品中,《活鬼的故事》写得独特,写得有分量。同时期他先后发表的《黑与白》、《气球》、《小猫不知人间事》等作品展现出的生活情景、人物形象,都打着那个时期的烙印和乔典运自己的印章,从这些作品中可以领悟到作家坦率地把他的爱给予了善良、勤劳、纯朴、忠厚的普通人尤其是农民兄弟,同时也把恨集中在自私、虚伪、唯利是图的奸佞小人身上。

这种发现使乔典运的作品显现着魅力。但掩卷之后,总又有开掘欠深的遗憾。为什么他展示给读者的作品,却比更广阔的社会内容又显出局限呢?作家在思考探求,人们也在期待着他新的进步。

《村魂》、《满票》问世后,乔典运的"小井"堪称一景,蜂飞蝶舞,见仁见智。他塑造的张老七、何老十非常引人注目。尽管他在对张老七形象的刻画中还表现出作家思想上的某些局限,但通过对这些人物和生活的认识与再现,乔典运却顿悟了。他悟出了熟悉的人并不见得就是真正认识了的人。他看到了张老七冤而不知冤的可悲,何老十愚昧和忠诚得可怕。他不得不思索,那些多少年来被奉为无可指责的所谓高尚圣洁的个人品德,如果只能给自己、给人民带来痛苦和不幸,只能把生活与时代拉向后退,还值得不遗余力地歌颂并把它当作宝贝传之久远吗?他开始意识到应该向这些朝夕相处的老伙伴们道别了,尽管艰难、沉重、流着眼泪,他还是决心告别了。他的痛苦、矛盾,他的思索、选择,充溢在这两篇小说的字里行间。

连乔典运自己也说,告别了可怜的朋友之后,他松了一口气。

他开始和自己所熟悉的生活、熟悉的人物、熟悉的意识拉开了距离,如同画家在画布面前眯起了眼睛。做足了农民生活的当事者,他开始站出来当旁观者了。他开始有意识地"出乎其外"了。

因此,是否可以这样说:农民作家乔典运,以往更"农民"些,以后更"作家"些了呢?

于是,依然是那些熟悉的小题材、小人物,乔典运的眼光变了,看待生活就不同。站在高处远处对生活进行比较,就显出了真知灼见、境界和高致。他的发现加上俯瞰的角度,使他的开掘就有了新的目标。难道对生活和人仅仅满足于道德的评价吗?难道我们不应该从人和人生出发吗?难道可以不向人们的文化心理开掘吗?这些问题,大概也在作家的头脑中转悠。

从张老七、何老十起,他笔下的人物不再是高尚品德的化身,而是复杂生活中的复杂人。他们是可敬而又可悲的小人物。这见诸他近年来的《借笑》、《笑城》、《从早到晚》、《怪梦》、《刘王村》、《乡醉》等作品中。作品中的人物所蕴含的内容,启示我们认识在变革时代的生活激流中,传统的习惯势力、封建的文化意识,是何等的不协调,又是何等的不易摧毁!如《乡醉》中的乡党委书记木易,就是一个性格独特甚至怪异的形象。他是初到穷乡僻壤走马上任的书记,他本当如同党的基层干部那样去工作,可是遇到了以王书记为首的在生活上蜕化堕落、在政治上狭隘排外的"势力网",又面临着一场大灾临头的关头,他不得不醉,借酒发"疯",达到目的。正常的人与不正常的环境产生了尖锐的矛盾,以至于正常人的行为显现出荒诞不经。这里又展示出生活和人物性格的复杂,带给读者的感受也因此复杂了。他演出的这场"闹剧",使人深感酸楚,让人去思索作品展示出的更丰厚的思想内涵。

还应当指出的是,"出乎其外"使乔典运作品中的幽默特色愈发鲜明,大有用武之地。当然,这不仅是语言俏皮,人物诙谐。他的幽默有时看来是为作品中的人物解嘲,有时又把可笑之处隐藏在威严的事物之中,使人在幽默之后感到吃惊、醒悟。这使我们想起一些评论家在论述新时期文学的"现代幽默"时的一段话:"深刻的怀疑代替了单纯的向往与憧憬,冷峻的嘲讽取代了虔诚的一本正经;感时忧世与渗透超脱相贯通,严肃庄重与落拓不羁相扭结……主体与现实之间独特的、充满现代意味的审美关系,终于孕育、生发了新时期文学中那交织着的深沉忧患感和悲剧式浪漫的新的艺术形式——'现代幽默'。"这段论述有助于我们分析乔典运作品的幽默特色。

对于我省的一些作家来说,必须突破和超越农民意识,这话说得很久很多。乔典运的顿悟体现出这种突破。有人预料:有勇气和才识,毫无保留地寻出和艺术地揭示出中国国民性的深层结构,以及中华民族灵魂的根的作家,将会向大手笔跨越。不知乔典运同意否?

1987 年 4 月
选自牛青坡《书生独白》,河南文艺出版社,2002 年

乔典运和《金斗纪事》

王振羽

在这样的人人都纷纷回家与亲人团聚的日子里，特别容易产生怀旧的情绪，看着电视上故意营造的喜庆和热闹，心中就非常留恋过去在乡下虽然穷困但是却别有风味的过节气氛。记得陕西的贾平凹先生曾经有一篇小说《腊月正月》，是写农村年前年后的事情的，在中国乡村过年时节的浓浓亲情、融融春意，还有在亲情掩盖之下的种种苦难和心机，更有中国百姓在艰难日子中的达观风趣、苦中作乐，这样的生存智慧、人生境界并不是居高临下的已经忘本的狼羔子所能体会、所能体察、所能表现的。但是有一些与这些土地上的人已经水乳交融的读书人，虽然对自己父兄的缺点诸如懒惰短视自私逞勇斗狠自作聪明，甚至是狡黠，有这样那样非常清醒的认知和判断，但仍然对身处社会最底层的农民礼赞之、讴歌之、批判之，从不嘲弄、挖苦、鄙弃和厌恶。这些人有些虽然进了城做了所谓的官，但初衷不改本色依然，不像一些一阔脸就变的忘恩负义之徒，用极其刻毒下流的语言把自己的父兄姐妹糟蹋得不像样子，用自己的人格和自尊去换取廉价的喝彩和纸币。已经故去并且也没有什么特别的声名的小说家乔典运就是这样的一个读书人。

记得是在读中学、大学的时候，会在不经意间读到乔典运的小说，非常别致的语言，用非常平和的腔调讲述着农民的情感、农民的无奈、农民的智慧、农民在生活的重压之下的苦中作乐，还有农民对土地的膜拜、对亲情的牵挂、对孝悌的看重，更有面对欺凌的坚韧、面对玩弄的苦涩、在忍无可忍的情况之下的金刚怒目。好像《村魂》、《满票》这些可以称作精品的短篇小说，不比田中禾的《五月》差，甚至更有韵味。乔典运在自己低调的小说中对中原文化背景之下的虽然生生不息，但是也似乎永远处于梦魇中的已经被工业文明冲击得手足无措的当代农民给予深深的忧虑和焦虑。乔典运在得知自己身患癌症的情况之下，一定有一种深深的遗憾，不仅是对生命的眷恋，还有自己积累经年总以为来日方长一定会写出一部中国农民的《红楼梦》来，但这样的机会被病魔剥夺了。乔典运心中的遗憾也许别人难以体察，但是只要有在农村长期生活经验的人，就能明白，在中原厚土中经岁月风雨的反复洗礼能够掌握一定语言技巧，就是一件不容易的事情，而能够耐住寂寞具有一定的观察能力经年累月地在农村不离窝用自己的视角观察农民就更加不容易了,乔典运做到了。但是他连一部长篇还没有来得及写,就得了不治之症。把文章之事当作自己的生命其他都不过是过眼云烟,这样惨痛的事情落在这样的读书人身上真是令人感到苍天无眼了。

《金斗纪事》这部只有十万多字定价只有十元还是四折出售由漓江出版社出版的小说,在今天出版物泛滥的态势下实在是太不起眼了。这部小说没有《白鹿原》那样恢宏的结构、抓人的情节、非常宏观的社会背景来折射时代的变迁世事的沧桑,曲折的爱情故事、复杂的风云变幻、全新的观照视角把近百年的历史烟云尽收眼底。白嘉轩、鹿三这样的人物也许比他们的子女更拥有生存的智慧,更拥有对这片土地上的一切发言权的资格。他们深爱着自己的子女,盼望着子孙有更大的出息,但对这片土地上的秩序的维护和变革,对一切利益的调整也许有更为务实的策略。乔典运没有机会来表现这样的雄心,也没有像张宇、李佩甫、刘震云、刘恒、刘庆邦、赵本夫那样的机会来一展才情。路遥不管怎样说还有一部《平凡的世界》留给世人,虽然有不知天高地厚者说路遥不过是一个农民工,这样明显带有贬义的称谓在我看来也许是歪打正着,路遥为农民写作又有什么不光彩?王朔说自己不过是时代的秘书,但真能做到这一点也的确了不起。

《金斗纪事》用相当简略的结构试图反映在中国处于时代变革的重大变迁中几代人的载沉载浮。在一个小乡村这样偏僻的角落真能够折射出人间恩仇的天地大观园?在这样的似乎是先天不足的架构之下,非常容易使小说的故事流于概念化、脸谱化。刘震云的小说《故乡天下黄花》、《故乡相处流传》非常的智慧和深刻,在我们能够体会的看似诙谐的语言的背后是对共和国历史上诸多重大在当时看来都是严肃而神圣的政治运动的讽刺和嘲弄。乔典运运用自己的人生思考和自己的生命体验,把自己的才情浓缩到一个小村庄中。虽然是看似戏剧化的小说情节,但是乔典运已经炉火纯青地深入中原农村的骨髓。也许在冗长生活状态之下木讷寡言的乔典运,激情澎湃,才思泉涌,对熟悉的人物可信手拈来。

乔典运先生在《金斗纪事》的后记中这样写道:我从小就敬重吴先生,就想将来当了作家,把吴先生好好写出来,写成一本很好的书,不等我学会写长篇,就得了癌症,一个、两个、三个、四个、折磨得没有一点精力。把三十万字的书写成了十万字,留下了二十万字的空白,这是我终身的遗憾。我真感到对不起吴先生。这里的吴先生不是吴敬梓先生,他是"金斗村"唯一的教书先生,是农民心目中的明白人主心骨乡间大儒智慧的化身。乔典运这些看似平实而又质朴的大白话,平静道来娓娓而谈,细细品味真是字字血声声泪。曹雪芹先生以残缺的《红楼梦》让后人费尽猜疑,也痛感曹雪芹的不幸和短命。敦诚有《挽曹雪

芹》诗,这样的诗,献给乔典运先生也不算唐突吧:

> 四十年华付杳冥,哀旌一片阿谁铭?
> 孤儿渺漠魂应逐,新妇飘零目岂瞑?
> 牛鬼遗文悲李贺,鹿车荷锸葬刘伶。
> 故人惟有青山泪,絮酒生刍上旧坰。

选自王振羽《书卷故人》,东南大学出版社,2002年

嘈嘈切切错杂弹
——乔典运先生《问天》的成就与局限性

王志尧

当代著名作家乔典运先生于 20 世纪 80 年代至 90 年代之间发表过一系列描写农村和农民方面的短篇小说,其中《满票》获 1985—1986 年度全国优秀短篇小说奖,《村魂》《笑语满场》等获省级及其以上佳作奖 10 余次。这样一位一直生活在豫西南伏牛山区、惯常被称作农民作家的乔典运,在改革开放以来的若干年连续发表了 20 多篇中短篇小说,以其对浩劫时期及劫后的农民心态以至民族灵魂的深刻把握、大智若愚的情感态度、寓洋于土的表现方式,引起了广泛的关注和欢迎,堪与文坛上站在前列的作家竞赛,以至于被文学评论界称作"乔典运现象"①。曾有论者指出:"浏览乔典运新时期以来的全部小说,一个非常触目的趋势是,他越来越注重发掘并表现弥布在现实生活不同层面上的否定性力量,认识上主审非,美学上主审丑,人格上主审恶,构成了他的全部创作重心。爱弥尔·左拉曾把艺术品定义为:'透过某种气质所看到的自然的一角。'乔典运的气质是对那些落后的、陈腐的、畸形的事物有着特殊的敏感,他习惯于由恶入手去触动生活,喜欢让你在漫画般的故事里听到他咬牙切齿的诅咒和痛心疾首的叹息。"②凭实而论,这段评价是比较符合乔先生创作实际的。其中,发表于《北京文学》1992 年第 10 期旋即被《新华文摘》1993 年第 3 期全文转载的《问天》,更是乔典运先生晚年奉献给世人的又一佳作,实为其压轴之作。

然而,当笔者重新研读这篇颇为评论家青睐堪称经典名著的时候,尽管作品中所蕴含的深邃哲理和充满时代气息的农村情貌并未发生大的变化,但是说句老实话,却怎么也找不出当年阅读该篇时所产生的激动情感和崇敬心态。这到底是怎么回事呢?揆情度理,发现一个明显的问题,那就是作品中细节描写有虚假之嫌。

---

① 孙荪:《论乔典运现象》,《创作评谭》1988 年第 2 期。
② 王鸿生:《乔典运和他的文化寓言》,《上海文学》1988 年第 3 期。

一、《问天》是新时期农村推行民主政治情状的真实写照

农村推行民主政治,是20世纪80年代末90年代初开始试行的。此前,农村基层党政组织的负责人都是任命制。即便后来实行选举也是等额选举。候选人又是上级事先定好的,与任命制没有本质的区别,仅是形式上的变更而已。一如乔典运在《笑语满场》中何老五对改选村长时所说的那样:"啥子选举呀,又来哄娃们玩哩!"在他看来:"选官自古以来哪有这等好事?前朝古代的官都是皇上封的,解放后大小干部都是上级指派的。别看有时候叫投票,也是上级选人,百姓举手,这不过是上级走个礼路、赏个脸面罢了。"于是,勤举手、不摇头变得天经地义,而另选他人就是"给脸不要脸",就是"有意与上级作对"。及至后来改成差额选举,问题就大不相同了。人们长期形成的思想观念,甚至包括封建思想的影响,都会变着法儿登场亮相的。这便是《问天》产生的时代背景。乔典运确实是一位擅长写农村农民的行家,他率先捕捉住这场大变革的信息,通过生花妙笔加以描绘和开掘,不能不说是一种高明之举。

所以,围绕着差额选举村长一事,展开了一场涉及农村各个层面的人物的思想言行及各种戏剧性的表演。

小说《问天》描写的人物并不多,一个是纯粹农民身份的三爷,一个是村党支部书记王支书。情节也不复杂,就是头天开会布置第二天投票差额选举村长的事。然而,这却是春风吹皱了一塘水,或是一石激起千层浪,仅通过三爷"过电影"的长镜头回忆和家人的对话及找王支书的探寻,就把全村的人际关系、组织管理状况、干部的作风、各色人等的道德风貌像一幅长卷式的农村社会风俗画一般展现在读者面前。王支书的好吃好喝,善于摆平人际关系,像不倒翁一样稳坐第一把交椅的老滑头形象;民兵连长张文,这个穷人富人都能看得起的虚伪变色龙,三天两请王支书喝酒表心情,致使王支书早晚出门喝酒都不忘把这个自称煤科大学的毕业生带上做保镖;现任副村长李武敢于坚持原则,顶骂王支书,却被王支书看作一个离不了的忠心保驾臣形象;溜光蛋刘五成年身不动膀不摇,专指望嘴皮子吃喝拉拢招摇撞骗的没毛飞形象;县里某单位一脸奶膘的丁主任华而不实的走马观花式的官僚主义作风;三爷全家人对村里事不愿多操心,事不关己高高挂起的那种无所谓的态度和看破红尘式的冷漠……都是用极省俭的文字,三言两语便写活了人物。就像《红楼梦》中冷子兴演说荣国府那般,很快就把全村各色人等的平时表现和对选举村长的态度活画了出来。这的确是乔先生善于刻画人物的本事。

这就是 20 世纪末期中原大地之偏僻农村的社会现实的生动写照。这也说明了，在这样的时期、在这样的地方推行民主政治，条件尚未成熟，以至于老百姓们全不理解，认为"这个难题是王支书出的，他只想维持人，又怕得罪人，就想这个方法让老百姓们替他得罪人"。这真是对强力推行民主政治的辛辣讽刺。所以三爷才发出了"老百姓也日哄日哄去个毬"的愤懑和慨叹。这不是推行民主政治的胜利和光荣，而是被百姓们看作愚弄他们的恶作剧。这就是所谓做民主政治表面文章的悲哀。作品并不是空洞的说教，也不是被媒体所粉饰的老百姓们好像真正实现了当家做主似的虚热闹，而是捺住葫芦瓢起来，是农村长期积聚的各种深层矛盾的总暴露，应该引起上级有关部门对农村、农业、农民问题的认真反思和高度重视。这也是小说"以俟夫观人风者得焉"的现实意义和真正价值。

特别是《问天》中所塑造的主人公"三爷"，堪称鲁迅先生所塑造的阿Q在新时期的再现，具有广泛的代表性。

小说的开篇是这样描写的："三爷的头没有用过……一个老百姓用头干啥呢？地咋种、啥时种、啥时浇水、啥时施肥、啥时锄、啥时收，等等，上级都替你想好了，你别说不会想，就是会想，想得再美也是白想，想多了还犯王法。"这就是乔典运给我们描绘的 20 世纪 90 年代初期富有代表性的老式农民情状。所以，当这样的上了岁数的有过较为丰富经历的农民遇到选村长时，心里先犯嘀咕，王支书瞎说什么"这是天下最好的民主，也是天下最大的民主，叫谁当不叫谁当大家当家做主"时，人们听了哈哈大笑。笑什么？"这是哄娃们玩哩！"三爷说得更耐人寻味："是一个闺女许给两个男人，叫两个男人去争一个闺女，真新鲜。"这委实是对那些参与过多次政治运动而性格已经扭曲的农民暂时难以接受新式民主政治的心理透视和生动画像。

作为三爷来说，他在村里是又香又臭的人，年轻人看不起三爷，都拿三爷当玩意儿玩。这又是为什么？三爷最听王支书的，不能把这看作奴隶主义。他不听支书的行吗？三爷把理儿认得真，三爷不憨不傻，当年轻人玩他时，他并不生气。他的理论是："我说不旱，王支书叫浇水，你们偏不浇；我说旱了，支书不叫浇，你们偏要浇，抬出我和王支书抗膀子，我可担当不起。谁知道哪一回是玩的，哪一回不是玩的？可得回回当成真的。""几十年了，年年都有大风大浪，年年都有个百分之几的挨批挨斗指标，谁没叫风吹过浪打过，有的还不止吹一次打一次……"1957 年打右派，叫提意见，人们提了，打了多少右派？还说那是阴谋，几十年都揭不下来，百姓们说那可比害眼厉害得多！照这么说来，三爷"早早晚晚都站在干岸上，落得一身清清白白，人们咋不服呢？三爷咋不香呢？大伙儿都说'跟着三爷走，四季保平安'"。支书虽说叫村民们选村长，但人们都不操心选谁不选谁,三爷选谁跟着选谁准没错。这便是当初在偏僻乡村推行民主政治的真实情状。

三爷真的开始动脑筋想了。他先想到第一个候选人张文。"这娃子很不赖",主要表现就是县里那个一脸奶膘的丁主任进村搞商品经济时给大伙让烟却短了三爷,后经张文提醒,结果使得三爷吸个帝国炮,那是令人永远难忘的一幕!张文给老实巴交的淳朴农民三爷挽回了面子,使三爷"长脸就变成了圆脸",证明"张文心里有咱,咱心里也要有张文"。多么朴实无华的感情啊!三爷选张文,发自肺腑,何错之有?张文再孬,与三爷无关,仅凭这一点,三爷就要选张文当村长。

令三爷尴尬头疼的事在后边。他本来已认准选张文当村长,当他下地干活时偏偏又遇着了另一个候选人李武。原来李武他妈在吃食堂饭时夜间偷菜馍送给三爷救过三爷的命。如今,恩主已逝,其恩还未曾报偿。三爷这下子犯难了,于是他作出了在家里听取家人意见的决策。结果是,各唱各的调。三奶奶说:"选谁都行,反正又不叫咱当!"大儿子说:"王支书想叫谁当谁才能当。"最后的结论是:"谁舔得美谁才能当。"此时,三爷也没招儿了,他在心里直犯嘀咕:"这里面学问深着哩,可不敢选个王支书不待见的人。"

再后来,三爷对张文和李武平时表现加以对比。结果是:"张文舔得美,李武又从反面敢顶王支书,是王支书离不开的忠心保驾臣。"从对自己的恩情私交考虑,张文维护过自己的尊严面子,李武他妈吃食堂饭时救过自己的命,到底该选谁当村长呢?三爷真的犯难了!三爷毕竟是与众不同,他经过反复思考,拿不定主意时,想到了传统撂占正反面定乾坤的方法,撂了两次,张文、李武各占一面,三爷又一次陷入了窘境。

当三爷举棋不定之时,他想起了"搬倒树枝捉老鸹",去找王支书打探军情的最后一招。在他看来,王支书一句话顶上自己想几天,这又不费他个屁事,又不用花他一分钱,他巴不得哩。然而,令三爷大惑不解的是,这一次王支书搬死也不说,最后竟以"这事我不能说,说了就犯政策了,你老不要硬逼着我犯错误行不行"的要挟话把三爷呛了个倒噎气。三爷此时才真的傻眼了,一改常态地发狠道:"我不信这也犯政策!毬,都成政策了!"他从内心里感到:"你当支书的都日哄老百姓,老百就不会日哄你了?你不给老百姓们做主,老百姓也会不给你做主。咱试着,谁日哄谁?"最后回到家里,向全家人作出了"上有政策,下有对策"的决定:"明天一早,娃子、老少都上山给鸡打野菜。"理由是:"当官的都怕得罪人,咱们为啥替他们得罪人。"坚决不参加这次选举。果然,第二天一早,三爷就领着全家人上山去了。

从王支书布置选村长,三爷就虔诚地认真地想,先想张文,又想李武,头想疼了,攥硬币抓阄,还是决定不下来时,又去找王支书,掏不出答案,乃至生气骂娘,直到率全家人上山给鸡打野菜罢选。至此,三爷的形象有了很大的变化,由原来的全然的奴性变得桀骜不驯。《问天》的深意已被点化,用以表现农村推行民主政治维艰的主题被揭示,人物已有了很好的结穴。

二、《问天》的细节失真是妨害艺术生命力的杀手锏

乔典运的小说尽管写出了农村农民的深层意蕴,也捕捉到了时代前沿的意象,而且不少地方还蕴藏着深邃的哲理。同时,我们亦能明显地感觉到:"乔典运是依凭观察力和敏悟力来造型的艺术家,他的灵感主要激发于对乡民社会所做的经验性观察。相当熟稔、丰厚的素材积累并没有淹没他,反而使他得以自由地筛选、过滤和组合,也使他能够比较轻松地回忆那些具有普遍意义的事物。尽管他缺乏学院式的修养,他的知识多半也不是来自沙龙书本,他更没有对宇宙、历史、人生、存在作本体论思考的兴趣,但他却形成了自己深刻而完整的对生活的理性洞见。这种洞见亲切、质朴而且简约,往往由实际的人生感受直接生出,体现着全部世俗生活的智慧及明确性。毫无疑问,这种带有极多感性体温的哲理,恰是最易于充任寓言的内核即寓意的。"[①]然而毋庸讳言,作品的缺陷也是十分明显的,那就是故事中所描述的细节的虚假性。换句话说,他所杜撰的故事不少都有违背常情常理之嫌。

现以《问天》为例,其人物情节既有漏洞之处,也有互相抵牾之处。

(一)原任村长为何不见踪影,仅有一个副村长和民兵连长出场应景,这首先是这场闹剧的主要疑点。

主题既然是民主选举村长,而且由王支书宣布了两个候选人:民兵连长张文和副村长李武。新村长选出之前,对现任村长不能没有交代,这只能有下面几种情况:一是该村原本没有村长,副村长主持村行政工作;二是现任村长犯了错误或年事已高不适合再继任村长,所以候选人没他;三是王支书兼任村长,现不让或不适合再兼任。但无论哪种情况,即便是三言两语也得有个交代,不然的话,选新村长便无从说起,但所有这些都给回避了。这种选新村长又不说现任村长的糊弄型做法是该文描写以民主方式选举村长的一种疏忽和缺憾。

(二)民兵连长不是现行村级行政组织体制的职位,而是人民公社化时代"大办民兵师"口号下的政治建制。

[①] 白万献、张书恒:《南阳当代作家评论》,河南大学出版社,1996年。

可是那个第一候选人张文现在担任的仍是民兵连长之职。乔典运虽然长期生活在农村，但他又长期承包了全大队四类分子们所应承担的一切打击，恐怕余悸未消，以至于多年后"不知有汉，无论魏晋"，王支书竟然将他的煤校高材生、喝酒保镖只封了个过期的不在村委会班子的"民兵连长"头衔，有点不伦不类。这对从那个时代过来的人来说是难以瞒蔽的。

（三）丁主任下乡帮农民致富一节疑点重重。

那年夏天，大伙儿在村头大树下歇凉，一个"白胖白胖，一脸奶膘，骑个自行车一直骑到人场里"的县上某单位丁主任，只有张文一人认识，介绍说是来帮助农民致富的（张文事前又没接到任何通知和安排，丁是不速之客，咋知道丁此番下乡的目的？），于是大家都拍手欢迎，三爷也拍了。丁主任被拍得脸上红红的——其实，丁主任在百姓天热歇凉时独自骑了自行车而来，就特别可疑。歇凉是酷暑盛夏时农民们刚吃过午饭后的特有习俗，丁主任吃午饭了吗？怎能没人陪同？连老百姓都怕热歇凉，丁主任又不是坐小轿车下乡，小白脸怎会在炎热的夏天中午骑自行车下乡开展工作呢？这与村风民俗是难以合拍合度的。

（四）李武他妈不可能给三爷偷送菜团团。

在那个多数群众都共同挨饿的年代里，身为普通炊事员的农村妇女李武他妈与三爷无任何特殊交往，非亲非故，仅是村邻的叔嫂关系。李武他妈当时肯定是个青年妇女（1961 年食堂就散了，距作者撰文时已 30 余年），三爷 30 年前最多是个未成家的青年，仅是心疼怜悯三爷身上浮肿了，人又老实，就在夜间偷着到三爷屋里塞给三爷几个玉米糁掺野菜蒸的菜团团（救命馍）。可信吗？论浮肿，到处都是，何止三爷？论身份，又不是亲兄嫂，哪有青年媳妇给光身汉兄弟夜间偷送礼物的道理？何况，李武他妈也不会有这个权，连她本人都是饿死在炊事员这个岗位上的，她哪儿有余力去关照一个村邻兄弟？从哪方面说都解释不通。

（五）"三爷的头没有用过，就是用过也是小用，没有大用过。"从上点岁数的人遇事都听三爷的，全家人更得无条件地听三爷的情况看，这是相互抵牾的。

在村中，几十年来，年年都有大风大浪，年年都有个百分之几的挨批挨斗指标，谁没叫风吹过浪打过，有的还不止吹一次打一次，就三爷没有，他早早晚晚都站在干岸上，他们都说，跟着三爷走，四季保平安。这种永远立于不败之地的常胜将军式人物，不正是善于用脑筋的明证吗？他回到家里，老伴、儿子、媳妇，是不能随便想的，三爷替一家人想，一切得听三爷的，这不是他爱动脑筋的又一条明证吗？为何在文章的开头特意述说"三爷的头没有用过"呢？从文章所描写的事实来看，他还不是小用，而是经常大用，是个脑子一刻也闲不住的人，这才合乎三爷的性格。

（六）山里人喂鸡没有圈养的习俗，上级干部也不会到农民家中清查鸡子的数目。

山里人稀少，人们养鸡不是靠喂粮食，主要是让鸡子在外边宅前屋后甚至野地树林中寻小虫子和草叶之类。割资本主义尾巴那年代，人们都吃不饱肚子，更没余粮喂鸡子。上级不让多喂鸡似乎还缺乏实证，不让喂大家畜，至少是猪羊以上的级别层次，鸡鸭鹅是从不限制的。但老百姓喂不了多少只，一是禽病太厉害喂不活，很难大批量地饲养；二是人们都得挣工分，没工夫也没饲料。且不说上有政策、下有对策，就是下命令不让鸡子跑出院子，老百姓还是会想办法应付的，哪能由王支书带着上级来人到三爷家割尾巴时，被写成三爷家五口人喂了十只鸡多了五条尾巴。王支书编造三爷家十一口人，一人还不划一只，用虚报人口骗走了上级来人，三爷把王支书看成佛爷转世菩萨再生。王支书何必要自编自演双簧呢？即便是"文化大革命"期间的造反派也不会做出这种到各家各户检查鸡子只数的荒唐之举。那时的所谓割资本主义尾巴确有此事，但内容不是到各家各户查验鸡子，而是"小毛驴、架子车"、五业（木、泥、竹、铁、鞋）匠人、个体单干、饲养大家畜，这才是应当割掉的资本主义尾巴的真正内容。小说把养鸡子当成资本主义尾巴是不符合那个特殊年月的历史真实性的。

（七）王支书决不会去城里掏腰包给三爷买优良品种鸡。

王支书何许人也？是个好吃好喝的主儿。张文"三天两头请王支书心情心情，心情心情就是喝酒"。正月十五王支书从张文家踉踉跄跄跑出来，一个劲地大喊大叫，一心敬你，三星高照，五星魁首，叫着叫着就跳到门前大渠里了。事后他还大言不惭地宣称："孙悟空敢大闹天宫，我有张文保镖敢大闹酒海。"就是这样一个酒鬼式村支书，怎会平白无故地肯自掏腰包给一个不会请吃请喝老实巴交的农民买优良品种鸡？谁知没几天真把鸡娃送上门了。三爷有了品种鸡，发了。一个好吃好喝掉渠里不能自救的赃官，哪里还会有恻隐之心为农民买品种鸡呢？

（八）张文给掉在渠里的醉汉王支书换青颜色毛呢衣服是欺人之谈。

好喝酒的王支书是张文家的常客，据小说的描写是三天两头的请，这在农村是不可能的。一来张文家也没那个实力，二来王支书也没理由场场必到，他总得避点嫌吧！若真是如此，二人的关系早就不分彼此了，就变成刘关张结义弟兄了，到了这个情分上，王支书喝醉跳渠里被张文捞上来扶到家里时，绝对不会给王支书换上一身青颜色毛呢的衣服，甚至王支书一直还穿在身上。王支书跳水时就是个醉汉，他们早就打成了一片，按熟不拘礼来讲，给他换身普通农民穿的干衣服就算不错了，张文怎会把绝无仅有的一套贵重的礼服给一个三天两头在他家喝酒的村官呢？而且王支书酒醒后还不赔礼道歉、衣归原主，而是自己一直穿在身上呢?

(九)王支书醉酒时不会给溜光蛋刘五批3000元无名款。

溜光蛋刘五是一个连三爷都看不惯的后生,认为他是个没毛飞的二流子懒汉,成年身不动膀不摇专指望嘴皮子吃喝拉拢招摇撞骗。王支书去刘五家又喝醉了,刘五乘机骗他说有捷径叫村里致富,让王支书出门坐朝廷的帽子——皇冠(汽车),然后让王支书在他写好的要钱报告上批了3000元没名堂开支。当刘五找村会计取钱时,会计哭笑不得,副村长李武大骂王支书,骂他是酒党,把好好个村喝得乌烟瘴气。按常理,村支书是不管经济开支的,那都是村行政的事,王支书凭啥给溜光蛋批条支钱?再说,溜光蛋没毛飞的绰号是多年的品行归纳,村支书不会不知道吧?3000元对于一个山区农村来说,并非小数字!那没影踪的话轻易就信了,王支书的行为让读者感到有点不可捉摸。

(十)王支书不会随年轻人一道喊"三爷"。

乔典运在文中明确地写道:"论辈分王支书比李武长一辈……"又说,吃食堂饭时,李武他妈夜间偷着给三爷送菜团团,亲口喊他:"好兄弟,你咋恁迷……"照此说三爷即是李武的叔叔,同王支书该是平辈关系。在家里说起选村长的事,文中写道:"三奶奶说,选谁都行,反正又不叫咱当。三爷气了,三爷说放屁……三奶奶不敢说了。"有"三奶奶"这个称谓为证,三爷不像是个绰号,就是排行老三的爷字辈,不然的话,无由叫他的老伴"三奶奶"。

但是,三爷去王支书家打算搬倒树枝捉老鸹时,王支书问道:"三爷,啥事?"当三爷说明来意后,接着反问:"三爷,你问这干啥?"最后又说:"三爷,你想选谁就选谁,这是你的权力嘛!""三爷,我真没想呀,选住谁就是谁嘛!""三爷,我给你实话说了吧,这事我不能说,一说就犯政策了……"王支书一连串亲口喊了五声"三爷"。还说:"你老不要硬逼着我犯错误行不行?"王支书和三爷是同辈人,凭什么也不会说"你老……"这种唯有晚辈对长辈才会出唇的称谓。难道三爷真的没有名字?为何"三爷"成了人人得喊叫的官称呢?王支书和三爷既是平辈关系,还是官民关系,亲切一点也该叫三哥才对,这样乱辈分的称谓不符合偏远农村的民风民俗。

还可以举出一些离谱之事,限于篇幅,不再阐发了,其实一篇几千字的短篇小说出现这么多虚假的细节,使本来立意不错的精品打了折扣,不能不令人遗憾。

三、乔典运先生文学创作的局限性

《问天》连同20世纪80年代获奖小说《村魂》、《满票》等,曾经引起过轰动和热烈讨论。回过头来,反思这一系列作品,可以发现作品中有一条贯穿始终的主线——乔典运的思想,或者可以称之为哲理性。他所描写的一篇篇故事是为他的哲理服务的,是为他的思想提供论据的。

这种先有思想、后编故事的做法,不独《问天》是这样,这几乎可以囊括他的所有作品。乔先生生前,笔者曾向他直陈过这方面的不足。被冠之为散文名篇的《妈妈》也说明了这一问题。

在《妈妈》中,那位妈妈吃食堂饭时是掌勺子打饭的,大公无私,平等待人,连干部们叫她从锅里盛稠的时,她照样搅匀了再盛。就是这样一个热爱集体、大公无私、受群众拥护之人后来挨了批斗,干部们说她不分好人坏人,没有立场。然而,查遍新中国成立以来的历次运动,像这样公道正派有群众基础的农村先进妇女是没人敢批斗也无从批斗的。比如当代著名作家李准所塑造的妇女榜样李双双,大义凛然,不卑不亢,能说会道,公私分明,谁敢站出来批斗她!这位妈妈似乎超过李双双的思想境界,儿子给她捎回来一张竹躺椅,妈妈坚持不要不说,还硬逼着把竹躺椅退回去,理由是害怕脱离群众,这确实有点《人到中年》中那个马列主义老太太的极"左"意味。儿子当选县长后,她心里倒像突然塞了块石头,竟然"一天捎了三趟信叫儿子回来"。儿子还以为出了什么事,散会后半夜赶回家里,原来是母亲动员他辞官的。可能吗?既然儿子当镇长或乡镇党委书记时未让辞官,为何刚刚升了一格,母亲突然感到事态严峻坐卧不安了呢?所以尽管多家报刊喝彩(转载),也绝对是一个十分虚假的艺术典型,人们找不来这自身性格互相抵牾的妈妈!

再看小说《不倒的树》。县委书记石坚路遇老五保李大娘等农民在县城卖生桃生杏,石坚回机关后立即让司务长用他的工资,并且不够用又让预借下月的工资,到街上将群众所卖的生桃生杏统统买来(群众为何要卖生桃生杏,不可思议!)一个也不剩,分给县委大院的干部们。石坚的老婆是个没有工作的小脚家庭妇女,石坚将他俩月的工资全买了生桃生杏,难道让全家人去喝西北风!紧接着的故事是到了"文化大革命",石坚夫妇被押到石坚蹲过点的小王庄挨批斗。天太热,正在会场卖鲜桃的老五保李大娘大叫一声:"我揭发石坚!"斥词是:"他看我是个五保户,成年没有零花钱,缺油少盐怪困难,就收买拉拢我。他不是给我送去这思想那主义,他扛着一捆子树苗去给我说:'老婆子,我给你栽几棵摇钱树吧!'他又挖窝又担水……"主持会场的人怒吼道:"走资派就会用小恩小惠拉拢人,腐蚀人的灵魂,把人引向资本主义道路,这是糖衣炮弹!""对",李大娘从篮里拿出几个红艳艳的蜜桃说,"看,这就是你给我栽的树上结的糖衣炮弹!"她把几个桃子硬塞给石坚夫妇,命令道:"现在我觉悟了,你们得把这些糖衣炮弹吃下去!"台下的群众活跃了,乱纷纷大声呼叫道:"吃呀!吃呀!不把糖衣炮弹吃下去,坚决不答应!"十年浩劫的"文化大革命"假若真是如此滑稽可笑的话,也太轻看那些造反派们了。须知那场浩劫是你死我活,绝不是儿戏!

鲁迅说过:"留心各样的事情,多看看,不看到一点就写。"[1]又说:"人物的模特儿也一样,没有专用过一个人,往往嘴在浙江,脸在北京,衣服在山西,是一个拼凑起来的角色。"[2]

依此来对照乔典运先生的创作,他就没有做到这一点。他的视野有限,取材有限,人物单一,长期生活在一个小县城和小村子里,只能是"戏不够神仙凑"了。诚如他自己所言:"我的文化素质低得可怜,且又家居深山,常年多见树木少见人,交通不便,信息不灵,没有同行之间的交流和探讨,使我成了一只井底蛤蟆。这些,对于搞创作都是不利的因素。"[3]这种带着十分真诚的自白也写出了乔先生无法在汪洋大海中驾巨轮顶风破浪前进的真诚和苦衷。有些的确是历史造成的,我们当然不能苛求作者。

原载《平顶山师专学报》2004年第6期

---

[1] 鲁迅:《北斗杂志社问——创作要怎样才会好?》,选自吴子敏等《鲁迅论文学与艺术》,人民文学出版社,1980年。
[2] 鲁迅:《北斗杂志社问——创作要怎样才会好?》,选自吴子敏等《鲁迅论文学与艺术》,人民文学出版社,1980年。
[3] 乔典运:《我的小井》,选自陈继会《文学的星群——南阳作家群论》,河南文艺出版社,1999年。

论乔典运小说的儒家文化精神

王文参

　　对一个作家来说,历史文化背景和生活经历时刻都在限制着他对生活的感受和理解,影响着他的创作心态和审美体验。中原闭塞的地理环境、保守的传统文化氛围,容易培育出愚顽、偏执的个性。乔典运的小说塑造了精神严重滞后的中原人群像。不难把乔典运小说中的何老十、三爷、刘老大、张老七等人物在文化层面上分类对照。所以河南作家张宇说:"我一直觉得老乔是最了解河南人的。"①

　　乔典运的创作思想和美学追求,既带有河南作家冲决本土传统文化的羁绊,艰难地走向城市、走向现代化的人生这样一种具有共性的精神气质,又有显著的个性特征。他执着于农民心理疾病的疗救,试图探寻中原人性格上的劣根性,"认识上主审非,美学上主审丑,人格上主审恶,构成了他的全部创作重心"②,主体精神带有极为鲜明的儒家文化塑造的人格精神和内在气质。

　　一、乔典运的小说具有强烈的自省意识。这是儒家"内圣"才能"外王"的思想的体现,是"修身"以"治国平天下"、"穷则独善其身,达则兼济天下"等伦理观念的人格化。这首先表现在对人物命运的处理上。同样写农民,高晓声的小说具有鲜明的寓言性质和讽喻色彩,是纵向地反映农民命运的变迁,善于从经济生活的历史性变化切入,重在揭露极"左"政策、传统因袭给农民带来的苦难和伤害,批判的锋芒指向外部,能使我们看到"阿Q精神胜利法"的影子。而乔典运的小说无纵向的历史感,而是横向切入,写日常生活中的方方面面,从农村里的长舌妇、村支书到县长,从村委会、家庭到科室,在每一个生活面上发现污点,对每一个污点都是从他们自身心理积淀中挖掘症结,而不是从经济生活入手,没有写外部势力给他们造成的伤害。有时还让人物在自我反省中做无情的心灵拷问。在《满票》中的何老十和《问天》中的三爷身上,都有主体情绪的强烈渲染,批判的锋芒指向人物自己的内心,逼着何老十、三爷们做自我检讨。高晓声对李顺大、陈奂生们寄寓了过高的期望,相信他们一定会觉醒。陈奂生最后在小学教师陈正清的敲警钟提醒下,捧着头呜咽,觉醒了;而王老五、何老十,特别

---

① 张宇:《守望中原》,《莽原》1997年第5期。
② 王鸿生:《乔典运和他的文化寓言》,《上海文学》1988年第3期。

是被誉为"村魂"的张老七们,是至死不悔,即使是亲生儿女们解劝点拨,也只能使他们在一种愚妄中愈陷愈深。乔典运在彻底地否定他们,所以不会让读者产生悲中有喜、喜中有悲的美感体验,有的是深刻的反省和自省。

高晓声50年代由于勇于"探求"被打回故乡江苏武进县劳动了20多个春秋,而同时期的乔典运却一直在河南西南部西峡县北堂村,担心别人以地主出身看待他。他处处积极,每一次"左"的思想运动都走在前面。1958年"大跃进",妻子为了活命在家藏了半斗面,他训斥妻子,主动交上。他写诗,写散文,为伐山取木、大炼钢铁煽风吹火、大擂大捧,结果吃尽"跟上头跟得紧"的亏,收获到了批判和厄运,1966年后批判触及皮肉。30多年一直在一个小村里生活在最底层,而终于"不幸的遭遇给了我幸,这幸就是使我有机会认识了活生生的社会,认识了活生生的人","有很多年被剥夺了一切权利,没有读过一本纸印的书,但却天天在读无字的书"①。新时期以来,乔典运把对自己的反省、否定转化到小说人物身上,《村魂》中张老七"相信上级,是他做人的魂"。被二月河称为"半部书稿传天下"的未完成遗著《命运》写道:"我相信上级的话,相信科学家的论断,相信明天会比今天好一百倍,留那么一点面粉干什么?"②乔典运与张老七是同样的一个"愚昧的真诚者"。在《命运》中,乔典运还记述他看到偷了一个食堂里给他和一个编辑吃的馍的小偷,被捆着抽打时,他深深自责道:"我的心突然沉到地狱里了,觉得自己比小偷还坏一百倍,应当绑起来的是自己这个明偷而不是小偷。"③

在乔典运小说中读不到对人物命运的同情,有的只是恨,因为同情产生的感情基础是不幸的命运由外部造成,而乔典运是把感同身受的农民性格、愚妄的心态诸如名利心、自私、嫉妒等人性弱点外化到何老十、刘老大、张老七们身上,给予彻底的否定,做出深刻的自省。在这自省中,主体人格得到了升华。

二、乔典运的小说不仅具有强烈的干预生活的价值指向,而且主体精神充满儒家思想所赋予的为王前驱和大济苍生的使命感。他严厉地批判中原文化中那些不适应历史发展的固陋、保守、狭隘的惰性因素,同时也肯定着、继承着儒家思想中"仁"、"爱"、"忠"、"信"和关心群体利益的民本思想等。在多篇小说中,他渴望农民有一个好领导,祈求主流文化给农民以精神引导,让农民摆脱历史给予的心理沉疴,走上精神的现代化。特别是作品中渗透的民主自主意识,显示了乔典运身上可贵的儒家进取精神和"济苍生,平天下"的内在气质。

---

① 乔典运:《命运》,《莽原》1997年第5期。
② 乔典运:《命运》,《莽原》1997年第5期。
③ 乔典运:《命运》,《莽原》1997年第5期。

《冷惊》中对具有契诃夫笔下小公务员心理的王老五百般解说而最终哭笑不得的李支书,《乡醉》中以喝水当酒装醉来整治党风世俗的新来的乡党委书记木易,《问天》中公道地主持选举的王支书,《刘王村》中那个敢于公然反对刘老大、给村民打井供水的王三赖,《满票》中对何老十的下台早有预感并主持选民大会的王支书,他们都是为集体、顾大局、心里没有痼疾的清醒者,是新时期现代农民形象,是党的政策和事业的理解者、拥护者和支持者。特别是《小城今天有话说》中那个用鱼换韭菜的清廉的石县长和《无字碑》中那个为碑不要命的老书生徐书阁,乔典运渲染了更多的主体情绪,是褒扬的两个主要人物。他在《小院恩仇》后记中说:"爱和恨使我拿起了笔。"正是这"爱"和"恨"使乔典运在遭受长期的迫害后腰不弯,笔不辍。我们甚至可以认为《无字碑》中那个地主阶级的孝子贤孙,读过书的老教书先生,那个不被人们相容、保碑修桥的徐书阁身上,乔典运寄托了过多的愿望和祈求,以致我们在石县长身上读不到人物形象的真实感。这些人物虽然不是主题思想寓含的对象,但他们进入故事人物的行为逻辑中,和主要人物的心理逻辑结构并行,都具有了形象的意义。在乔典运的小说中,多篇出现有"看胡子不像杨延景"这样的描写。在《命运》中这句话是作为别人贬损他的一句常用语,在《村魂》中有"张老七最爱看杨家将,百看不烦"的情节。评书中杨家将杨六郎实际上已作为一个审美意象被组织在他的作品中,杨家为国捐躯、为王献身的忠君思想也是乔典运这个为人木讷、一辈子没有离开过他的土地和小说的农民作家的精神内核,也是中原文化给他打下的思想烙印。小说中一大批"愚忠"、"愚报恩"人物,可恶、可悲又可叹,但他批判的是"忠"字头上的"愚",而非排斥"忠",搬掉作为组织国家和民族生活的主导思想及政权意识。《村魂》中张老七的形象意义让人们争论深思,乔典运嘲笑他"相信上级,是他做人的魂",百分之百地按领导的指示去做,结果他累死了。他的死使儿子和媳妇越听心里越酸疼,眼窝里蓄满了泪水;使张富胜终于知恩图报,突然给春生送去了一百斤粮食,像哑巴一样,一句话没说就回头走了;使公社书记表扬了队长张小亮,说他告状,告了一次又一次,告出了共产党员的水平;使老王在会上做了检讨,为了砸石子的事痛哭流涕;使张小亮站起来总结——他是我们的村魂,没有他,否定了他,我们就像掉了魂,六神无主了。小说结尾说,开过这次表扬张老七、反省检查的会后,大家心里失去的什么回来了,多了的什么也消失了。这正是乔典运的呼唤和祈祷,也是当前民族经济腾飞、超越世界而面对传统文化所要深思警醒的问题。现代农民命运和生存状态在现代化进程中不乐观的境况,使包括河南作家在内的文化人沉痛地拿起笔来思索。高晓声在《谈谈文学创作》中说:"他们的弱点确实是很可怕,他们的弱点不改变,中国还是会出皇帝的。"乔典运在《村魂》中又提出了一个更尖锐、更可行的改变农民精神弱点的方法:无辱于民众对党和领导的忠诚与信赖!

鲁迅对国民劣根性的批判是在特定的历史阶段,对统治阶级对民众造成的精神创伤给予无情揭露,对几千年封建主义深刻剖析,提出民主革命时期的农民问题。时代和文化视域使鲁迅作品的深广度和视角后人无法企及,阿Q形象使读者产生对农民命运作"哀其不幸,怒其不争"的局外观的阅读心态。而乔典运坐在"小井"里观天上的风云变幻,立足于小井,烛照自己的精神创造,审视自己的心理积淀,其救世的心态与鲁迅一样,使我们走进农民的心灵深处,发现污垢,反观自己,以局内人的身份来清除日常生活中的陈规陋习。乔典运对笔下的农民不"哀其不幸",而一味"怒其不争",怒其不觉悟、不进取、不自争,同时对主导阶级、主流文化又寄寓深切的期望,这与他的儒家精神品格一致。

三、儒家士大夫的写作姿态表现在题材上的偏执选择。乔典运是不写男女爱情的,即使写到年轻女性,也谨用其笔。《诗经》有"关关雎鸠",孔子也说"食、色,性也",文学作品写爱情,是给人类生命唱赞歌。爱情是一面全息的镜子,能照出人性的优劣、明暗,歌颂爱情是艺术的使命。一个作家终其一生不写爱情,不会是他没有结婚生子、没有爱情,乔典运小说的这种题材上的偏执倾向,只能从文化层面上给予阐释。他最具有现代性的以心理逻辑为结构主干的小说,大多写的是老一代农民形象,《冷惊》中的王老五、《刘王村》中的刘老大、《问天》中的三爷、《村魂》中的张老七、《无字碑》中的徐书阁、《从早到晚》中的作家老王,还有一个极其丑恶的"运动迷"、"整人狂"《气球》中的"火眼左三",这些人物的名字是一种文化寓言符号,可在文化病上给他们分类排队,没有情感上的生动形象性。"老十"、"老大"、"老五"、"老七"、"三爷"这些符号又透视出儒家文化中家天下、重血缘、循等级辈分、按资排位所演习而成的乡风民俗。这种血缘等级把女性排斥在外,是一种儒家理性极强的专制文化,放逐感情,更不用说爱情了。

乔典运也写到了女性,如《美妻》中的春姐、《黑洞》中的大花、《女儿血》中的梨花、《小城今日有话说》中的弯月等,在他三百多万字的作品中可谓凤毛麟角。她们都很美,她们又都是很好的妻子,乔典运也是把她们作为一种文化符号给人一种寓言性的启示来写的。春姐、弯月形象美,然而春姐只好自戕为丑八怪,使村里人觉得像除掉了一害似的;弯月被放逐深山,似乎才能使"小城今日没话说"。最惨的属大花,形象美,心灵也美,锄地拾到五千元钱,为爱丈夫,给丈夫买摩托车,让他天天回家,留了两千元,又为丈夫能入党、为丢钱人不受煎熬上交三千元,结果她在现实中无地自容,疯了。乔典运是在鞭挞恶风恶俗对美的摧残,用大花的悲剧告诉人们:昨天有德无财的二大爷和今天没德发财的三娃他们的道德准则都不足取,现代生活需要新的价值尺度来评判人的日常行为规范。这些都远远偏离爱情题材。

另外,女性的名字又在"春、花、秋、月"中选择,也极富儒家传统文化内涵。三纲五常、男尊女卑的儒家思想,视女性为可欣赏的"秋月",可装点门庭的"春花"。在《命运》中,乔典运记述自己曾把风尘仆仆从村里赶来送别的妻子,一脚踢到床下,扭头夹起行李就走,笔端毫无悔过之意。在《从早到晚》中,也写尽了那个作家老王对妻子只会打水端饭的嫌恶之心。对"春、花、秋、月",乔典运既存有敬而远之的心理隔膜,又有儒家男权主义思想潜存在叙述时的无意识中。乔典运在探寻中原人心灵演变轨道上太执着,民族兴衰的忧患感太深沉,本来文以载道,那么就用区区之笔尽匹夫之责,而爱情离"道"远,故无暇顾及了。

四、儒家思想孕育的精神品格,给予乔典运的既是沉重的负担又是成功的契机。人类文明进步的阶段性使走上了多元化、个人化创作路径的作家们,并不能完全消解掉民族群体的责任感和忧患意识。乔典运的小说试图让我们抛弃痼疾,祈祷新生。他在一个小山村里沉思三十多个春秋,固执而沉稳地拿起笔,可惜,贫瘠的中原大地没给过他过多的滋养。然而他检寻人们的心理轨迹,否定着、驱除着阻碍民族现代化进程的精神垃圾,承继富有生命活力的优秀传统,启示人们民族精神现代化是一个艰难的历程。尽管呼唤之声无力、苍白,但在中原儒家传统文化新陈代谢过程中仍具有典型意义。"欲为圣明除弊事,肯将衰朽惜残年",这是乔典运的儒家人格;对传统文化明智地选择、大胆地扬弃,这是他的创作留给后人的财富。

原载《小说评论》2005 年第 2 期

乔典运的"天鹅绝唱"

解德枫

《命运》是乔典运的一部自传体长篇小说,尚未竟笔,他就被病魔夺去了生命,遂成"天鹅绝唱"。这是一位饱经人世沧桑的作家未完成的安魂曲、临终前的忏悔、血泪浇铸的遗言。河南作家张宇读此书的感受是"欲哭无泪,欲写无字,只是心疼",认为"这是部奇书,也是部真书,历史变迁,个人命运,悲欢离合,尽在其中","由于自传性和传奇性强烈,又有深刻的感悟,就打动人"[①]。南阳作家二月河则以"半部书稿传天下"来论定它的不朽价值。

《命运》是当得起上述赞誉的。它真实地记录了作者大半生的文学追求之路,及在这一过程中所遭受的种种磨难和付出的代价。其中既有对前改革时期那个非常年代的深刻反思和批判,也有对自我人格心灵的无情解剖和拷问,是作者揪着自己的心、蘸着血和泪写成的一部控诉书、忏悔录、心灵史。读着它,直感到有种热辣辣的东西在喉间滚动,鼻子一阵阵悸颤发酸,不能不一次次废书而叹,体验到一种强烈的冲撞胸腔的震撼。

随着书页在手中一页页地翻过,眼前仿佛出现了乔典运在文学道路上艰辛跋涉的孤独的身影;看到了他在没钱治病、没油点灯、没盐下锅、没饭果腹的生存困境中,命不当绝,以一首只有四句的民歌,叩开文学之门的辛酸幸运;看到了他成为作家之后,在政治风浪的冲击中载浮载沉、战战兢兢、如履薄冰的魂惊肉跳;看到了他在"大跃进"时期,违心写稿,传播将青山变成光秃秃的荒山的"大炼钢铁"所谓经验时的内心隐痛;看到了他在"文革"中,为了逃避批斗,在伸手不见五指的夜里仓皇逃于布满荆棘的山野间;看到了他身背百十斤重的黑牌在烈日下被游斗,被五花大绑,跪在尖利的石子上,如注的鲜血染红膝下土地等所遭受的种种非人的迫害;看到了他几年工夫下来,练就的担大粪的绝技——一担大粪一百多斤,挑起来,不用扶,双手甩得比扭秧歌还脆,步态潇洒,闪闪悠悠……同时,我们也读到了他在历经这些磨难的过程中,浸淫着血泪的人生感悟:"我开始懂得了人,想平安你就不如人,想找死你就比人强。""让人忘了你,才是活人的上策。""我懂得了如何生存——在漫漫人生道路上,我夜里没做过

---

① 张宇:《命运·序》,选自乔典运《命运》,华艺出版社,1998年。

上天的梦,白天连上树也没想过。高人自然比我高一头,见了侏儒我也要蹲下去让他比我高。""哭的笑了,笑的哭了。世界变化可真快,命运可真会捉弄人。看来该忧的还是慢点忧为好,该喜的还是慢点喜为好,说不定一眨眼工夫就变了。变了也不要忧不要喜,谁敢担保,明天不会再变?""字是什么?是最漂亮称心的情人,是升官发财的敲门砖,也是杀人害命的刀子。玩字的人祸福无定。可能一篇文章做得好便飞黄腾达,一切都拥有,也可能一字之差命丧黄泉,险!只要是说好的,哪怕通篇连一个真字也没有也皆大欢喜;相反,哪怕只有一个坏字,就会引来杀身之祸。想想浑身凉了,头皮麻了。""也不透个信,就反戈一击了。朋友?天下真有朋友吗?若干年后,我终于悟出一点,朋友也得自己先活了才讲朋友。"这些血泪凝成的格言,这些充满苦涩的警句,这些极富反讽意味的生存智慧,如受伤的鹰隼凄厉的悲鸣,读来让人愤激而又悲凉,纳罕而且伤心,禁不住要问:这样做人还是人吗?

在批判那个荒谬的时代的同时,乔典运对自我人格的扭曲也进行了严厉的解剖,字字句句闪射着凛冽的寒光和无所畏惧的勇气。这里不妨也摘抄几段:"'大跃进'和大办钢铁的是非功过自有公论,我没资格也没水平说三道四。我只想说说自己是个什么东西,这个东西扮演了什么角色。""现在想想自己也不是人。在那饥荒的年代里,有一次我在外面吃饱了招待饭,回到家里见我老婆在偷吃一根玉米秆。我不管三七二十一就打了她。人们背地里骂我饱汉不知饿汉饥。事情过去了多少年,心里总窝着一块病。是什么力量驱使我那样野蛮,那么不知疼惜人?什么不通情理的事情都干得出来!""这一点我比他强,我是被突然揪出来的。不等我想到脸,就把我的脸撕扔了,扔在地上踩几脚,又扔到大粪池里泡几泡,我失去了耻辱感……不要脸也能活,这也是一个时代的风尚。""斗争成了一种单纯的形式,有时就成了童话。一天大人们有任务没空斗我,就叫放暑假的低年级小学生斗我……我叫他们站好队,又教他们如何斗我。我说你们使劲喊打倒乔典运。娃们听话……一声连一声喊着打倒我的口号。我坐在树荫下悠闲地吸着烟。看着花朵般的孩子们,一个个涨红了脸,张大着嘴,听着他呼喊得嗓子嘶哑,心里忽然一阵扎疼。我指挥他们斗我,我却稳坐一旁,这不是欺侮他们吗?要是有一个大人在场,我敢这样做吗?我为自己的怕硬欺软感到莫名的悲伤,小小年纪,祖国的明天,本来应该在他们心里埋下爱的种子,却不,却偏要种植仇恨。他们长大了,对人、对社会、对国家能爱得起来吗?""二十年过去了,'文化大革命'的余悸还在折磨摧残着郑大婶,只要听见呼喊口号,她马上就拉稀。郑大婶何罪?只是给有家难回的人一个住处、一碗饭,就被恶人侮辱打斗。沉重的负罪感一直压迫着我,我永远报答不完这恩情!"这些发自内心的真诚的忏悔,这字里行间充溢着的精神创痛,这种对自我灵魂的不留情面的拷打,真正显示了一个有担当的底层中国知识分子觉醒的良知。

那么,这样一部《命运》,它对于我们的意义何在呢?

我认为,《命运》的价值,首先是历史的。它可说是我国前改革时期历史文化的"活化石"。而以自身的亲历实录把一段历史可怕的真实铭刻物化下来,这对于防止后人对它的误读,进而防止这样的社会悲剧的重演,无疑是一种无量功德。

虽然告别那个时代不过几十年光景,但对当代人,尤其现今的青年人来说,似乎已经很遥远了。现在讲起来,像是天方夜谭,令人难以置信。然而这一切都是发生在我们这片土地上的事实,在新中国的历史上的确有过这么一段集体抽风的时期,并且它也没有远离我们,而是已经内化到民族深层精神结构之中,成为我们的一份历史遗产。我们无法不直接面对它,无法把它从记忆中抹去,所以任何的回避和掩饰,都不啻是掩耳盗铃的自欺,必须时时睁大警惕的眼睛,提防噩梦再临、"故鬼"重来。正如批评家摩罗在《中国人,你怎么跳得过"文革"这一页》一文中所说:"'文革'就是我们的经验,就是我们切身的经验,是我们用自己的血肉之躯所造出并承受的现实苦难。它深深地烙印在我们的神经上,它时时飘袅在我们阴暗而又恐惧的眼神里。从愿望上说,也许每个人都希望摆脱这种苦难和恐惧,但遗忘绝不是通向摆脱的门径。要以灵魂的痛苦反思我们的苦难,要用真诚的悔清算我们的罪恶。是清算而不是掩盖,是记忆而不是遗忘,是在痛定思痛中以每一丝罪恶的记忆敲醒我们沉睡千年的良知。"①乔典运在病榻上,在生命的最后时刻,不顾病魔的肆虐,沉浸在痛苦的回忆里,挣扎着一个字一个字地写下这部"绝命书",写下这部前改革时代的信史和良史,所做的正是这种"拒绝遗忘"的工作,正是在敲醒"沉睡千年的良知"。

这些年来,也有不少学人在对这一时期的若干历史事件进行梳理研究,窥测其内在机制,寻绎其动因渊源。这当然是必要的,不可或缺的。但搞清了事实,梳清了事理,并不能给人一种触手可及的质感。因此历史的考证、学理的分析,都不能代替文学的描述。《命运》独立的价值意义,就在于它以生动的细节和丰富的体验,保留了那段历史固有的原生态的真实面貌,为后人对它的体认留下了感同身受的深刻铭记。这是一般的历史记载和理论著作所不可比拟的。从这一点来讲,《命运》功莫大焉。比如,乔典运在书中说,自己一生都在不断要求进步,"觉悟觉得很高","由于自己出身不好,为了保护自己不被怀疑为反革命,就时时事事都积极革命,天长日久养成了条件反射,碰上什么运动,就自自然然狠狠革命一家伙,以此向别人显示自己不仅革命还革命得很"。主人公有

---

① 摩罗:《自由的歌谣》,文化艺术出版社,1999年。

一个远房姑父,私下给他谈到对统购统销的不满,他马上就向上级告发了,"后来想想,出卖亲戚朋友,我也不是好东西",但"当时兴这个,觉得应当,无话不可对党说,瞒了党就良心不安睡不着觉"。"大跃进",大吹牛,亩产不断翻番,"卫星"接连上天,"信不信?报上登的,还能假了?信,也没有不信这个贱毛病",今天看去荒唐,"当时可没有这样想过,每天都在紧张、热烈、新鲜中度过,每天都有一种神圣快乐的感觉"。在一场四天四夜的反瞒产私分批斗会上,"有大胆揭发戴上红布条的,有受到揭发戴上白布条的。结果有被捕的,有上吊的。我没有揭发别人是我不昧良心?直到如今我都怀疑,假如当时给我戴了红布条,我会不会为了显示积极去揭发别人?假如当时给我戴了白布条,我会不会为了立功去出卖别人?我想我可能也会,也可能比别人更积极。因为我也是一个极普通的人,也想生存,必须要保护自己,何况我还是一个不如人的弱者"。在"文革"中,有一次开完批斗会,押送他的那个青年民兵,是他好朋友的弟弟。在大会上对他怒目相向,情有可原。现在见没有其他人在场,就请求让自己歇一歇,"他竟踢我一脚,破口大骂,还扇我一嘴巴。我才知道我错了,他积极不是让人看的,是真革命"。这一切对于注释当时运动中的大多数普通人的言行,对于感知那样一种社会心理氛围、内在思维模式,是一把极好的钥匙、一份绝好的临床记录,足以让我们回到并认识那个荒谬的时代,也为在根本上铲除它的病灶提供了某些诊断方面的依据。

《命运》不仅具有历史价值、认识价值,而且还有更为可贵的精神价值。中国当代知识分子虚担其名,内在品质、人格的颓败非一日矣。他们先天地善于文过饰非,难得有自我反省和忏悔意识。萨特说过,身处黑暗的年代,你不说"不",那就是同谋。真正的知识分子就应对一切未能挽回的事实负责。中国当代大多数知识分子在"文革"过后,却争相迷走于补偿性的外在控诉,纷纷躲避自我灵魂的内在忏悔,而不扪心自问:我是那样一个充满罪恶的社会秩序中的谁?我对那个时代所发生的悲剧应负何种责任?正如朱学勤所说的那样:"我们生活在一个有罪恶,却无罪恶意识;有悲剧,却无悲剧意识的时代……在这片乐感文化而不是罪感文化的土壤上,只有野草般的'控诉'在疯长,却不见'忏悔的黑玫瑰'在开放。"[1]有人讲"文革""三十年无祭",指的就是知识分子的这种群体沉默现象。其实极"左"的鬼魂、"文革"的幽灵就潜伏在我们每个人的肌体内,我们每个生活在这片土地上的人都无不与之血肉相连,而并非如想象的那样无关己身。对此,我们怎么能够三缄其口讳莫如深呢?在这件事情上,沉默就意味着堕落,就意味着罪恶还在继续,反省忏悔才是终止苦难和从苦难中走

---

[1] 朱学勤:《书斋里的革命:朱学勤文选》,长春出版社,1999年。

向新生之途。但是偌大的中国,似乎只有巴金老人在"说真话",在与自己过不去,在呼吁建造"文革"博物馆;只有邵燕祥在展示暴露他的《人生败笔》;只有韦君宜在书写她的《思痛录》。乔典运的《命运》以历史反思和自我忏悔为支点,回应巴金的《随想录》、韦君宜的《思痛录》、邵燕祥的《人生败笔》,达到了赎罪的自觉高度。如书中所写,乔典运也曾经是一个有庸人气的文人,一个面对罪恶的现实怯于反抗的苟活者,他的那些人生感悟正源于一种内在的奴性人格。但是他又是一个有担当的人,一个勇于正视自己内心的卑怯并对之进行严厉的解剖并真诚忏悔的人。虽然他并没有严重地伤害过别人,他的过失不过像生活在那个时代的普通人一样,为极"左"思潮所裹挟,有些跟风盲从罢了,只不过在那个恶劣的生存环境中,在历次政治运动的迫害下,他的精神人格有些扭曲而已。但即便如此,他也不肯原谅自己,而以法官和犯人的双重角色,展开了自己对自己的拷问和审判,坦白地说出了自己当时是个什么东西,都干了哪些不通情达理的事情,如何失去了耻辱感,"不要脸也能活",甚至执心自食,严加追问,直到榨出自己皮袍下的"小"来——关于红布条白布条的那些个"假如","不但剥去了表面的洁白,拷问出藏在底下的罪恶",而且也显示出"藏在那罪恶之下的真正的洁白来"。在这里既有对自我伦理道德层面的拷问、人性与人道层面的拷问,也有人格与灵魂层面的拷问,而这一切又完全是出自一种内心的自觉,并没有谁要求他这样做,但他就是对此耿耿于怀,心存愧怍,不把它写出来就如芒刺在背寝食难安。这大约就是乔典运在生命的最后时刻,置病痛于不顾,迫切不能已于言的原因所在吧。应该说他之所以汲汲于此,首先是对于他个人有意义。这是他在临终之时对自己的末日审判,偿还的一笔良心债,写下的一份精神遗嘱,奏响的一阕安魂曲。只有把这一切说出来他心里才干净,他不能带着这些龌龊去见上帝。因而它的社会价值意义倒还在其次。由此可见忏悔从根本上说是一种极其个人化的行为,是一种向善的冲动,是一种内心的自觉,并因其内在化而显得深刻。海明威在《丧钟为谁而鸣》中有这样一句话:"丧钟为谁而鸣?丧钟为每一个人而鸣。"是的,忏悔不是某一个人的事情,忏悔属于每一个人。让我们每一个人都来开始我们自己的忏悔,为了历史,为了现实,也为了未来。

原载《南阳师范学院学报(社会科学版)》2005年第11期

伏牛山魂的逼真写照
——评乔典运小说集《问天》

夏冠洲

乔典运可算得上中国当代一位典型的乡土小说家。

在我国近百年的新文学史上，乡土小说是一个绵延不绝、影响极大的现实主义文学流派。中国自古就是一个农业大国，农民在国民中占有绝大多数，广袤乡村蕴藏着丰厚的文学矿藏，发展乡土文学，自是中国文学题内应有之义。自上个世纪20年代起，经周作人、茅盾、郑振铎等大家的极力倡导，特别是鲁迅先生身体力行的示范，这一文学流派数十年来可谓代不乏人，涌现了王鲁彦、许杰、许钦文、徐玉诺、蹇先艾、彭家煌、台静农、废名、沙汀、艾芜、赵树理、孙犁等一大批著名的乡土小说家。真实反映时代剧烈变革，揭示农民悲惨命运，特别是通过一系列鲜活的农民形象如阿Q、闰土等，深刻剖析国民的灵魂，是乡土小说的基本母题，具有鲜明的社会批判和文化批判的现实主义特征。现代文学中乡土小说名作众多，以其丰富深刻的思想内容、诱人的地域文化色彩、丰满生动的人物形象和成熟的现代形态的艺术手法，使新文学真正扎根于民族土壤之中，在世界文学之林中占有应有的地位，突出地展示了新文学骄人的创作实绩。新中国成立后由于种种原因，乡土文学的主题出现了断裂和变异，除了赵树理、西戎等少数作家还有能够真实地反映现实生活的作品外，基本上都变成了图解现行政策的政治工具，成为反映阶级斗争、路线斗争的意识形态的传声筒，回避矛盾，粉饰生活，风格单一，作品中有血有肉的人物形象和真实的生活场景不见了，社会的和文化的批判功能减弱了，背离了现实主义文学的历史使命。这种情况，到了新时期才发生了变化。新时期文学接续了"五四"文学革命的历史使命，恢复并发扬了真实反映生活的现实主义文学传统，其中表现农村社会变革和地域风情的乡土小说贡献最大。例如江苏的高晓声、陕西的陈忠实、贾平凹，湖南的古华、韩少功，山西的郑义、李锐，山东的莫言、张炜，河南的张一弓、张宇，河北的铁凝，宁夏的张贤亮，浙江的李杭育，贵州的何士光，等等，都是表现农村题材的小说高手，以异彩纷呈的艺术风格为新时期文学的发展作出了巨大贡献。而身居中原伏牛山深处的农民作家乔典运，也以自己独具特色的创作成为乡土小说家中颇具实力的一员，而且可以说是一位我国当代文学中最具典型意义的乡土小说家。

我之所以要称乔典运为我国最具典型意义的乡土小说家,基于下述三个理由:(1)与同时代别的乡土小说家多出身于农村基层干部、教师或下乡知青不同,甚至也与在农村长期生活过的"右派作家"高晓声、张贤亮等不同,乔典运是一位土生土长的地道的农民,在伏牛山深处种了几十年的地,受了几十年的罪,只是到了80年代因写小说出了名才成为小县城的专业作家,自始至终没有脱离过故乡的土地一步。(2)他不像其他乡土小说家那样,既写农村题材,同时也写别的题材,甚至其他题材的作品占了更大比重,乔典运全部小说写的都是农民,或者是小县城中没有脱尽农民意识的基层干部。(3)其他别的乡土小说家,后来都主动借鉴吸收了西方现代小说的观念和技巧,在叙述模式、语言风格上发生了或多或少的变化,只有执着的乔典运始终恪守着现实主义小说传统,在艺术表现上没有出现明显的变化,保持了浓郁的乡土味。正是这些人生经历、题材的选取和艺术表现上的特点,既决定了乔典运小说无法替代的艺术独特性,在我国新时期乡土小说界独树一帜,也为他带来了一些创作中的局限。

"文章千古事,得失寸心知。"对于自己创作中的优势和劣势,乔典运有自知之明。在小说集《问天·代序》中他深有体会地说:"作为一个作家,我是不够格的。我的文化素质低得可怜,且又家居深山,常年多见树木少见人,交通不便,信息不灵,没有同行之间的交流和探讨,使我成了一只井底蛤蟆……我不能使时光倒流,从头学起;也无力易地而居,住到文学空气活跃的地方……只好在不利的环境中求发展,避开自己的所短,利用自己的所长,为自己创作找到一条出路……只有走深入生活这条路,去写我们这个地方与众不同的生活。"于是,一方水土养一方人,乔典运立足于伏牛山区的故乡生活,决心深挖身边这口高山上"汲之不完的小井",从小井中反映出世间冷暖和晴旱雨涝来。"愈是民族的,便愈是世界的。"乔典运的小说,真正实践了鲁迅先生关于现实主义文学创作的这句至理名言。

生活积累对于现实主义作家来说,无疑是最重要的创作资源。乔典运在《问天·代序》中痛苦地回忆道:"三十多年来,我一直在一个小村子里生活,与群众同欢乐共患难。多数时间里,我处于生活的最底层,比当时的四类分子的处境还要差得多。因为,他们是死老虎,打不打他们无关要紧,我却是一只半死不活、时死时活的老虎,理所当然我成为打的重点。我常说,全大队的四类分子应该感谢我,因为我承包了全大队的一切打击,才使他们得以幸免……当人们全不把我当成一个人时,当人们认为我不能对他们有丝毫的不利影响时,他们竟然当着我的面商量如何盗窃集体,商量如何整治某个人,甚至当着我的面研究如何往死里整我。"这是何等残酷的人生啊!他接着又说:"当然,还有更多的好人,他们也常常当着我的面商量如何玩弄上级,对付错误命令和瞎指挥,商量如何破坏一场斗争会。好人和坏人都不背我,把我当成了没有知觉的一块石头或一棵小草。善良和野蛮、愚昧和聪明、愤怒和欢乐、失望和希望,这一切都赤裸裸地展示在我的面前。不幸的遭遇给了我幸,这幸就是使我有机会认识了活生生的社会,认识了活生生的人。虽然,有很多年我被剥夺了一切权力,没有读过一本纸印的书,但却天天在读无字的书。"艰难困苦,玉汝于成。正是在这种长期炼狱般的人生境遇中,天天读着这部生活的"无字天书",农民乔典运在苦难中默默地观察、思索,终于成长为一位悟透人生、悲天悯人的乡村哲学家。他获取了常人无法体验到的生活,洞悉了生活的真谛,深深地体味到了人生的苦与乐,发现了人性美丑杂陈的无穷魅力,从而获得了最本色最宝贵的底层意识,为自己的小说创作准备了得天独厚的生活、思想和情绪的积累。所以一旦生活出现了大转机,乔典运便充当起伏牛山农民的代言人,以小说创作移情的方式喷薄而出,出手不凡。十多年里乔典运笔耕不辍,以自己深厚的生活体验、扎实的文学功底、犀利的审视目光和毫不容情的现实主义笔锋,连续创作出数十篇中、短篇小说,通过贴近生活原生态的艺术再现,记录下伏牛山深处农村深刻的社会变迁,描绘出山乡别具色香的风情民俗,也刻画出伏牛山农民们那逼真得令人战栗的灵魂。

就这样,乔典运开始了描画中原农民灵魂的文学征程。在揭示中国农民国民性优劣的思想深度方面,乔典运和高晓声一北一南,继承了鲁迅先生现实主义的衣钵,取得了很高的成就。这可以说是乔典运对我国当代乡土小说的最大贡献。刻画伏牛山农民那种勤劳、质朴、执着、善良、对苦难有着难以想象的承受力的性格,是乔典运小说一大致力之处。在他早期几篇获奖小说中,我们已经从几个令人难忘的形象中领略到他的艺术功力。《村魂》里老农张老七在为修公路砸石子的过程中,以近乎愚忠、古板的态度,把石头砸得小得不符合标准,表现了这位老农那种看不惯耍滑使奸、认真执拗得出奇的性格;《满票》里好几位老农,为了不忍心那位官迷心窍、忧心忡忡的村官失望难受,竟不约而同说了假话,造成他获得了满票的错觉。这些都表现了农民们那种善良纯朴的仁义之心。这几篇代表作,实际上已奠定了乔典运全部小说创作的一个思想基调。在《问天》的集子里,作家又继续着这种努力。短篇《问天》中,村里准备民选村官,德高望重的三爷为猜不透村支书究竟要谁当选犯了愁,左思右想,想得头痛。为了表示对支书的忠诚,免得到时选错了支书心里"不美气",几天来硬是锲而不舍地打破砂锅问到底,结果反把村支书给问火了,受了一顿抢白,落了个"好心变成驴肝肺"。《香与香》中的饲养员五爷,平时像抚养孩子一样精心饲养队里的牛,当上了劳模,最后遭人陷害坐了牢却从不辩冤,忍气吞声当了几十年劳改犯。《没事》中的何老六,在村官父子间为争权而引发的一场打斗中受到误伤,却默默地洗去了椅子上的罪证血迹,口称"无事",不忍追究。《遗风》中,汉王城村刘关张赵黄五家人,坚持奉行从遥远的三国时期传下来的祖训"义字当先","见面分一半",相互间帮衬,关怀备至,甚至固执到连得了点外财也要五家平分。《黑洞》中,村妇大花从村外坟地中意外挖到一笔赃款,二大爷依据"花了不义之财无良心"的古训,力主大花应把外财交公。《换病》中,"文革"时妻子在丈夫被打成反革命整得快死的情况下,面对村支书夫人于九香的逼嫁,坚决表示"我活是他家的人,死是他家的鬼,我死也不改嫁",结果受到加倍惩罚,得了严重的精神官能症……"东倒西歪屋一村,此中人有古灵魂。"就这样,小说集为我们描述了一个又一个伏牛山中古风犹存的农家故事,集中地描绘出中原农民那种古朴、宽厚、仁义、单纯、善良、知恩图报、真诚无欺的传统美德。作品中伏牛山农民那种质朴厚重、执着坚忍的民族性格跃然纸上。虽然读来不无辛酸苦涩之感,但却又是那样温馨,令人感佩,反映出作家对乡亲们内心世界的深刻理解和直逼灵魂核心的艺术把握。

显然,乔典运对自己同甘苦共患难的伏牛山农民充满了挚爱之情,他由衷地赞美他们身上那些值得肯定的传统民族性格。然而生活又是严峻的,社会的不公比比皆是,所以忠于生活的作家又十分同情人们的苦难和不平。小说集从不回避山民们受盘剥受欺压受凌辱的悲惨命运,不少都处理成悲剧性结尾,让人既感叹而又无奈。作家仿佛具备了一个乡村哲人的头脑,对造成山民们不幸命运的原因的认识是相当清醒的。他运用锋利的思想解剖刀,既尖锐地揭示出封建宗法思想的毒害,也指向了山民们灵魂深处的种种痼疾。在赞赏他们的淳朴优美性格的同时,又深刻地表现出"精神奴役的创伤"(胡风语),也是造成他们悲惨命运的主观原因。中国有着数千年封建社会的历史,皇权思想"君君臣臣、父父子子",唯上、唯官的官本位意识长期地禁锢着人们的思想,循规蹈矩,从不敢越过雷池一步;而关于民主法制、个性解放等现代意识,往往很难进入到民间的生活当中去。人们摆脱不了传统人身依附关系的束缚,长期的精神重压消解了山民的血性反抗,只好进入内心,转化成为一种惊人的忍耐力和承受力,日益变得压抑、麻木、愚昧和软弱。这种情况在偏远闭塞的伏牛山区尤为严重。从作品中我们看到,党中央赋予农民的民主选举权,以三爷为代表的村民就是不敢施行,照旧习惯听命于村官;五爷和何老七明明遭陷害、被打伤,却宁可委曲求全,也不敢依法抗争;作家全家受迫害,反要给死去的仇人烧冥钱,以求到阴间不再受欺侮。长期形成的心理定式使他们缺乏起码的自主意识和自由意志,拱手让出天赋人权,导致了山民们还要在苦难不平中委屈、挣扎若干年。而长期形成的价值观念、文化心理和陈风陋俗,例如封建迷信、媚富仇富的心理、

"吃大户"的平均主义、"窝里斗"世风、自欺欺人的阿Q精神等等，也成为山民们精神的桎梏甚至毒药，使他们备尝了种种自酿的生活苦酒。《凶手》中，外婆热心地招待小外孙一大碗鸡蛋茶，却误将剧毒农药当白糖毒死了心肝宝贝。这本是十分偶然的事件，但是小说告诉人们，害死小顺顺的，其实正是他的母亲。母亲从小就给儿子灌输"当官美"的思想，又因儿子耳朵大，有副大官相，所以临行时叮嘱儿子：到外婆家要听话有涵养，不多言不多语，装出将来能当大官的样子。结果小顺顺明明吃出了农药的异味也不敢说实话，硬是咬牙喝了下去。母亲的迷信、愚昧和虚荣才是真正凶手。《欢天喜地》中老木中奖得了1万元，却受到乡亲们的勒索和中伤，在传言中备受惊吓，喜剧变悲剧，弄得一家人狼狈不堪。《钱》中的大爷，当年下煤矿受伤残废，狠心的矿主只赔他10元钱。但山民们不知情，一直风传他藏有巨款不露富，把他当财神敬。破衣烂衫的大爷只好装"大款"，内心却压抑憋屈得不行，受了多年心灵折磨。等到儿子搞修理真正赚了钱，大爷却喜极发了疯。同样，《黑洞》中的村妇大花也落个发疯的结局。大花挖到5000元赃款，在传统思想的代表二大爷"外财不富命穷人"和"新潮思想"的代表三娃"马不吃夜草不肥"两种对立的思想影响下，出于私心，采取了折中方案，只向公安局交出了3000元，被领导表彰为"心灵美"，风光了一阵。谁知破案后贪污犯反咬她一口，说埋在黑洞里是1万元。大花在精神打击下变成了一个不知羞耻的花痴。《遗风》中，刘关张赵黄五家人，盲目恪守"义"的祖训，最后被虚伪的"遗风"搞得没有任何隐私和人身自由可言，只好纷纷决定移居别处……这一个个让人心酸的人生故事，表明乔典运继承了鲁迅先生"哀其不幸，怒其不争"的那种悲天悯人的人道主义情怀，表现了作家对人性弱点、对生活之谜、对传统文化的糟粕有着精辟的理解，展示出山民们在自身文化传统的束缚下所经历的痛苦的心路历程，显示出极强的文化批判精神。

《问天》的文化批判精神也体现在作家对当下政治文化、官场文化种种弊端的尖锐揭露抨击上。《挽联》是一篇讽刺小说，写了一个卑微小人物的升官梦。文化局干部老王，因县长破天荒地第一次下车与自己握手打招呼，便受宠若惊，误以为要提拔自己当副局长了，言行之中也俨然以局长身份自居，甚至因老婆要他许愿给妹妹调个好工作而闹得家庭不和。同僚们也产生了错觉，有的向他献媚，进行感情投资，有的则居心叵测，在暗中诬告他，最后才知道被提升的是县委宣传部长的小姨子，弄了个竹篮打水一场空，大病一场。《疤癞》是一篇寓言式小说。一位无任何特长却能在县上轮换主管过七八个局的王局长，与外单位的农艺师小丁和兽医师小于一起出差时，因为两位小知识分子与自己没有共同语言，王局长受冷遇心有不甘。于是他无聊中想了个高招，故弄玄虚地向他们提出旅馆墙壁上那一道疤癞像什么的命题，挑逗他们争论，闹上了矛盾，自己则分而治之,使他们分别与自己亲近起来。原来三个人灵魂中都有"疤癣"。小说言近旨远,内涵丰富,把工于心计的政治老油条的御人之术和知识分子那种争强好胜的弱点表现得入木三分,耐人寻味。中篇《小城今天有话说》,以较开阔的场景写尽了当下官场中的纵横捭阖、钩心斗角和市井中的捕风捉影、飞短流长,读来惊心动魄。一位新到任的石县长与小职员老于在菜市上相遇,两人素无交往,出于一种偶然,石县长用一条鱼换了老于的一斤韭菜,不想这件寻常的生活琐事,竟然在小城中引发了一场地震。人们风传老于要升官了,于是家中便来了一批又一批送礼求情者,连卖肉的也不要他们的钱了。石县长则无中生有地被诬为与老于的美妻弯月有染,引得曾诱奸弯月不成的胡局长妒火中烧,上蹿下跳,炮制黑材料,动用一切人事关系准备发起声势浩大的"倒石"运动。此事甚至惊动了县委书记、县政协主席和市上的政界要人,一时间山雨欲来风满楼,一场大的政治风暴即将来临,闲极无聊的小城人们也有了带荤味的谈资了。这是一部世相心态小说,故事发生在一天之内,通过作家巧妙的安排,小城中各类人物的病态心理和丑恶嘴脸均暴露无遗,读来让人忍俊不禁,发人深省。中篇《定时炸弹之谜》表现官场的险恶,更让人惊诧莫名。笑面虎式的人物王科长,因为单位选先进时有一张选票没有选自己,便恼羞成怒,疑心生暗鬼,对仅有的五个下属一一进行排查,挖空心思非要挖出埋藏在身边的"定时炸弹"不可。他打着冠冕堂皇的旗号,巧立名目,在很短的时间内先后把五个部下一一排挤出去,一个也不留。这位科长家长式的恶霸行径真让人不寒而栗,其心地之狭隘阴险,手段之卑劣狠毒,可谓登峰造极。还有《香与香》中那位模范饲养员五爷,曾受到省长接见,仅仅因忙于接待县长的慰问,一时慢待了村支书,这位蛇蝎心肠的"村官"便背地里用钢针害死了队上的牛,却嫁祸于五爷,专了他几十年的政。《没事》中的"村官"父子,为争夺放映电影的发令权,大打出手,把旁边的何老六砸成重伤,却毫无内疚的罪感。这些受苦蒙冤的小人物之所以一味地忍气吞声、委曲求全,固然与他们缺乏自主意识、胆小软弱、不敢反抗有关,但换一个角度看,难道不是官员们平时作威作福、一手遮天,而又官官相护,百姓求告无门的结果吗?《换笑》是一篇历史小说。村民刘十一联络其他村民告倒了作恶多端的王保长,搞宛西自治的地方军阀别庭芳杀人如草芥,为了维护自己的官威,本来要杀一儆百,下令枪毙王保长,却因刘十一不合时宜的开怀大笑改变了主意,不仅放了王保长,还打了刘十一一百军棍并打断了腿,理由竟是"老子枪毙老子的保长,你们喜的啥?老子不枪毙了"!土皇帝的权威是不容亵渎的,没有法治,只有人治,一切由着当官的性子来,这种封建专制体制的遗毒一直延续到今天,可谓源远流长。在这里,作家痛心疾首地表现了山民们生存的艰难,对宗法社会的遗风、对当下官场腐败缺乏监督体制的种种流弊,表达了极大的义愤,以有力的笔触刻画出一系列背离我们党为人民服务的宗旨,鱼肉乡民,以种种丑态秽行毒化社会空气,为党的形象抹黑的贪官恶霸们的群丑图。

乔典运并非一味地揭露官场腐败、专制主义横行等现行政治体制上的阴暗面,小说集也塑造了不少正面形象。他们敢于向恶势力作斗争,扭转着社会的不公,在各自生活的位置上本本分分地工作着、奉献着,构成了我们这个社会中积极向上的正义力量,给人以极大鼓舞。《小城今天有话说》里的石县长,就是一位令人钦佩的领导。他原是省里科研单位的副研究员,抱着改变山乡落后面貌的雄心来到小城走马上任。在工作中他雷厉风行,敢于表扬先进、伸张正气。他自觉不搞特殊化,到县城近郊植树造林不坐小车而骑自行车,主动到普通职工就餐的中灶吃饭,甚至与老百姓一起吃小摊。小说对他虽然着墨不多,却已把一位平易近人、一身正气的公仆形象塑造得呼之欲出。石县长的老父亲石老三就是个厚道正直的农民,"大跃进"时期他当公共食堂掌勺的,能顶着压力不偏不倚地给乡亲们公平打饭,救活了不少人。小职员老于的母亲也是一个敢作敢为有正义感的军烈属,"文革"中她看到出身不好的弯月受同学批斗,就挺身而出,仗义执言:"以后谁再敢欺侮弯月,我就叫你们的老子剥了你们的皮……我就不信共产党就会叫人平白无故欺侮人!"从而保护了无辜的弯月,其铮铮风骨令人难忘。

《定时炸弹之谜》中的大学生张星,无端受到上级的嫉恨、排挤并不气馁,下放到贫穷落后的深山当副乡长后发愤图强,勤奋苦干,工作干得有声有色,是一位令人放心的后备领导干部,寄托着作家的厚望。同样,《黑洞》里的二大爷力主外财要交公的古道热肠,《香与香》中老饲养员五爷爱社如家与牛分食分被的奉献精神,《小城今天有话说》中售货员弯月知恩图报、人美心更美的敬业精神,还有《换笑》中敢于承受土皇帝一百大杀威棍,也要出头状告保长的那位民间义士刘十一,他们身上所体现的侠肝义胆,也都是社会的中坚力量,代表了生活的主流,令人欣慰感奋。值得注意的是,小说集《问天》也以对时代的敏锐感知,写出了山村几位新兴力量的代表。如《香与香》中的青年爱社和《钱》中的青年小山等,改革开放的年代赋予了他们以新的观念新的思想。他们迅速摆脱了父辈留下的生活阴影和精神束缚,以自己诚实的劳动,搞修理做生意发财致富,经济独立,也赢得了自主权利,在山村里挺直了腰杆,改变了父辈们长期受支配、受屈辱的地位。他们敢于向村里的恶势力和旧观念挑战(例如敢于把父亲向村官敬的香烟夺下来摔到地上),也能以特有的方式让专以害人为能事的下台"村官"钻进圈套,置仇敌于死地,替受陷害的父辈报了一箭之仇。正如乔典运在《香与香》创作手记中说的:"爱社爱他爹,又偏不按他爹的思路去走,这就是生活。爱社说,他们都积极过觉悟过,就不许咱也积极一回觉悟一回?这话很有点意思,他用自己的积极觉悟,改变了自己,也改变了别人,改变了人与人的关系,这有什么不好?"也许爱社他们囿于自身素质不高,采用的斗争方式方法有值得商榷之处,但毕竟开始觉醒了,赢得了父辈不曾有过的人格尊严,正在创造着属于自己的新生活。这正是改革开放给山民们带来的可喜的社会进步。伏牛山区的山民们与全国人民一样,在改革的春风中逐渐富裕了,在政治生活中也加快了民主化的进程。山民的古老灵魂开始注入了时代的新质,正经历着一场深刻的历史巨变。对此,读者和作家一道,对山民们表示由衷的欣慰和深情的祝福。当然,通读小说集《问天》,我们也许会感到正面的人物形象少了一点,新兴的力量也显得弱了一些,似乎并不能与强大的恶势力相抗衡。作家的笔锋更多指向了人性的丑恶和社会的弊端,其实这正是批判现实主义文学的特征。作家只能依据自己的生活体验来进行创作,他无须也不可能对现实生活进行面面俱到的展示,对此我们不能按照某种统一的模式来强求所有作家。

  乔典运的乡土小说,在艺术表现上也颇有特点。

  由于乔典运以刻画伏牛山农民的灵魂为己任,所以他在小说中特别重视人物的心理描写。阅读小说集《问天》我们会发现,作品中人物之间很少有激烈的外部冲突,多在暗中进行心理较劲。因此,他的小说能以特有的心理描写见长。其特点有二:一是一般不做静态的心理刻画,而是在故事的进行中夹叙夹议;二是全部运用方言土语描述,这样就使得小说中的人物、故事和心理活动浑然一体,显得亲切自然,并不觉沉闷。《问天》堪称一篇心理小说,作品绝大部分篇幅都用来刻画主人公三爷的心理冲突,写他如何凭借农民的人生经验和价值标准,在"村官"候选人中间进行权衡比较,如何揣摩村支书的真实心思,从而展示出丰富多彩的历史生活,把这位老农三爷复杂的内心世界和缺乏自主意识的性格表现得相当深刻生动。《多了一笑》也是一篇心理小说,以解谜儿子下意识的微笑,作为全篇结构中心,把全家人的心理变化描绘得惟妙惟肖。妻子因为无文化,有严重自卑感,认为儿子的微笑是在嘲笑自己无用,闹得全家不安,百般解释都无济于事。后来在姐夫启示下,儿子编了一个能让母亲获得自尊的故事,母亲通过自譬自解实现了心理平衡,终于皆大欢喜。《黑洞》甚至运用了弗洛伊德精神分析方法,对女主人公拼命挣钱的性意识内驱力做了深入剖析。原来因丈夫工作单位离家远,小夫妻难得一聚,她之所以想方设法挣钱,意外地挖到一笔赃款也没有全部上交,只是为了能给丈夫买辆摩托车,好让他及时回家满足自己的性饥渴。结果欲望满足不了,反倒落了个里外不是人,她心理崩溃了,见了年轻人就要赶上去与人家"亲亲",变成一个可悲的精神病人。此外,《疤癞》、《挽联》、《香与香》、《小城今天有话说》和《定时炸弹之谜》中,都穿插了不少精彩细腻的心理描写,把各色人等或压抑或悲愤、或狡猾或刻毒的内心世界,刻画得恰如其分,既生动又传神。乔典运对山村人物的心理捉摸得可谓透彻、准确。

乔典运小说的叙述语言也是值得称道的,并且形成了鲜明的叙事风格。一般小说家作品中的叙述语言和人物对话语言有着明显区别,叙述语言多用书面语,用以表现作家主观的评价态度。乔典运小说也属于全知全能的叙述模式,但他的叙述语言与小说中人物的对话语言完全一致,都运用了作家十分熟悉的民间话语,简短明快,绝无欧化的复句、长句掺杂其中,土得几乎掉渣,且自有一种农民式的幽默流贯其中。他灵活化用了大量极具伏牛山区地域特色的方言、土语、谚语、俚语、歇后语和生动形象的比喻、隐喻,加强了艺术表现力。读他的小说,就仿佛在聆听一位满肚子故事的智慧老农在用方言口语唠家常、谈古经,不紧不慢,夹叙夹议,谈笑风生,讲述着身边发生的有趣的人和事,显得浑然天成、亲切自然,读者在不知不觉中就被故事情节打动了,获得了特有的阅读快感。这种叙述方式突出了小说的地域文化色彩,加重了乡土气息。这种叙述语言与农村山乡小人物的日常生活故事是十分适应的,也与作家自觉选择的民间写作姿态分不开。他把叙述人的角色与被叙述的人物放到同等的地位,避开了居高临下的俯视姿态,做了低调处理,从而拉近了与读者的距离,造成了一种混沌的感觉。毫无疑问,乔典运小说的叙述语言是独树一帜的,当我们把他的小说杂在其他作家的作品中,仅凭叙述语言一眼就能读出这就是乔典运的小说。这种感觉,与读赵树理的农村小说相像。在当代小说家如林的情况下,能够做到这一点是颇不容易的,由此可见乔典运小说艺术成就之一斑。

乔典运的小说十分注意艺术构思,真正做到了鲁迅先生"选材要严,开掘要深"的创作要求。他往往从生活素材中选择最能刻画人物性格、最能体现创作主题的典型情节或生活细节,然后紧紧围绕这些中心事件来结构故事,刻画人物。《问天》中三爷的执意追问、《换笑》中王保长的死与生、《钱》中大爷巨款的有无、《没事》中椅子上的血迹、《遗风》和《黑洞》中对外财的处理、《挽联》中老王的升官悬疑、《凶手》中谁是凶手、《多了一笑》中可疑的微笑、《香与香》中的毒死牛之谜、《小城今天有话说》的韭菜换鱼、《定时炸弹之谜》中惹祸的白票等等,都具有丰富的思想内涵、耐人寻味的典型情节或典型细节,构成了小说的肯綮和关键,能够以小见大,以小井中的微澜折射出时代风云。小说人物名字或故事具体过程人们读后一段时间可能会记不清了,但这些画龙点睛的中心情节,连同它所刻画的人物灵魂和所蕴含的微言大义,人们却印象极深,久久难忘。这正是不少中外小说名篇的精彩诱人之处。

也许在基层对千奇百怪的故事所见所闻太多了的缘故,乔典运对叙述故事似乎有着特别浓厚的兴趣,他也特别善于讲故事,通过一个个引人入胜的故事情节,展示出他所理解的伏牛山山民的灵魂,这是他的小说在塑造人物上的长处。至于人物的姓名,作家则往往不很注意。作品中的人物多为有姓无名,甚至用一些"大爷"、"五爷"、"三娃"、"老某"等农村常见的通称俗名来为人物命名。大概在作家的小说观中,以为讲故事、刻画人物灵魂才是重要的,名字则无关要紧,故只需用一个符号交代一下就行了。小说故事吸引了乔典运的全部注意力,对人物的外貌、服饰和外部情态动作的描写,也往往忽略不计。这样处理固然可以腾出笔墨集中刻画人物性格,但结果是人物只剩下个影子,形象不很鲜明,影响了读者对人物的记忆。此外,乔典运虽然对人物活动的社会大环境比较注意,小说的时代背景都十分清晰准确,但对人物生存的具体小环境则不很留心,特别对伏牛山特有的自然景观和文化风情,往往惜墨如金,描绘得很少,令人扼腕。环境描写本来是乡土小说一大优势所在,写好了可以强化生活的氛围和增加生活的厚度,创造出情景交融的意境,从而更好地烘托人物性格。如沈从文的湘西小说和汪曾祺的苏北水乡小说,特别注意地域民俗风情描绘,写尽了故乡诱人的湖光山色,因而他们的小说具有更为丰厚的文化意蕴,读来韵味悠长。乔典运作为一个过来人,在极"左"路线风行的社会环境中生活久了,痛苦的经历使他更多地去关注人们的人际关系和社会关系,作品意识形态影响过于强烈,所表现的人性多为社会人性,自然属性往往浅尝辄止,而对人物活动大的文化背景、伏牛山乡自然环境、他们的生存方式描绘得较少,表现得很不够,这不能不说是乔典运乡土小说的一大艺术缺陷,直接影响小说对人性深度的开掘和艺术品位的提升。

至于乔典运的小说没能吸收现代小说技巧,诸如时空交错的意识流手法、叙述角度的多向转换、结构样式的花样翻新等等,他都没有及时地借鉴采用,显得手法比较陈旧,这的确是一种客观存在,因而多少限制了他小说的艺术表现力。但是,对于小说创作来说,艺术手法创新并不是唯一的成功条件。现实主义创作原则仍然有着旺盛的艺术生命力。陈忠实就基本坚守了现实主义,但仍然写出了不朽的恢宏巨著《白鹿原》。乔典运作为一个忠实的现实主义作家、一个真正的农民小说家,他已经做到了他能做到的一切。他执着于对伏牛山深处山民的古朴灵魂的逼真刻画,以多部小说集的创作实绩为河南文学树立了一块丰碑,毕竟为我国当代乡土文学作出了无可替代的巨大贡献,我们应该永远感谢他。乔典运本来可以利用自己丰厚的生活积累、过人的勤奋和突出的文学才华,与时俱进,创作出更为波澜壮阔、更具历史感和艺术震撼力的小说巨著,但是长期的苦难生活损害了他的健康,使他过早地离开了文坛,这是十分令人遗憾的。

原载《南阳师范学院学报》2008年第1期

社会主义文学"劳模"——乔典运论

李丹梦

要了解乔典运创作的内里经纬,不能不看那半部自传《命运》①。这是老乔在得知自己大限将近时挣扎写出的作品。它从老乔退伍转业回村写起,如何开始写作,如何因写作在"文革"中挨整,又如何挨到写作的春天……这种记忆的侧重、布局表明,在老乔的意识中,他的人生应该是从写作开始的。如果没有写作,他就仅是个普通的西峡县(属河南南阳市)草民,有什么可说的?据老乔之子乔小泉说,老乔在病中曾嘱咐他:"坟地最好选在家乡荒无人烟的荒山上,碑文上啥都不写,只写上中国作家协会会员就行了。"②

作家,对淡泊名利的老乔究竟意味着什么?这涉及老乔写作的根本。现在知道乔典运的人越来越少了,他就像他笔下的何老十、张老七、何老五一样,成了被历史翻去的一页。是什么让老乔这个"工农兵作家"在同代人纷纷退出文学舞台的情况下,在 20 世纪 80 年代新人辈出的文坛"返老还童"?这是老乔一生最耐人寻味之处。而它又跟老乔的作家执着紧密联系着。对此,我将结合老乔的创作,通过对《命运》的梳理来尝试解答。

《命运》写到老乔平反。出于对"大团圆"结局的钟情,我们用最简单的话将其补全:从"鬼"到"人"的飞跃,让老乔感激得很,"小虫"脾气又犯了。1979—1994 年是他一生写作最辉煌的时期。小说《笑语满场》(1981 年)、《村魂》(1984 年)、《乡醉》(1986 年)、《满票》(1986 年)、《冷惊》(1987 年)、《黑洞》(1988 年)、《香与香》(1989 年)、《问天》(1992 年),让乔典运的名字享誉全国。评论界说他是"农民哲学家",系鲁迅之后秉承"国民性批判"精神的杰出代表;县人大副主任、河南省作协副主席等一连串头衔相继飞来,直到 1994 年,喉癌、肺癌、淋巴癌相继发作……1997 年,老乔走了,活了六十六岁,写作之前的二十五年是空白,此后的四十载磨难和荣誉大体相当,彼此抵消。仿句老乔的幽默:人一辈子活了个"0",这才是真正的"功德圆满"。

《命运》共一百二十五章,各章记述的往事相对独立,犹如短篇的连缀。其中存在许多与老乔小说叠合的部分。那个在"文革"中把老乔整得不轻的支书

---

① 乔典运:《命运》,华艺出版社,1998 年。
② 乔典运:《命运》,华艺出版社,1998 年。

老天,不正是老乔作品里所有恶支书的原型吗?连他讨厌老乔的原因也跟《香与香》中李老三恨五爷的理由一模一样。60年代初,老乔陪作家郑克西下乡深入生活时,在军马河公社的荒山上见到了单干户陈三迁,陈的女儿大花貌美如玉,性格温柔,可惜长在深山人未识。老乔小说《黑洞》中的女主人公也叫大花,同样是个美人坯子,命运凄惨。郑克西曾说老乔没有想象力,编来编去还是生活中的事,太老实,当不了作家。这话似乎戳到了老乔的痛处,他写道:"郑作家的评点一针见血,我一直记到今天。今天我还是照抄生活,没有长进。"①"文革"期间,老乔承包了本该全大队四类分子一道分担的所有打击。人们当着老乔的面商量如何盗窃集体,如何整治某个人,甚至研究如何往死处整他,仿佛他是个石头或一棵朽草。这全然被漠视的非人状态下的观察,跟老乔日后采用的客观型、寓言化的叙述视角有关吗?他是个几乎不会抒情的作者,特别是那种温煦、细腻的情绪。可以肯定,"文革"的记忆是老乔毕生难以摆脱的梦魇,无论精神或肉体,都鞭辟入里。他的人物谱系(愚训型、愚忠型、愚德型、愚忌型、愚恩型、愚惧型②),单线埋伏、步步激化的矛盾营构,对人性恶的不无迷恋的开掘,连同振振有词的心灵剖析,均透出或隐或显的"文革"逻辑,以致让人觉得这是个非靠写作不足以宣泄平衡、自我疗救的老人。用他自己的话说:"想起过去的是是非非是痛苦的,可是入了心的事不想又忍不住。我写了出来,只是为了吐出那些憋破肚子的心病,更是为了忘却。"③

在《命运》与老乔的作品之间,除了上述人物、细节的牵系外,最重要的揭秘是在老乔自身:老乔本人,就是那一系列"愚"字打头的人物源头。他的"穷积极","文革"中对老天的恐惧和巴结,都让人生起上述联想。老乔曾在不少作品中揭露人情对人性的束缚与异化,但他自己在人情的处理方面远谈不上洒脱。1997年除夕之夜,在医院病入膏肓的老乔用耳语般微弱的声音给朋友打了一个又一个贺岁电话,反复说:"你好吧!你好吧……"这时距老乔去世仅剩七天。接到老乔电话的朋友想必终生难忘。老乔是个重情的人,大限将近仍不忘回应所有的人情与关爱。只有打发了所有的人情债,他方能安心地离去。念及人之将死,其言也善,老乔回赠的情谊实在隆重,堪比《刘王村》中的刘老大。后者虽是个反面角色,但在人情的敏感和记取上,他和老乔有着相通的心理结构。两人均是中原农耕文明中人情文化熏陶出的典型。

可见,老乔作品中"照抄"的不是笼统的生活,而是他的心!就写作姿态而

---

① 乔典运:《命运》,华艺出版社,1998年。
② 王鸿生:《乔典运和他的文化寓言》,《上海文学》1988年第3期。
③ 乔典运:《别了,昨天》,《小说选刊》1985年第7期。

言,再找不到比老乔更谦卑的作家了。在自我调侃的意义上,他的幽默亦像是谦卑的同义语。老乔在《西峡报》工作时,一个编辑恶作剧,递给老乔一支暗裹了纸炮的烟。烟炸了,老乔挂了一脸烟丝。他吓得心惊肉跳,但随后就跟着大家乐起来,权当为人民服务了一回①。老乔的幽默便有类似的意味。别人晒思想、晒新生活,老乔晒的却是纠缠折磨了他一生的惶惑与恐惧(通过塑造与己相类的何老十等),一种苦楚含泪、略嫌拧巴的笑料。在自嘲与自我调侃方面,老乔不遗余力,大智大勇。这对一个"生性胆小软弱,连杀鸡都不忍看"的人来说,并非易事。是什么让他做到这一步的?就外观而言,无畏的自嘲与"文革"中被要求的"深刻"的自我检讨呈现同样的思维路径与逻辑强迫。有时候甚至觉得老乔是个好得没了自我的人。在《感觉不良》一文中,老乔这样写道:"有一段时间,表现自我很时髦,我也很想自我一下,却不知道自我在何处……"②想到老乔临终前念念不忘的"作家",这或许是他"自我"最后的皈依之处。

《命运》本计划写五十万字,结果还不足十五万。对老乔而言,写作如同"轻量级的种地",而他就像文学园地中的"劳模"。我常常会不自主地把老乔1929—1997)和焦裕禄(1922—1964)、赵春娥(1935—1982)联系起来。三者都是河南籍,出生年岁相若,虽然职业身份不同,但克己奉公、厉行节俭的精神却如出一辙。老乔自写作伊始,便时时提醒自己,创作的主心骨不能跟上面或公家相抵:"那种想有自己思想的想法危险极了……我铁定了一条原则,党叫怎么想就怎么想……绝不能有一丝一毫自己的东西。"③即使在复出后那些彰显国民劣根性的作品里,他关注和批判的重点也是在跟自己有类似经历的小人物上,一种自我审视;而对"上"则保持着"为尊者讳"、点到辄止的持重与大度。这是老乔前后期写作的不变之点。涉及"上"所出现的问题,老乔或者将其聚结为偶然、具象的小人或恶势力(如《雪夜奇事》中的支书李东华、《笑语满场》中的大队长于占山、《驴的喜剧》中的国舅爷),或者从人情事态的角度来化解分析。《命运》里不乏这类经验的总结,例如:"在漫长的人生路上,我夜里没做过上天的梦,白天连上树也没想过,高人自然比我高一头,见了侏儒我也要蹲下去让他比我高一头。因为想比别人高一头的人,最后一定会比别人低几头。朋友?天下真有朋友吗?若干年后我终于悟了一点,朋友也得自己先活了才讲朋友。"④

而塑造正面、优秀的公家干部形象,老乔一直没有放弃,这对他犹似责任与

---

① 乔典运:《命运》,华艺出版社,1998年。
② 乔典运:《感觉不良》,《新闻爱好者》1993年第12期。
③ 乔典运:《命运》,华艺出版社,1998年。
④ 乔典运:《命运》,华艺出版社,1998年。

义务(如《转了一圈之后》里的县委书记丁大江)。有论者指出:乔典运的小说"在每一个生活面上发现污点,对每一个污点都是从人物自身心理积淀中挖掘症结……不写外部势力给他们造成的伤害"①。这与其说是老乔批判的笔力不逮,不如说是做人的原则与修为。在对何老十等人的透视与对"上"的观察上,老乔出具的智慧并不对等。《命运》的末尾附有乔小泉的《回忆父亲》一文,其中两个细节给人印象颇深。老乔后期治病,医生说大作家可以用点进口药,被老乔拒绝了,理由是县里经济困难,自己花得太多对不起县里。1994年的一天,小泉陪父亲到郑州看病,返回南阳已是凌晨一点,他提议到宾馆开个房间,老乔却不愿浪费。结果父子二人忍受着饥饿与蚊虫的叮咬,在大街上徘徊到天亮……这些今天看来颇"迂"的自苦行为跟老乔在作品中的自我翻检和质询是表里相通的。老乔这辈子活得很累,说他是劳模并不过分。他和焦裕禄、赵春娥一样带病工作,最终以身殉职,满怀遗憾地离开了自己的岗位。

河南是个出劳模的地方,尤其在老乔的年代,那种对"公"的执着与忠诚让人感慨。它已潜入中原大地的集体无意识。在农村合作化运动中,老乔曾把老伴私藏的半斗白面主动上交;当发现老伴偷了公社的玉谷秆时,平常和善、软弱的他竟狠狠打了老伴一记耳光②。对此,老乔的反思是,"愚昧者的真诚是可怕的"③,其实这又岂是单纯的"愚昧"所能了结的? 它是一种极具中国特色的"现代"人格,即主动以国家、集体的意志来规训和修炼自我。这种将公/私截然对立的个性锻造工程跟国家意识形态、国人对社会主义的想象彼此互涉,其二元思维的模式中烙刻着战争里基于敌我对立思考的紧张感。而漫长的封建社会所遗留的忠君思想、等级观念则是个性倾向接受"公心"洗礼的文化土壤。"公心",跟唯上是听、唯官是从的奴性心理缠绞在一起。这在拥有几朝古都、官本位观念强烈的河南尤为典型。1958年开始的"大跃进"中,河南在"放卫星"上独占鳌头,西平镇(就在老乔的故乡西峡县)的"卫星"系全国之冠,亩产四十万斤。够露脸的! 结果在随后的三年困难时期河南成为饥荒的重灾区,1959年的信阳事件④震惊全国。这种不留退路、勒紧裤带也要跟"公"保持一致的集体意志,跟劳模的涌现有关联吗?

老乔在"大跃进"里亦写过"卫星"民歌,他的第一本集子《西峡游记》曾在《西峡报》上连载,记录的全是"大跃进"中的荒唐人荒唐事。《命运》里老乔对此

---

① 王文参:《论乔典运小说的儒家文化精神》,《小说评论》2005年第2期。
② 乔典运:《命运》,华艺出版社,1998年。
③ 乔典运:《美人泪·自序》,选自乔典运《美人泪》,黄河文艺出版社,1989年。
④ 1959年10月至1960年4月,信阳地区发生大批农民饿死事件,它是三年困难时期最惨烈的典型。

和盘托出。事实上,在以"公心"遏抑自我的个性实践中,"私"的意识并未泯灭。之所以向"公",最根本的还是为了保全自己。对底层的中原农民而言,尤其如此。当过河南省文联主席的南丁在《焦裕禄的悲剧》一文中写道:"焦裕禄把整个生命都交给了兰考人民。兰考人民永远怀念他。然而真正把兰考人民从饥寒中解救出来的是什么呢?恰恰是焦裕禄当年要刹住的包产到户。"①所谓"包产到户"即是单干风,这种公私间的纠葛与竞夺在中原大地上演了一幕幕悲喜剧与闹剧。一面是对公心的颂扬与追求,一面是私欲的顽强涌动。某种程度上,焦裕禄就像老乔《村魂》里的张老七。后者作为公心美德共体的象征,他的死意味着一个特定崇高年代的渐行渐远。何老十(《满票》)是"张老七第二",他得到的可怜一票是人们告别过去时代时,理性选择与感情牵系相抵触的见证。就张老七等人而言,他们的委屈不言而喻。一颗心恨不能掏出来晒干,却得不到应有的理解与回报。这是怎样的"人间"啊?!

经由张老七等人,老乔触及了中原民魂里的一类"人格化石"。张老七等究竟是一心为公的楷模,还是荣誉的囚徒、人性异化的代表?答案直接触及老乔的隐痛和自我评判,他的作品里充斥、回荡着这样的呼喊:崇高与愚昧、忠诚与私利,你们的边界在哪里呀?

就上述矛盾重重的人格,鲁枢元这样解释:中原位"中",在历史上系兵家必争之地。因地属平原,大多无险可守,交战双方你进我退,拉锯不已。在夹缝中生存的中原百姓日积月累,形成一种基于自我防卫的文化心理②。较之怀疑和叛逆,向"公"而动风险最小,也最俭省气力,这是无权、卑微者不变应万变的生存经验与信条。若处理得好,被牺牲的私欲部分尚能通过荣誉、地位上升等得到补偿,投机者和劳模均由此产生。

老乔自然不是政治投机者,但在公/私的处理上亦不无偏执,他的命运多舛很大程度上跟劳模式的公心、上进有关。1988年写就的中篇《黑洞》可视为老乔内心苦楚的个人寓言。大花开荒时挖到五千块钱,她以丈夫玉良的名义上交了三千元,想借此给即将入党的玉良立上一功,不想埋钱的主儿一口咬定埋了一万元。当公安人员上门询问时,单纯的大花承认自己一时糊涂留了钱,她补交了剩余的两千块。结果此举不仅让丈夫的党票打水漂了,还遭到各方的谩骂与攻击:婊子立牌坊,哪有既想发财又要立功的道理?连平时软语温存的玉良也撇她而去。急火攻心的大花疯掉了。这是一个典型的由公私纠葛触发的悲剧。问题的关键不在大花是否留了钱,而是人们对公的理解。大花与他人都是从实

---

① 南丁:《南丁文选(下)》,大众文艺出版社,2004年。
② 鲁枢元:《生态文艺学》,陕西人民教育出版社,2000年。

利的角度来看待交钱一事的。发财与立功貌似对立,但在个人利益的增长上却殊途同归。无论大花还是别人,对所谓的高尚和模范,都本能地抱有怀疑或抵触的情绪。一言以蔽之,模范是反人性的。这在面朝黄土背朝天的中原农村(乡土中国的缩影)是最本分、真实的想法。土地除教给人们"一分耕耘一分收获"的朴实外,亦在骨血里培养起坚固的物性与实有思维:讲求回报,干什么都要寻个土地似的有形有相的东西作支撑……自私由是而来。所谓私,即占有,它触到了土地的边界。可以说,朴实与自私乃并蒂莲,二者均系农耕文化的精神馈赠。

很难找到比中国农民更实际的族群了。从北魏开始的以"户"为单位的保甲统治将"家"的观念深深烙进了国人的意识。解放初人民政府延续了以一家一户为生产单位的小农耕作模式。正是因为满足了农民"耕者有其田"的要求,中国共产党才获得了农民的信任及对新生国家政权的认同①。家的范畴(主要是血缘、亲情的纽带)与土地的轮廓彼此映照、融合,构成农民私的核心,亦是他们认识世界的基石。《黑洞》里有许多众人对公或模范的非议:

模范当个屁用,解放以来模范多了,表扬罢了,停几天就没影没踪了,该穷还穷!你要把这几千块钱买成东西,早晚还有东西在!把钱借给送给别人,人家还能承你个情,交给公家,公家可是记仇不记恩,公家有啥情!

在中国民间,很难树立起集体的意识。与之类似的"公家"、"国家"、"党"等概念在农民看来都太抽象、空疏,必须在"家—土地"的思维模型中加以消化和阐释方能接受。家强调的是亲情、人情原则,土地则以实惠为上。一旦不满足人情衍生、实惠施与的原则,便会被视为虚伪。

老乔极少刻画女性,在《黑洞》里他选择女性作为抒写内心压抑的载体,将内心的虚弱女性化,可谓煞费苦心。其中是否含有对自私辩白的成分呢?既然大花总体的善良昭然若揭,那她身上的自私能否得到宽宥以至"合理化"?从今天来看,大花的行为着实不算什么,反倒是老乔那夸张、悲剧的书写透露了他内心的强迫与执着。只有老乔,才会对私心如此敏感。这是个准"模范"对内心私欲的审视和忏悔。

我是把大花与玉良视为一体的:捐款为了政治进步。这一点老乔并不陌生。《命运》开篇就写到捐款。1954 年,老乔因染肺结核从部队转业回家,得了

---

① 需补充的是,土地几近均衡的分配及允许自由买卖,给国家建设带来了负面影响。社会主义建设本质上要求消灭私有制,实行公有制。由于社会主义意识形态建设的需要,对土地私有的改造势在必行,国内先后掀起了以私有制为基础的合作化运动、以公有制为内容的人民公社运动。运动不断升级、"左"倾,最终导致现代化受挫。这是考察老乔文学及其"公私纠葛"的重要历史语境。

一千块复员费,这在当时算是笔了不起的财富。村里修水利没钱,老乔捐了八百元,上级让他"很荣光了一番"。不料这一捐却捐出了后祸。"文革"中为此没少挨打。"为啥要捐?有啥阴谋?一百张嘴也说不清。""钱捐给公家了,自己成了穷光蛋,又有病做不了重活,生活没了着落。"比之《黑洞》,不难看出其间的对应。老乔是把自己的行为与困惑分摊到大花、玉良及众人身上了。一个人的连续动作(捐款,当模范)让两个人(大花与玉良)承担,这是一种策略性的、带有保护意味的自我书写,而《黑洞》中众人的"公家记仇不记恩"等的风凉话则直接道出了老乔的困惑与伤口。

捐钱后,身患肺结核的老乔在人群中很快陷于孤立。想去教小学被严词拒绝:"自己患肺结核,还想把肺结核传给下一代!"这话让老乔"很伤面子很伤感情"。老乔会像大花那样后悔、纠结吗?他是否感到了价值颠覆的绝望(对"公家"和上进的行为)?就这一重要的心理关节,《命运》看似一览无余的书写出现了空白⋯⋯百无聊赖的老乔开始看闲书。一本从部队带回来的《钢铁是怎样炼成的》启发了他:"不知哪一句打动了我,我就萌发了写东西的念头。"

以上是老乔走向写作的经过:退伍——捐款——贫病——写作。值得注意的是,老乔没有提及参军的原因,它是作为既成事实、一种绝对"开端",掷入"命运"的。对捐款的动机,老乔只说"捐钱时很天真,没一点点邪念"。就当时的心理状态而言,"天真"的描述可能不错。但纵观老乔一生的行止追求,"天真"更像是不自觉的执着。这执着在内心置得太久、太深,以致表现出的行为如同本能。为什么要参军、捐款、写作?受挫了一次还不够,仍要一味地"天真"下去。《钢铁是怎样炼成的》究竟给了老乔怎样的写作提示?诸多空白构成了《命运》的核心密码。

说穿了,老乔是一个视政治进步与荣誉如生命的人。也正是在此,他与保尔·柯察金发生了共鸣。本来参军就是要求上进的,它与捐钱、写作指向同一鹄。《命运》中有这样一句话:"我知道我被当成个人,是工作队看我能写几句。"[①]卑微、彻底的表白把所有试图批驳老乔的话都堵了回去⋯⋯

老乔后来未尝没有察觉到他人生追求的偏执,但已无力自拔。对政治进步的渴求跟寻觅生存安全绞缠在一起。然而老乔自始至终又有一种自省意识,它来自良心的自觉。这在他小说中体现得甚是突出,几乎到了饶舌的地步。看二大爷教育大花:"外财不富命穷人啊!人生在世,得凭良心行事,前边走过去后边才没有人捣脊梁骨。"(《黑洞》)小胜在抛弃芳芳时,他的辩白也是良心:"人们对我,一百次就有两个五十次不讲良心,为啥偏偏不准我没良心一次?"(《金

---

① 乔典运:《命运》,华艺出版社,1998年。

斗纪事》)"良心"成了自我监管和警示他人的最高律令,尽管听上去老套而空泛。

如果说追求政治进步体现了老乔对中原文化不自觉的继承①,那么在"良心"的强调和局迫中亦能感到中原民间传统伦理的强大惯性。对中国老百姓讲高尚、劳模等,总嫌隔膜,但说到"良心",却容易沟通。"良心"一词,最早出自《孟子·告子上》:"虽存乎人者,岂无仁义之心哉?其所以放其良心者,亦犹斧斤之于木也。"对此,朱熹《集注》中云:"良心者,本然之善心。"它跟民间的人情化思维融合。既是本性之善,良心便人皆有之。所以出现丢失良心("放其良心")的现象,是因日常行为的遮蔽和束缚而致,如同"斧斤"对"木"的砍伐。诉诸良心的监管,亦是着力于自性的恢复。木本茂然,性本善。良心,对私欲及政治的异化是一种克制。至于结果是否真正有效,则因人因时因地而异。在缺乏法制和集体生活的中国民间,对人际关系施以良心式的伦理协调,是与私有的农耕体制适宜、相治的。

跟"五四"时期知识分子惯从西方思想中"借宝"来审视"国民性"不同,老乔没有那么宽的视野,他缺少异质、新鲜的思维与言说,对"良心"的频繁慨叹与皈依便是老乔思想匮乏和忠诚于自身文化的体现。他的小说就像中原文化内部纠葛与冲撞的切片,注定是没有希望与出路的悲剧之行。具体说来,在农民"家—土地"的思维框架中,追求政治进步很难与功利、自私撇清干系,老乔的自我评判也不例外。如果承认这一点,那么《命运》就是一本"赎罪"之作。我常想,若当面讲老乔写作没才气,宽容的他当会一笑了之;但若坚持老乔是个一心往上爬的私利分子,则可能要了他的命。这是老乔最抹不开的地方,大花的疯狂便是老乔脆弱的演示。他的文学,特别是70年代末80年代初的"井喷",也当诞生于此。作为一名曾经紧跟形势的"工农兵作家",老乔能在80年代"返老还童",与其片面地说是"文革"赐予的苦难与智慧所致,不如说归因于良心内曜(鲁迅语)下人格自我修复的本能。

对政治化的生存,老乔反拨的方案不是另觅他途,而是力图在既定的政治化格局中,通过自我修持与良心复萌求得人性的统一。就《命运》的书写而言,即是"晒私",包括原谅曾经整他的人。延伸到日常生活,前述的那些颇为自苦的行为,都是老乔赎罪和致力于自我统一的表现。在老乔看来,要跳出公私纠葛与政治异化的陷阱,反叛是不济事的(对既无权又无钱的底层小人物来说,以

---

① 建诸农业基础之上的中原文化,就历史起源看,它是由洛阳、开封等政治中心带动而起的文化。因政治优越带来(经济)利益的记忆烙印让中原文化在后来的发展中备受政治的束缚:做任何事均以政治是瞻,企盼国家意识形态的垂询与恩典。老百姓认为,与"上"一致是获取和保持利益的基础,官本位思想由此而来;而儒家安分守己、温良恭敬的等级伦理进一步强化了对政治的依附性,二者相得益彰。

硬抗硬无异于以卵击石),切实可行的只有改变自己的心灵结构,做一个表里如一、真正高尚的人,如同《村魂》里的张老七,在上瞒下骗中,依旧坚奉诚实的准则。也许有人会说这很迂,有"顺民美德"的意味,但就个人而言,它至少避免了势利的指摘和良心的谴责,亦满足了儒家历来对"忠"、"恕"的讲求与中庸的训诫(绝不诉诸极端)。换言之,做个劳模式的人物,在老乔是彻底荡涤自我、人性涅槃的结果,尽管走向劳模的初衷不那么纯粹。

对于那说不清的过去(退伍军人、"穷积极"、阶下囚等),老乔决计用他的后半生(包括写作与做人)予以"代偿":不是要去批判、澄清或扭转什么,而是"将错就错",通过收缩自我的棱角——一种内部改造与净化,来释解矛盾。任何打击和侮蔑到了老乔这里就像落在海绵中,他的承受与谅解是无条件的。一个好得没边的、"找不到自我"的人就这样在错杂抵牾的人生态势与价值体系中走出了一条人格圆融的逻辑通途。

以此来看老乔那"文化寓言"式的小说会多一层理解,他的"寓言"书写在文学上似乎失于简单、粗糙,但这亦可理解为老乔的自我修炼。那永远日常化的、经验性的、口语直白的诉说不正是对平和、中庸的持守吗?不要风格,撇开自我,素面朝天,坦荡示人……老乔的小说和他本人一样,让人无话可说。单从文学性的角度来要求和批评老乔,是奢侈而轻浮的。子曰:"天下国家可均也,爵禄可辞也,白刃可蹈也,中庸不可能也。"可见中庸的难度。一个能做到中庸的人首先要具备无私的品质。老乔对文学性及风格的规避,从深层看便是对自我与私的过滤,一种不无苛刻的"节操"与"洁癖"。虽然这亦会"成就"某种"风格",但跟当下那种挖空心思、突出自我的风格迥然不同。"中庸"之"庸"者,依朱熹的解释,即平常之意。人在小说中已惯于抒情和张扬自我,这种不自觉的矫饰与文学的虚构性相得益彰。瓦特在《小说的兴起》中指出:西方小说体式的兴起跟个人主义的勃发、中产阶级的趣味密切相关;文学对"私我"观念的生产与发展,功不可没。而老乔却反其道而用之,他将内里的波澜与锋芒抑制、化解在朴素的书写中。其创作焦虑在于:如何才能平常了再平常、"大众"了再"大众",同时还要让结果像个"小说"的样子。但这真的还叫"小说"吗?老乔的创作是跟所谓"文学"和"小说"搏斗、抵制的过程。

从中国新文学史的发展来看,老乔的作品无疑是"大众化"写作和"平民文学"的典范。跟中国通常的现代知识分子相比,土生土长在乡间的老乔,没有启蒙的清高与激情,自然也谈不上向大众"屈就"的苦闷。他那口语化的言说方式与其说是"为了农民"、"为了大众",不如说是"作为农民"的本分与自律。小说写得好坏尚在其次,本分却是首要的。以胡适对白话的要求——"是戏台上'说白'的白,是俗语'土白'的白,是'清白'的白,是'明白'的白,是'黑白'的白……

白话便是干干净净没有堆砌涂饰的话"①,老乔的小说可谓白话文写作的摹本,一种契合了"文学的国语、国语的文学",并将其推进、扩张的"现代"文学实践。在老乔身上,看不到(西方)影响的焦虑,他的阅读面大多来自俄国与苏联文学(《命运》中提到的契诃夫、《钢铁是怎样炼成的》……)。就此而言,老乔安详、淡定、执着(另一说是"死脑筋")的书写,一定程度上可视为冷战末期社会主义文学的"遗响",系中国文学由"文革"阶段向"全球化"转变期间的"过渡"或"中介物"。20世纪80年代中国文学"向内转"及"性格组合论"等观念提出与风行的背后,已显示了明晰的西方影响与世界"参照"。所谓"新时期文学的'内向化'趋向正好适应了当今世界文学的大走向"②,道出了不少人的心声和愿望。而老乔却"岿然不动",俨然一个停留在过去的人物。他虽然没有明确的"中国作风与中国气派"的追求,但自20世纪40年代以来将老百姓喜闻乐见的"大众化写作"与"民族形式"混淆以至等同的思路,当给老乔的平民言说不少底气。或许可以这样说,那种所谓"正确"的、"大众"的"民族形式"本就包含在老乔创作的"本分"之中。

能肯定的是,老乔没有忘却"文学",就像他无法全然抹去"我"一样,那找不到"自我在何处"的茫然便是老乔"没有忘却"的证明。他小说中明显的自传诉求、《命运》中"晒私"式的检点,亦从反面表明"我"在身心中的顽强盘踞。小说或文学,成为老乔在泯除自我过程中最后的个性结晶。

现在可以谈谈老乔的作家情结了。为什么要在墓碑上镌下"中国作家协会会员"的称呼?一切尚需从老乔的地主出身说起。这一点《命运》写得相对"隐晦"。一出场,老乔便是一个"带病回乡复员军人"了。无论作为叙述者,还是当事人的老乔,都竭力维持军人的身份。给人的印象是:军人是他人生确凿的起点。仅在军人身份受到质疑、威胁时,老乔才让他的地主出身显露出来。事情起因于一个叫老李的住队干部,他觊觎老乔的英纳格手表,劝老乔卖给他。遭拒后,老李威胁道:"地主戴手表,是不是想高人一头呀!"这是"地主"一词在《命运》中的首度出现,之前作者未作任何铺垫。见老乔还是不肯,老李使出"杀手锏":让老乔"去参加地主会"。从老乔当时震惊的态度看,说地主身份是他的软肋当不为过,刻意"显摆"的"军人身份"只是"地主身份"的挡箭牌。为保住"军人"的头衔,老乔写信告状,当收到县委文件"决定不按地主对待"时,老乔"差点喊出万岁"!

"地主"出身,就像原罪的标志,注定了老乔一生命运的走向:必须经由政治的上进,来克服、洗刷这一污点。如果说它也是"私"与"功利"的话,老乔最大的"私"就在这里,他的厚道、低调与自卑也由此而来。所谓"地主成分",是打开《命运》密

---

① 胡适:《论小说及白话韵文——答钱玄同》,《新青年》1918年第4卷1号。
② 叶廷芳:《内向化——一种矫正片面的倾斜》,《文艺报》1987年12月26日。

码的终极钥匙。从逻辑的先后上讲,它本应置于《命运》的开端,但老乔却有意无意地回避了一个巨大梦魇与恐惧的所在。《命运》的编排带有重构与"净化"人生的意味。正是因为出身不好,所以要参军,揣测人民群众会由此忘记他的阶级立场;复员后的捐款亦不无这方面的考虑,即进一步取得人民群众的信任;成了模范后,自以为属于人民内部的人了,不料群众的眼睛是雪亮的,一句"地主戴手表"就把他打回了原形。至于写作,那也是为了向"人民"靠拢,保尔·柯察金的榜样摆在那里,或许还夹带点出人头地的奢望和"小聪明"……

老乔啊老乔,你让人在墓碑上刻下"中国作家协会会员"几个字,是想证明你终于挣得了"人民"的身份吗?一个多么卑微而辉煌的胜利!这是通过近二十载劳模式的苦修才挣得的自我统一的基石。在作家的头衔上,我们能感觉到老乔在向他的人生原点回归,他终于可以正视他的出身了:本来就是为了活个人样,现在达到了。人生不过如此!曾经的困惑、委屈以及虚荣、功利的指摘,均尘埃落定。作家,这个算不得官衔、功名的称呼,为老乔上进、奋斗的一生画上了"表里如一"的圆满句号。

根据出身来判定人等级的做法,让老乔痛苦了一辈子,而他一向逆来顺受,只在《金斗纪事》中露了点不平的"马脚"。《金斗纪事》记述了父子两代人的爱情与婚姻历程。小胜是烈士吴先生的儿子,但行径与其父判若两人。作品一开始,老乔劈头写道:"啥树底下出啥苗。这话从古说到今,说了几千年还在说,便很有点真理了。这真理到了20世纪60年代就登峰造极了,先是龙生龙凤生凤老鼠生儿会打洞,后是红五类黑五类,再后是可教育好的子女,这真理就不仅是真理而成了钦定的律条了。"然而,小胜"算什么?是龙,是鼠?是红?是黑?"这几句写得锋芒毕露,很有点挑战"钦定律条"的味道。但其余部分只在中规中矩地讲故事,缺少必要的呼应与烘托。《金斗纪事》写得甚为流畅,但主旨却不易把握。涉及出身定终身的问题,老乔的文学行动变得谨慎异常,这也算是对"私"(抒情)的一种克制吧!某种程度上,《金斗纪事》的意义即在于对主旨的遗忘。所有的忧伤、郁结与愤怒都在客观的记述中消磨掉了,留下个似乎找不到"心机"或"主心骨"的故事("半成品"的文学),任人参详。

老乔命运的真正转机发生在1973年,是年珠影厂派人到西峡找老乔改剧本,就是否同意老乔写剧本搞了一次民调。结果,群众最终"放"了老乔。《命运》在老乔"下定决心一定要把剧本改好"中戛然而止。虽说是个残本,但它的大部已然写成,老乔最想说的部分说完了。就目下的"结尾"而言,它呼应了开头:以写作开始的"正式"人生。残缺的《命运》由此带上了"圆满"的意味。民调事件就像是老乔的"授勋"仪式,它实现了老乔初学写作时的梦想:通过写作,老乔从"地主"荣升成了"人民"。

原载《南方文坛》2012年第1期

作品年表

乔典运作品年表

文集

《乔典运文集》(六卷),河南人民出版社,2016年。

小说集

《贫农代表》,河南人民出版社,1964年。
《小院恩仇》,花城出版社,1984年。
《笑语满场》,河南人民出版社,1984年。
《美人泪》,黄河文艺出版社,1989年。
《问天》,中原农民出版社,1994年。
《村魂》,漓江出版社,1997年。
《乔典运小说自选集》,河南文艺出版社,1998年。
《乔典运作品选》,大众文艺出版社,2004年。

小说

《故事二则》(短篇),《河南文艺》1955年第6期。
《寓言三则》(短篇),《河南文艺》1955年第12期。
《捉狼记》(短篇),《河南文艺》1955年第18期。
《两张"告示"》(短篇),《河南文艺》1955年第21期。
《黄牛和花喜鹊做朋友》(短篇),《河南文艺》1956年第1期。
《送地》(短篇),《长江文艺》1956年第3期。
《我选举了他》(短篇),《长江文艺》1956年第6期。
《歇晌》(短篇),《河南文艺》1956年第11期。
《割草回来》(短篇),《河南文艺》1956年第15期。
《和好》(短篇),《奔流》1957年第3期。
《雨》(短篇),《奔流》1957年第9期。

《小诸葛》(短篇),《奔流》1958年第6期。

《公社的人情》(短篇),《长江文艺》1960年第3期。

《麦天上的竞赛》(短篇),《奔流》1960年第4期。

《石青山》(短篇),《奔流》1961年第12期。

《三人行》(短篇),《奔流》1963年第1期。

《石家新史》(短篇),《奔流》1963年第10期。

《贫农代表》(中篇),河南人民出版社,1964年。

《父子情》(短篇),《河南文艺》1978年第2期。

《贵客》(短篇),《河南文艺》1978年第6期。

《挡不住的脚步》(短篇),载《枫岭晨曲》,河南人民出版社,1979年。

《活鬼的故事》(短篇),《河南日报》1979年3月25日。

《三百一十三个×》(短篇),《莽原》1979年第3期。

《砍不倒的树》(短篇),《南阳文艺》1979年第3期。

《平常不平常》(短篇),《奔流》1979年第7期。

《气球》(短篇),《莽原》1979年第9期。

《平反之后》(短篇),《河南日报》1979年10月21日。

《含泪的谎言》(短篇),《遍地红花》1980年第1期。

《还魂记》(短篇),《莲花》1980年第1期。

《春秋配》(短篇),《奔流》1980年第1期。

《小院恩仇》(短篇),《小说季刊》1980年第4期。

《又一个活鬼》(短篇),《郑州文艺》1980年第5期。

《雪夜奇事》(短篇),《北京文学》1980年第7期。

《驴的喜剧》(短篇),《人民文学》1980年第9期。

《黑与白》(短篇),《北京文学》1980年第12期。

《旋风》(短篇),《莽原》1981年第1期。

《失眠》(短篇),《南阳文艺》1981年第5期。

《笑语满场》(短篇),《北京文学》1981年第7期。

《还愿》(短篇),《躬耕》1982年第1期。

《灯》(中篇),《中篇小说新作》1982年第3期。

《人和路》(短篇),《上海文学》1982年第6期。

《绕了一圈之后》(短篇),《广州文艺》1982年第6期。

《小猫不知人间事》(中篇),《奔流》1982年第9期。

《丁四虎》(短篇),《梁园》1983年第5期。

《分路》(短篇),《鸭绿江》1983年第11期。

《母子情》(短篇),《奔流》1984 年第 5 期。
《鞋》(短篇),《洛神》1984 年第 6 期。
《村魂》(短篇),《奔流》1984 年第 8 期。
《鸡仇蛋恩》(短篇),《洛阳日报》1985 年 1 月 28 日。
《借笑》(短篇),《北京文学》1985 年第 9 期。
《价值》(短篇),《河南日报》1986 年 1 月 30 日。
《一瓜二命》(短篇),《专业户报》1986 年 3 月 11 日。
《从早到晚》(短篇),《莽原》1986 年第 3 期。
《怪梦》(短篇),《奔流》1986 年第 4 期。
《乡醉》(短篇),《奔流》1986 年第 4 期。
《十万分之一》(短篇),《河南日报》1986 年 5 月 22 日。
《姑父》(短篇),《南阳日报》1986 年 6 月 24 日。
《美人泪》(短篇),《躬耕》1986 年第 6 期。
《满票》(短篇),《奔流》1986 年第 6 期。
《笑城》(短篇),《鸭绿江》1986 年第 10 期。
《无字碑》(短篇),《上海文学》1986 年第 10 期。
《三个怕老婆的人》(短篇),《南阳日报》1986 年 11 月 8 日。
《刘王村》(短篇),《北京文学》1986 年第 11 期。
《美妻》(短篇),《上海文学》1987 年第 4 期。
《凶手》(短篇),《洛神》1987 年第 7 期。
《女儿血》(短篇),《奔流》1987 年第 7 期。
《山妖》(短篇),《奔流》1987 年第 7 期。
《冷惊》(短篇),《奔流》1987 年第 7 期。
《定时炸弹之谜》(中篇),《莽原》1988 年第 4 期。
《疤瘌》(短篇),《北京文学》1988 年第 5 期。
《黑洞》(中篇),《当代作家》1988 年第 6 期。
《换病》(短篇),《奔流》1988 年第 6 期。
《换笑》(短篇),《奔流》1988 年第 6 期。
《挽联》(短篇),《青年作家》1988 年第 8 期。
《没事》(短篇),《上海文学》1988 年第 9 期。
《枣子和锥子》(短篇),《南阳日报》1988 年 10 月 20 日。
《欢天喜地》(短篇),《鸭绿江》1988 年第 11 期。
《遗风》(短篇),《洛神》1989 年第 3 期。
《大喜》(短篇),《莽原》1990 年第 2 期。

《一块金表》(短篇),《故事家》1990年第6期。
《香与香》(中篇),《河北文学》1990年第9期。
《多了一笑》(中篇),《长城》1992年第1期。
《补缺》(短篇),《故事家》1992年第2期。
《小城今天有话说》(中篇),《莽原》1992年第3期。
《钱》(短篇),《山西文学》1992年第10期。
《问天》(短篇),《北京文学》1992年第10期。
《争祖宗》(短篇),《故事家》1993年第9期。
《女人和网》(长篇),《新生界》1994年第1期。
《命运》(长篇),华艺出版社,1998年(原名《别无选择》,《南阳晚报》1994年至1997年连载)。

散文

《苏联文学鼓舞我们前进,引导我们重新走向生活》,《奔流》1957年第11期。
《山水诗草》(两首),《奔流》1958年第2期。
《磨盘山上红旗飘》,河南人民出版社,1958年。
《西峡游记》,河南人民出版社,1958年。
《千山万山红花开》,河南人民出版社,1959年。
《解放思想努力学习——参加第四次全国文代会有感》,《南阳文艺》1979年第5期。
《读书与创作》,《南阳文艺》1981年第2期。
《热爱生活 认识生活》,《躬耕》1982年第2期。
《做生活的有情人》,《中岳》1982年第5期。
《路边的话》,《奔流》1983年第7期。
《真心话》,《中州文坛》1984年第4期。
《心在文中》,《南阳日报》1984年9月12日。
《兴奋之余》,《南阳日报》1984年12月3日。
《心宽了,劲来了……》,《郑州晚报》1985年2月1日。
《生活的恩赐——兼谈〈满票〉〈村魂〉的创作》,《南阳日报》1985年6月5日。
《别了,昨天——关于〈村魂〉和〈满票〉》,《小说选刊》1985年第7期。
《别忘了脚下的热土》,《南阳日报》1985年9月26日。

《鼓励与希望》,《南阳日报》1986年1月13日。

《从头学》,《奔流》1986年第1期。

《难在于发现》,《文学知识》1986年第3期

《我的小井》,《文艺报》1986年4月26日。

《梦游桃花洞》,《南阳日报》1986年11月20日。

《关于〈笑城〉的通信》,《鸭绿江》1987年第2期。

《走深入生活的路》,《南阳日报》1987年4月16日。

《笑脸常开》,《奔流》1987年第4期。

《坐井观天,坐天观井》,《河南日报》1987年10月3日。

《岁首的话》,《南阳日报》1988年1月5日。

《这片肥土》,《躬耕》1988年第1期。

《〈康熙大帝〉和书记》,《南阳日报》1988年8月2日。

《从文化心态说起》,《南阳日报》1989年1月10日。

《没洞的洞——〈黑洞〉创作谈》,《中篇小说选刊》1989年第5期。

《黑发 白发》,《南阳日报》1989年10月5日。

《快了!到了!》,《南阳日报》1989年12月14日。

《创作与生活》,《躬耕》1990年第2期。

《这条路》,《金色少年》1990年第5期。

《南阳人——为南阳作家采访团采写的系列报告文学而作》,《南阳日报》1990年8月2日。

《燃烧创作激情,不负人民众望》,《南阳日报》1990年10月16日。

《这山,这人》,《南阳日报》1990年12月18日。

《生活笑了》,《中篇小说选刊》1991年第1期。

《耳朵》,《南阳日报》1991年11月13日。

《小草》,《文化艺术周报》1992年1月11日。

《争爱》,《文化艺术周报》1992年2月1日。

《活水长流》,《南阳日报》1992年5月20日。

《小城今天没话说》,《中篇小说选刊》1992年第5期。

《妈妈》,《河南日报》1992年9月19日。

《妈妈》,《城乡经济与金融》1993年第3期。

《没有一、二、三》,《文学世界》1993年第4期。

《魂归五龙潭》,《河南日报》1993年7月9日。

《感觉不良》,《新闻爱好者》1993年第12期。

《想》,《文学报》1993年第65期。

《关于新故事创作》,《南阳日报》1994年3月26日。
《伪祸》,《时代青年》1994年第6期。
《独特的发现》,《河南日报》1995年4月23日。
《一点倡议》,《南阳日报》1995年5月13日。
《圆了的梦》,《南阳日报》1995年10月4日。
《友情战胜癌症》,《沧桑》1996年第2期。
《看山》,《南阳工人报》1996年3月22日。
《我的影子》,《郑州晚报》1996年10月8日。
《书祸》,《河南图书信息报》1997年6月20日。

电影剧本·曲艺

《霞光万道》(曲艺集),河南人民出版社,1956年。
《一双鞋》(河南坠子),《奔流》1964年第2期。
《山梅》(电影剧本),《文艺创作谈》1975年第2期。
《华灯初上》(电影剧本),《银幕剧作》1983年第2期。

研究资料索引

乔典运研究资料索引

凡尼:《小评〈石家新史〉》,《奔流》1964年第1期。
耿恭让:《〈石家新史〉塑造了什么样的农民形象》,《奔流》1965年第2期。
行者:《乔典运的价值》,《躬耕》1975年第5期。
王桂芳:《继续与恩师交谈》,《南阳工人报》1977年8月22日。
陶伦惠:《喜读〈笑语满场〉》,《河南日报》1982年3月7日。
向鸣:《读〈村魂〉有感》,《中州文坛》1984年第4期。
郭太平、赵景春:《真诚的美》,《中州文坛》1984年第4期。
徐慎:《谁是"村魂"》,《中州文坛》1984年第4期。
黎辉,曾凡:《〈村魂〉简论》,《中州文坛》1984年第4期。
王五魁:《关于张老七》,《中州文坛》1984年第4期。
黎辉:《略说张老七的"诚实"》,《河南日报》1984年10月24日。
杨晓杰:《我看〈村魂〉》,《河南日报》1984年10月24日。
艾云:《村魂》,《文艺报》1984年第11期。
杨旭村:《画出活的灵魂——关于〈村魂〉》,《小说选刊》1985年第1期。
周熠:《任重而道远》,《南阳日报》1985年2月2日。
张宇:《读〈满票〉随想》,《奔流》1985年第3期。
唐解放:《历史的真实和道德的评价——评乔典运〈村魂〉的不足之处》,《呼兰师范专科学校学报》1985年第3期。
杨飚:《由〈村魂〉和〈满票〉引起的思索》,《河南日报》1985年6月20日。
西亚:《观念更新的任务还相当艰巨——围绕〈村魂〉争论的思索》,《作品与争鸣》1985年第7期。
马文仓:《张老七还不忙"告别"——也评小说〈村魂〉》,《作品与争鸣》1985年第7期。
易水:《不要连孩子也泼出去!》,《作品与争鸣》1985年第7期。
周南:《感情脉流里的历史音量》,《奔流》1985年第8期。
许道信:《谎言下的死亡——读乔典运的〈借笑〉》,《北京文学》1986年第3期。
章印:《乔典运的"土"——兼评〈乡醉〉》,《南阳日报》1986年5月6日。
王一卿:《〈刘王村〉对话》,《南阳日报》1986年12月16日。

薛继先：《深刻的社会内涵》，《南阳日报》1987年8月9日。
孙荪：《小井中的大千世界》，《文艺百家报》1987年10月18日。
曾凡：《乔典运现象及其他》，《文艺百家报》1987年10月18日。
黎辉：《割不断的脐带》，《文艺百家报》1987年10月18日。
陈继会：《农民的生态和心态》，《文艺百家报》1987年10月18日。
孙荪：《壶里乾坤大——乔典运小说近作印象》，《人民日报》1987年10月20日。
刘思谦：《农民灵魂的深层发掘——读乔典运的小说》，《文艺报》1987年10月24日。
杨旭村：《画出复杂的灵魂——读〈村魂〉》，《小说选刊》1988年第3期。
南丁：《小议〈满票〉》，《小说选刊》1988年第7期。
薛继先：《颤栗的病态透视——〈换病〉读后》，《南阳日报》1988年8月4日。
王遂河：《乔典运现象》，《南阳日报》1988年11月17日。
刘颜钊：《突破与进步》，《文艺报》1989年7月15日。
艾菲：《人生世相尽淋漓》，《作品与争鸣》1991年第1期。
司马汤汤：《短篇小说〈香与香〉的缺陷》，《作品与争鸣》1991年第1期。
隅人：《〈大喜〉的哲学》，《南阳日报》1991年4月19日。
周熠：《功夫在散文外——读乔典运的新作〈妈妈〉》，《新闻爱好者》1993年第6期。
张宇：《长生不老的乔典运》，《时代青年》1993年第8期。
李连泰：《伏牛山民魂》，《文学报》1993年9月9日。
金一飞：《人物行动须服从人物性格——浅论乔典运小说〈问天〉的结尾》，《商丘师专学报》1994年第2期。
周熠：《大彻大悟，人贵真诚》，《河南日报》1995年3月10日。
周大新：《朋友老乔》，《文艺报》1995年4月8日。
周熠：《乔典运的收获之秋》，《作家文摘》1995年6月2日。
罗先霖：《唤回灵魂的纯洁和真实——〈黑洞〉》，《南阳日报》1995年8月5日。
勾俊涛，张中坡：《根植泥土——记作家乔典运》，《新闻爱好者》1995年第5期。
何镇邦：《对人性深层的多侧面解剖——读乔典运的中篇小说〈女人和网〉》，载《文体的自觉与抉择》，人民文学出版社，1995年。
王敏，郭新和：《含泪告别昨天的艰难——试论乔典运的小说创作》，《河南师范大学学报》1996年第2期。

王桂芳：《忘年交老乔》，《牡丹》1996年第5期。

李雪峰：《"怪人"乔典运》，《老人春秋》1996年第6期。

孙幼才：《老乔和他的小井》，《南阳工人报》1996年6月21日。

刘海程：《哭典运》，《河南日报》1997年3月14日。

孙荪：《再读乔典运》，《河南日报》1997年3月14日。

王钢：《想念老乔》，《河南日报》1997年3月14日。

薛继先：《痛悼乔公》，《南阳工人报》1997年3月20日。

成军：《农民之魂》，《南阳日报》1997年4月2日。

行者：《乔典运的贡献》，《南阳日报》1997年4月11日。

时天生：《怀念乔典运》，《文学自由谈》1997年第4期。

周同宾：《乔典运的意义》，《南阳日报》1997年5月9日。

张中坡：《春寒料峭悼老乔》，《教育时报》1997年5月28日。

张树森：《乔典运〈命运〉》，《莽原》1997年第5期。

颜元：《送乔典运远行》，《老人春秋》1997年第5期。

周大新：《和老乔告别》，《南阳日报》1997年6月6日。

朱景涛：《重读乔典运》，《郑州晚报》1997年8月20日。

李铁成：《作家乔典运先生纪念碑文》，《南阳日报》1998年4月8日。

康铁成，黄鸣：《国民弱点的展示与剖析——乔典运创作简论》，《南都学坛》1998年第5期。

杨曾宪：《请求续写〈命运〉》，《文学自由谈》1998年第6期。

阎纲：《临终前的忏悔》，《文学自由谈》1998年第8期。

韩湾：《半部书稿传天下》，《南阳晚报》1999年3月31日。

李毓梅，蒋晔：《成功者访谈》，河南人民出版社，1999年。

张宇：《长生不老的乔典运》，载《与自己和平共处》，时代文艺出版社，2001年。

连晓霞：《乔典运小说语言的个性美》，《平顶山师专学报》2002年第1期。

王敏：《寻找传统通向现代的路径——黄春明、乔典运创作比较》，《当代文坛》2002年第6期。

阎连科，梁鸿：《乔典运：作家中的农民哲学家》，载《巫婆的红筷子——作家与文学博士对话录》，春风文艺出版社，2002年。

王桂芳：《不逝的风景》，作家出版社，2003年。

二月河：《老乔的话没有被打断》，《南阳日报》2004年8月5日。

张书晋：《揭国民魂灵旧疮疤　创寓言小说新品种——评乔典运对中国乡土小说的新贡献》，《中共郑州市委党校学报》2005年第4期。

张玲爱:《在生存与智慧之间穿行——论乔典运的小说创作》,《江苏教育学院学报》2006年第5期。

周同宾:《乔典运坟上开满迎春红》,《郑州日报》2007年3月25日。

十里荷:《追忆乔典运》,《南阳晚报》2008年2月27日。

张树森:《河南作家乔典运小说解读》,《电影评介》2008年第9期。

李法惠:《乔典运:塑多种农民形象 揭国民灵魂劣根》,载《南阳文化概论》,河南大学出版社,2009年。

大雨:《乔典运传》,中国青年出版社,2011年。

曾臻:《上善之心》,《南阳晚报》2011年12月30日。

刘思谦:《乔典运小说人物谈》,载《学理与激情》,河南大学出版社,2012年。

李丹梦:《现代中原"化石"——乔典运论》,《小说评论》2012年第4期。

刘涛:《鲁迅传统的出色传承——乔典运〈问天〉细读》,《东京文学》2012年第8期。

何中兴:《跟小说家学写戏》,《东京文学》2012年第8期。

王桂芳:《永远的怀念》,《东京文学》2012年第8期。

周同宾:《乔典运的意义》,《东京文学》2012年第8期。

祁发慧:《满票与空号——读〈满票〉有感》,《东京文学》2012年第8期。

薛继先:《政治:使他们失去了做人的尊严——评乔典运写作的现实意义》,《东京文学》2012年第8期。

李雪峰:《不思量,自难忘——追忆我的老师乔典运先生》,《东京文学》2012年第8期。

章社友:《缅怀乔典运》,《河南科技报》2012年8月14日。

李仲凡,费团结:《乔典运小说及其国民性批判》,载《汉水流域新时期小说研究》,中国社会科学出版社,2013年。

阎纲:《也想起了大山》,《中国文化报》2014年1月22日。

吴延生:《乔典运乡土小说的农民心理描写》,《文学教育》2016年第5期。

后　　记

乔典运是在全国有广泛影响的河南作家,其短篇小说尤为引人关注。自 20 世纪 60 年代以来,评论界对乔典运的作品持续关注,涉及思想主题、写作手法、人物塑造等诸多方面,既有整体研究,也有个案研究。这些研究对于我们认识乔典运文学创作的独特价值无疑是有助益的,但也存在研究视野较为局限、研究方法较为单一等问题。比如,对于《笑语满场》《满票》《问天》等作品评价较多,而对于《命运》这样内涵丰富、极具史料价值、堪称时代记录的作品评价较少。这固然与时代文化语境及批评者的文学观念有关,也与乔典运作品的复杂性有关。乔典运的创作历程与当代文学的发展演变并行,完全可作为当代作家思想和创作变迁的缩影。他的作品尚有需要挖掘的空间,绝不是乡土情怀和现实书写所能涵盖的。

回顾乔典运研究,我们不得不承认,与其他一些有全国影响的作家相比,乔典运研究的数量明显不足。这多少折射出乔典运那一代作家研究的共通性问题,即随着文学观的兴替,曾经广有影响的作家、曾经广受关注的题材、曾经被广泛采用的写法遭遇了无法回避的尴尬。但是,就像柳青、路遥等不会被人遗忘,浩然等被重新审视一样,乔典运也有望被重新阐释。

乔典运作为"南阳作家群"的代表塑造了南阳乃至当代河南文学的底色,但我们不应仅从南阳或河南这一有限地域观照他,而应将研究视野延展到全国乃至世界。当代中国文学中的河南作家或世界文学格局中的当代河南作家应该成为今后研究的方向。

王海涛
2016 年 12 月 18 日